Ser e Estar em Nós

Coleção Estudos
Dirigida por J. Guinsburg

Produção: Plinio Martins Filho

Evaldo Coutinho

SER E ESTAR EM NÓS

EDITORA PERSPECTIVA

Direitos reservados à
EDITORA PERSPECTIVA S. A.
Av. Brigadeiro Luís Antônio, 3025
01401 — São Paulo — Brasil
Telefone: 288-8388
1980

A Delta Bezerra Coutinho

Sumário

Prefácio

Em capítulo especial de *O Lugar de todos os Lugares,* explanei os atributos do *nós,* cápsula verbal a conter, imanentemente, a universalidade de meu repertório, em criação partida de mim, visto que sou o existenciador de todas as existências. Por conseguinte, a minha pessoa se localiza em o *nós* que adquire, assim, um sentido de pronominalidade do qual ninguém, nenhuma coisa, pode se desvencilhar. O *nós,* com efeito, significa o ato, a contemporaneidade de vinculação entre mim e as coisas entregues ou em via de entregar-se ao meu conhecimento, quer em testemunho direto, quer em índice de possibilidade. O *nós* é o envoltório que, em virtude de minha vida, recobre a mim e a quantos existenciei e existencio.

A citada vinculação mais se acentua se eu disser que as coisas vinculadas morrerão no seio de minha morte. Sendo-me tão curta a vida, em interminável desproporção com o absoluto de minha morte, que já havia antes de eu nascer, sendo tão breve o meu poder de existenciamento, mais sinto harmonizar-se, em mim, a plenitude do *nós*; sinto a densidade sortílega de eu existenciar, em minha vida consciente, o universo que comunga comigo o mesmo prazo de ser.

Em face de o *nós* — o meu vulto e os seus pertences — ilhar-se em efêmero existir, em conjuntura já enlutada por meu vindouro falecimento, em face do cosmogônico de minha vida, que é o milagre superior a todos os milagres, pois que os contenho em minha abrangência, conduzo-me igual ao hospedeiro que abre a porta aos que lhe vêm à casa, sem quaisquer distinções, e a todos impregna da comunhão de participarem do conhecimento dele, o hospedeiro. Ser e estar em nós representa, não um processo a desenvolver-se, mas a aura do existir, o clarão que nem sequer se deixará relembrar, porque perecerão comigo, em minha morte, as probabilidades da relembrança em mim e em outrem. Intento não esgarçar o *nós*, e sim coordená-lo cada vez mais em união, à guisa da fraternidade que se fortalece ante um perigo supremo.

O *nós* é um amplexo que atinge a finitude testemunhável, e nele a acepção fisionômica unge totalmente a acepção empírica, isto é, a significação considerada real pelos protagonistas e espectadores, se consente haurir pela significação que denominei de fisionômica. Esta surge de mim e volve a mim sob a feição de alegorias da imaginária externa — as ambiências e os episódios com que me defronto — cada uma delas a homologar a dependência do ser à minha pessoal existência.

Não há que denegar a situações corriqueiras o mesmo grau de explicitude que às vezes registramos em cenas de nítida e condizente apoteose; todas se oferecem em termos de alegoria ôntica, desde que assim as vê o meu olhar que lhes proporcionou a existência e lhes proporcionará a não-existência. As nominações preenchidas por personagens e episódios, se evidenciam em direto contato, porém é a sua mentalização, em mim, a forma com que o ser ordinariamente se predispõe à fatalidade do não-ser, consubstanciando-se dentro de minha fugacidade existencial. Por sua vez, o conhecimento é uma claridade que se acende mediante a cláusula de desaparecer com a minha desaparição; ele versa sobre a contemporaneidade mantida por mim, contemporaneidade a que chamo de repertório, repositório, álbum, caderno; ele, o conhecimento, se faz demiúrgico, porquanto assenta em objetos existencialmente subordinados a mim, levando-me a afirmar que crio e recebo a minha criação. Em minha vigília, a prática do conhecer só atende a devoluções de tudo quanto criei através dela. Dessarte, por meio de protagonistas e de retábulos, a imaginária empírica se remove da posição exterior para o reduto de minha mentalização. A existência que propicio, apronta-se, devidamente, para o instante em que se operará a minha morte, a morte absoluta, a morte fisionômica. Em verdade, a conversão do mundo em repertório de meu cérebro, é o comportamento natural com que os corpos, os sucessos, os nomes preenchidos, se aprestam para a ocasião do perecimento em mim, comigo. Acresce que a presença de determinada coisa se realiza a expensas do mais que se oculta, vale dizer, de quase todo o universo, que, na hora, como quê se compensa da omissão, ao vir ou poder vir a albergar-se em minha mente; ele se muda para este recesso onde as coisas se habilitam a morrer, por fim, na morte que me extinguirá.

No caráter de ilustração de tal conjuntura, a arte literária se sobreleva às outras, porque ela se efetiva, não empiricamente, mas em textura da idealidade, emitindo-se do pensamento do escritor para o pensamento do leitor. Trata-se de uma circunstância que se aparenta à ordem fisionômica, à de o mundo se mentalizar em mim, habitar o meu cérebro que em si transporta, para o absoluto falecimento, os vultos ausentados de meus olhos. O universo está em mim como no livro as imagens e conceitos, dentro da linguagem que os torna permanecentes. O universo é literário, enquanto posto e exposto no território de meu pensamento, segundo escrevi em *O Lugar de todos os Lugares.*

Nenhum corpo, nenhum painel, nenhuma nominalidade, se recusa a figurar em minha interna iconografia, nada sonega a mim a destreza de morrer comigo, em solidariedade franca; todas as coisas compartilharão de meu perecimento, elas que foram e estiveram em minha vida. Inerentes à existencialidade de meu vulto, passarão depois à inexistencialidade dele, quando então se verificará o perdimento do *nós.*

E. C.

Capítulo 1

1 — O nosso poder de existencialidade. 2 — Morrermos na morte de alguém — A comunhão doméstica, ao ser extinta. 3 — A morte fisionômica. 4 — A face enquanto desaparecida nas testemunhas que morreram.

1 — Às vezes acontece que uma face, praticando em nós os poderes de sua existência, se fecunda em nossa imaginativa ao aproximarmo-nos do meio onde ela se situa, quer sabedora de nossa viagem, quer na insciência desse propósito de vê-la dentro de alguns instantes; ao estender-se em nós, à medida que nos avizinhamos da localidade, o rosto, que nos assoberba, alimenta a antevisão do arvoredo, das ruas, do casario, da cidade inteira, impregnada desse vulto antecipador que, em nós, saiu da residência, espargindo a sua modalidade pelas frestas de todas as coisas que conhecemos haver em redor. No interior do mesmo veículo, acompanha-nos a presença da paisagem a que não chegamos ainda, mas que é ela própria como que em fusão com o vidro de nossa lupa que então retém o grau de seus contornos; e através de cuja translucidez vislumbramos, amoldado à natureza de sua transparência, o complexo arquitetônico de toda a cidade, vindo o ser em agenda a assumir, dessa forma, a conjuntura de um instrumento de nossa ocular; referimo-nos ao semblante de D..., na oportunidade em que regressamos a N..., como se foram os nossos olhos, naquele dia, isentos da comum distância com relação aos objetos em visibilidade. Com efeito, nas ocorrências habituais da visão, nunca o ator se transfere do proscênio para ocupar a posição de nossos olhos, o que seria um processo de a personagem ver-se a si mesma no cumprimento do papel; mas no per-

curso em direção a N..., desta vez o recinto surgiu bem longe de suas portas, para oferecer as boas vindas ao ansioso viajante que, ao recebê-las, o considerou como algo miraculosamente projetado de seu irremovível ambiente. Quiséramos, por toda a vida, modular a ótica segundo o índice de tão acolhedora lente, compor da terra inteira uma cartografia cujos desenhos, à medida que delineassem os aspectos dos continentes, o fizessem em curvas que obedecessem as linhas contornadoras da figura de D..., tão pujante era a alegria que nos inundava à idéia de termos a próxima região conforme o vulto que, ao se anunciar, em nós, nos desprovia da surpresa com que costuma nos obsequiar um corpo no momento de surgir. Em lugar do imprevisto, o semblante de D..., na qualidade de lente de nossos olhos, nos proporcionava, à guisa de introdução, a síntese prefiguradora através da qual bem podíamos antever que no final do caminho, ao descermos do carro que nos trouxera, a localidade se comportaria diante de nós como o quadrilátero de nosso aposento, que penetramos todos os dias sem o intuito de verificar se os móveis continuam em seus recantos, obedientes que se revelam, no convívio conosco; de fato, descemos do veículo sem a preocupação de endereçarmo-nos a cada coisa como quem olha com a intenção de ver homologada a idéia que lhe acode no momento; mas, em virtude da falta desse gesto que talvez amenizaria o golpe da decepção, assistimos de chofre o desmoronamento da cidade que se mantivera incólume até aquele instante; a despeito de a havermos percorrido por várias ruas, desencadeou-se de súbito o cataclisma total, mercê de um aviso sem letras, sob a forma de janelas hermeticamente fechadas, que depois se traduziram em explicações de terceiros: há dias a pessoa em causa se transferira para bem longe; como alguém que retido por muito tempo em leito de hospital, se impossibilitou de corrigir com os óculos a escassez da visão, vindo a utilizá-los, por fim, o que lhe permitiu, em compensação da lenta e monótona espera, encontrar no próprio recinto inúmeros pretextos para se lhe diminuir a soma das horas, enquanto, em simultaneidade, a doce recuperação o leva a menos maldizer do concentrado sofrimento, assim, ao deambularmos pelas ruas de N..., víamos os pormenores que o logradouro nos sonegara quando, em caminho, o tivéramos por antecipação; em cada esquina, em cada fachada, em cada trecho de rua, anotávamos o bastante para estabelecermos que era uma cidade diferente da que contemplamos através da face de D..., e suficientemente parecida com muitas outras cidades; observação esta que revigora a conclusão de que as pessoas, que assumem o papel por natureza conferido aos nossos olhos, não apresentando a transparência com que enxergamos similitudes e diversidades entre os objetos do panorama, contagiam, com o teor de seu absorvente cristal, a qualificação desses mesmos objetos; enquanto de nossa parte, no que toca ao exercício da nossa individual visão, uma variedade maior de aspectos vem a expor os seus ritmos, induzindo-nos a conceber o conspecto das coisas com a existência condicionada à duração de nossa vida, quaisquer que sejam as versões com que surgem diante de nós, entre as quais inserimos a passageira transmutação de nosso olhar na figura aliciadora de alguém. Dessarte, a conclusão de que para cada indivíduo corresponde uma visibilidade que lhe é própria, e como tal se descortina em cada ser um mundo que lhe pertence e do qual participamos em maior ou menor grau, à proporção que é, nele, mais vasto ou mais estreito o âmbito de nosso convívio, representa uma instância inferior na série das considerações com que atingimos a nossa paisagem; da qual a última, aquela que se prende ao nosso inexcedível poder de existencialidade, se perfaz no continente de nosso ser, trazendo este do nada e restituindo, com a nossa morte, a esse mesmo nada, os vultos que em nós se acumularam sob as mais distintas formas. Tanto a perspectiva da cidade, vista por meio da figura de D..., como essa mesma cidade exposta à nossa peculiar visão, significam elementos do palco de nosso ser, em cuja platéia somos o privativo assistente para quem se dirigem todas as obsequiosidades e todas as animadversões que nele se processam; inclusive, as indiferentes faces com relação à nossa objetiva, as quais, na ignorância de que o ser e o estar de suas vidas dependem de nossos olhos, externam atitudes que, não sendo feitas para nós, vêm todavia a conciliar-se com a natureza de nossa captação; isto, sem desmentir qualquer de suas disponibilidades, como no recreio de teatros modestos observamos, além do que ocorre sobre o estrado, os arranjos dos bastidores que, longe de nos inculcar a impressão de defeitos, ratificam a previsão de que o espetáculo se comporá da peça tal como a víramos no anúncio e dos acidentes que em lógica deveram ocultar-se à nossa percepção, porém os admitimos conquanto inevitáveis e coerentes com a nossa acepção de festa improvisada e de pequenos recursos. A nossa visibilidade é o estojo extremamente dúctil de quantos sucessos se armam ao longo de nossa existência, sem exclusão daqueles que chegam a nós embaciados nos aspectos, como legendas testemunhadas ou não: efígies e entrechos que a história nos oferece na leitura de um compêndio, confissões da realidade e da fantasia, todas elas a se envolverem, quando de nossa morte, no desaparecimento de nossa claridade.

2 — As considerações acerca dos eventos do repertório, variam segundo a menor ou maior precisão com que a nossa lupa se afasta ou se aproxima da acepção da ausência; esta, em última análise, é o motivo participante de todos os sucessos, ora em grau diminuto em efígie que passa, ora em intensidade absorvente ao nos figurarmos em túmulo certo, em companhia

de todos os episódios que divisamos. Quando os olhos, focalizados na superfície da ausência, observam os semblantes que, à maneira do nosso, possuem vistas igualmente acolhedoras, compelimo-nos a acreditar que esses vultos de semelhança, condenados também à morte que nos espera, levarão consigo, no instante desse acontecimento, as coisas de nosso próprio panorama; inclusive o corpo do nosso ser que assim perece tantas vezes quantas forem as visões que nos viram e que se fecharam para sempre. Tais perspectivas não se opõem à paisagem maior que as encerra, qual seja a do nosso desaparecimento enquanto abrangedor da extinção delas próprias, havendo por conseguinte, entre as inúmeras significações que se incorporaram nos vultos de nossos painéis, a de morrermos na morte de alguém; concepção que, a par de outros elementos, nos sugere a resignação de sermos, a toda hora, a imagem virtualmente aderida aos sepulcros de nossos contemporâneos. Dentre as considerações que nos encaminham à ausência, ao território que se alarga desde a cena em que o nosso corpo se encontra, farto de testemunhas a lhe anuírem a certeza da presença, até o retábulo em que a pronúncia de nosso nome, em vez do rosto, é vedada como sucedânea de nossa efígie, em virtude de o silêncio da morte fazer calar todos os ruídos no tocante à nossa existência; dentre os ângulos do enorme perecimento, situa-se aquele em que distinguimos em uma noite a figura de B..., gravemente enlutada desde algumas horas; a circunstância do recente nojo nos permitia, sem a intromissão de recursos proteladores, visualizar os tons ainda quentes do vestíbulo por que passara, o de sua perda na desaparição há pouco sucedida; o tempo ainda não lhe consentira utilizar os paramentos exteriores com que se externa a situação de extremo pesar, facultando-nos, desse modo, um aspecto que também fora o de sua mãe no momento inesperado de falecer: o das aparências da vida, de tal feição que, se um olhar colhesse a ambas, juntas como estiveram sobre o mesmo leito, não diferençaria qual a realmente alcançada pela grande inércia; o motivo que desempenhavam na ocasião de vir a morte, era desses que cotidianamente se verificam no aconchego doméstico, sendo que o teor, distribuído em igual proporção entre aqueles que o interpretam, a nenhum é possível avocar uma saliência que lhe seja privativa, sem contar as vezes em que um se investe do papel do outro, como se ele bastasse para um só protagonista, ocorrendo que a significação em tela se não perturba com a mudança dos atores; são os pequenos misteres que tanto podem ser prestados por duas ou uma só pessoa, o ameno retábulo do pano que elas abriram sobre a mesa, menos para se ajudarem uma à outra que para se confundirem ambas no leve prazer de acariciar as mãos no aveludado tecido; a condição de modéstia a que se habituaram, imprimia certas maneiras de comunhão, de tal forma que as duas mulheres se permutavam fisionomicamente;

o exercício da unidade provinha da conjuntura de dois entes afeitos à simplicidade trabalhosa e risonha, a mesma com que decidiram costurar a fazenda que, pela exigüidade da extensão, não iria além de um só vestido, segundo modelo que se aviasse a bem servir a ambas; exatamente nesse ato, em que mais uma vez assentiam a equivalência de seus conspectos, a morte, sobrevindo sem qualquer anúncio, fez com que o projeto da roupa ficasse de impossível efetivação, para uma, em face de perecimento, para outra, em virtude de ter de se tarjar com negras vestes, pairando sobre essa triste conseqüência o ato maior e mais uma vez representativo do que elas foram sob o mesmo teto: a comunhão, agora manifestada sob a forma de não aproveitarem o tecido marchetado de florões vermelhos; ao aguardarmos o apronto do esquife, que ao menor movimento de passos íamos à porta a receber para que o corpo emudecido iniciasse de logo o puro desempenho de sua qualidade, o nosso belvedere punha na efígie de B... o mesmo acento de consideração que dedicava à fisionomia morta, como se no íntimo da contemplação uma dúvida houvesse sobre qual de ambas devia merecer a tarja de nosso miradouro, tão desprovida de si mesma se nos afigurava quem dera, à visão agora extinta e à de mais ninguém, o secreto gesticulatório de que se constituíra; pessoa alguma, salvo o rosto por tantos motivos idêntico a ela, presenciara as atitudes que proporciona o convívio doméstico, e que, com certeza, não mais se repetiriam porque ao testemunho daqueles olhos se aliava o estimulante de seu comparecimento; o que existira do repertório das atitudes ficou irremediavelmente perdido no inopinado daquela morte; como alguém que depois de uma catástrofe se emprega em recolher os fragmentos restantes, que nem por isso se arrogam de individuais, porquanto a índole deles era privativa do conjunto que se desmoronou, entrementes a nossa lembrança se preenchia de alguns elementos que nos coube vislumbrar, frações breves de um todo que nenhum milagre de restauração consegue repor na delicadeza de sua graça.

3 — Na confecção dos sucessos, o tema que sobrepaira encontra, certas vezes, nas coisas mais ingênuas do episódio, a homologação que de ordinário flui unicamente das figuras cometidas nos principais papéis; tal aconteceu no preâmbulo daquele velório, ao cientificarmo-nos de que a diligência fisionômica de algum contra-regra, que talvez fosse a própria iniciativa de B..., fez parar os ponteiros do relógio no momento certo em que falecera aquela personagem, vindo a representação das horas a decorrerem, a sustar o seu exercício, integrando-se na imobilidade de quem os movia todas as manhãs; os processos figurativos facilitavam às coisas a aderência no seio da morte, a qual dessa maneira nos entremostrava, em versão

reduzida, o painel de todos os elementos que cercaram o cotidiano do rosto que se manifestava, ao sucumbir, como a lâmpada que, ao se apagar, dissipa de nossa visão tudo quanto há facialmente em função dela; à feição de alguém que, conseguindo escapar de um cataclisma, deixa que se propalem as afirmações a respeito de sua morte, sentindo-se a tal ponto beneficiado pelo equívoco que o estimula com coonestações póstumas, qual seja a de tornar ao recinto da hecatombe e aí promover os mais claros indícios do falecimento, o nosso vulto que também fora, com assiduidade, o objeto das atenções da recém-morta, resolvia solidarizar-se com os semblantes que a morte propagadora vitimara há poucos momentos; a modalidade de nossa participação consistindo em ali permanecermos sem cuidar que uma janela batia, que vozes inoportunas soavam na vizinhança; depois de uma hora, um indivíduo insciente penetrou na sala, e de pé ante a surpresa daquela cena, desnorteava os olhos de um a outro dos participantes, na curiosidade de descobrir qual o rosto que sofrera o dano, quem de nós era o ponto de partida da unânime tristeza; o seu olhar havendo recaído no relógio, que em muda cumplicidade tinha em si mesmo a indicação de todo o evento, o recém-vindo mais se fixara na suspeita que o atingira, locomovendo-se às pressas na direção de B... e de sua morta, onde por fim alcançou a razão de ser do inesperado painel; fisionomicamente assistimos a confecção de nossos propósitos, tanto mais realizados quanto o vulto comparecente não se endereçara a nós para indagar da significação do entrecho, supondo talvez que dentre as personagens postas à escolha, éramos a que menos se manifestava em condições de lhe responder, investida do silêncio que emanava da pessoa extinta: como na devassa de certos segredos, empreendemos conciliábulos com indivíduos cujas impressões, que nos ofertam, soem ser retificadas quando adquirimos a solução do precioso problema, a contar daquela ocasião, tivemos, ao recapitular os encontros havidos entre nós e B..., que reformar o teor de diversos acontecimentos, revigorados agora com a certeza de que a nossa interpretação não poderia mais alterar-se; que a circunstância de estar ela perecida na morte de sua mãe, tinha a força incontrastável do documento que não é só o comprovante revelador mas o objeto da identificação a que as buscas se encaminhavam e que veio a recompor, conforme a verdade, os elementos que a ele se prendiam e que até o instante se dispunham em teia provisória. Nenhuma passagem do convívio, por mais intensa que se tivesse apresentado, não o fora bastante para se impedir de ver agora modificada pelo véu de nova acepção, irresistível no mister de tudo assimilar ao tema de ser morto com a figura ora extinta: as alegres e as tristes ocorrências nivelando os rostos e também os motivos que os singularizavam, tudo na mesma incorporação ao seio do lutuoso painel. Desde o momento em que os sucessos acontecidos conosco se penetraram da recente significação, a nenhum caberia nos recusar o sentido que era o dominante inevitável, tão simples e espontâneos se nos patenteavam os seus aspectos em relação ao tema da morte; ao mesmo tempo descobríamos como os assuntos anteriores eram desconexos, omissos, fragmentários, sem a presença envolvedora dessa consideração segundo a qual todas as coisas se operam sob a modalidade de que haveremos de perdê-las. Os argumentos que se aduzem por intermédio das efígies e das situações em ato, como capítulos estranhos aparentemente ou adversos a essa epígrafe geral, vêm, após a releitura dos seres visíveis, modelar-se, da mesma forma, na ubíqua edição do falecimento. Só hoje atinamos quanto à naturalidade com que, na viagem que fizemos a certo logradouro, os fatos se conduziram em direção à morte, apesar de naquela ocasião termo-nos convencido de que o significado que os articulou era unicamente o que testemunhamos, o dos sucessivos episódios em que uma rede, manipulada por alguns homens, era trazida do fundo das águas, com sério descontentamento de todos, porquanto os peixes escapavam, na maioria, das malhas excessivamente abertas, e os que ficavam presos no emaranhado do tecido, por inaproveitáveis ao desejo dos pescadores, íam sendo por estes devolvidos à face do mangue; nessa contingência, em que os participantes se uniam no conspecto das águas, de maneira tão rigorosa que nos víamos projetado no trêmulo espelho, juntava-se ao rol dos intérpretes o nosso desempenho de simples observador, como se detrás de nós um segundo olhar houvesse que ao tema da pescaria acrescentasse o adendo de ser ela contemplada por fortuito passeante; a objetiva, que apreende, articula-se, de modo fisionômico, ao entrecho apreendido, na condição de que exista alguém que os vislumbre e que assim desfaça a duplicidade presumida; tal como sucede na perspectiva de perspectivas, que dessa vez se verificou sem que o suspeitássemos, e cujo evento nos foi transmitido pela mãe de B. . . ao confessar que, de certa distância, nos surpreendera junto aos componentes da pesca; em outra oportunidade, puséramos a ler, cada um a sua folha do mesmo jornal, ocultos à sombra de árvore enorme: todavia, quando de nosso regresso à casa, depois de algumas semanas, ela nos relatou, sem que B. . . lhe tivesse oferecido nenhum elemento, o painel da leitura na forma como acontecera: o conhecimento que ela obtivera, derivara sem dúvida de obsidente vigília, que fora exercitada por meios diretos, porquanto naquela hora, sem todavia prevermos as deduções de sua argúcia, destruíramos todos os sinais de nossa presença, inclusive as folhas da gazeta que se reuniram segundo a natural ordenação; como essas vezes, muitas outras, o repertório, enfim, de nossa convivência com a figura de B. . ., se depositara inteiro e exclusivamente na posse desse semblante que cerrou para sempre nas pálpebras as efígies de nós ambos, agora mortos também de sua morte, e irressuscitáveis em virtude de outros olhos não virem, em substituição àqueles, a sub-rogar-se na fruição de nossos rostos; na impossibilidade de sermos, concomitantemente e com igual destreza, o alvo e a lente que o assimila, renunciamos à idéia de nos tornarmos o sucessor na posse do conteúdo ao qual pertencemos; mesmo porque não estamos suficientemente controlado para nos eximir de gestos que ocasionem no espectador uma impressão diferente da que almejaríamos, sem contarmos os desajustes entre o que de melhor esboçamos e o seu reflexo na visibilidade do presente observador. Antes que chegue o momento de se apagar a nossa luz, nascemos e morremos à medida que penetramos no álbum de outrem e nele nos perdemos por extinção do volume repleto de tantos retratos; essas existências diminutas de nós mesmo, não são mais do que modalidades que se condicionam ao nosso ato de ser, cujas decorrências serão interrompidas com a nossa morte, que a ninguém se substabelece a propriedade de seguir a revivê-las ou a desfrutá-las sob qualquer feição; tudo que presenciamos no curso da vida, está, perante nós, em relação equivalente aos nossos encontros com B... diante do olhar daquela figura que, não mais reabrindo os olhos, fez repousar no aniquilamento todos os painéis em que nos situamos.

4 — As efígies secundárias de um episódio, existindo na dependência do principal ator, mantêm, depois que este se retira, e por instantes apreciáveis desde que algum sucesso abrupto não venha a destruí-lo, o ar do entrecho que, assim liberto da presença de sua causa, permanece a pairar nas fisionomias restantes, sem contudo oferecer-lhes um desempenho maior que o de meros comparsas, tais como o veríamos durante a cena completa. Sendo nós um desses protagonistas que a natureza da conjuntura estabeleceu em certo recanto da cena, sentimos que o féretro, que acabara de sair, era como se no mesmo local ainda estivesse, tanto os demais figurantes se solidarizavam conosco na obediência de ser em confronto com o catafalco, o nosso rosto, em posição a que nos impelira a necessidade de que ficasse alguém no recinto à espera de B... que fora acompanhar o enterro; e as coisas presentes na sala nos exibiam os vultos em gestos imóveis e de não desfeita naturalidade, porém mais incisivos ao nosso conhecimento, pois que até o instante eles formulavam as atitudes consoante o aspecto rotineiro das duas mulheres, enquanto agora, não obstante o fazerem para as vistas de ambas as criaturas, os rostos daqueles objetos possuíam específicos afagos da tristeza que nos vitimara a todos; percorremos a casa, e o fluido lutuoso nos seguia a impregnar todos os semblantes por onde passávamos, as gaiolas com os pássaros a receberem, sem relutância, o molde do sofrimento em artigo de ternura, os arvoredos a se comporem na uniformidade da

melancolia fisionômica, tão expansivos na adesão que bem podíamos acreditar nas providências antecipadoras desses vultos que, sem aguardar a informação trazida por nosso corpo, nos acolhiam pressurosos em revelar que já sabiam do doloroso evento, e dessa maneira nos poupavam do desencanto de a proferir; regressamos ao ponto do recinto onde estivera a morta e as faces todas, a nos dizerem que em nossa breve ausência se conduziram com a mesma fidelidade, nos restituíam o mudo ar de seus pêsames; enquanto B... não tornava do cemitério, sabedor da decisão em conservar as coisas do domicílio na postura em que as deixara aquela que morrera, infletimos a consideração para os enlutados objetos, com a lente própria ao seu teor de vultos que iniciavam, na ocasião, uma persistência de ser, uma qualidade figurativa a se passar à duradoura enquanto vivesse, em sua morte fisionômica, o semblante da que se fora, na perda mais intensa que a nossa, para não voltar; na data do funeral, ela viera do enterramento para reassumir os cuidados do cotidiano, mas virtualmente lá permaneceu; no restante dos dias, a cada mister que efetuava, mais era exposta a significação de se haver ido para sempre na figura da outra, instalando-se em nosso olhar, toda vez que o seu rosto se inseria entre os vultos de nossa contemplação, um modo especial de vê-lo, como se o falecimento efetivado houvesse removido a pessoa de B..., e os corpos a ela adjacentes, a mundo diverso; e aí continuassem aquelas efígies sob a modulação de atitudes cuja constância tão somente na imobilidade da morte encontraria o meio de estimular-se; desse modo nos proporcionando, na prática das menores coisas, nos gestos com que atendiam à intervenção de nossa lente — em grau compatível com o verificado nas ocasiões em que mensagens de contentamento, por um fato decorrido no dia antes de imensa tristeza, atingindo o destinatário, são por este abertas na convicção de serem reconfortantes condolências, e mercê da decepção sobrevinda, mais se lhe agrava o penoso afeto, e com ele a impressão de que o retábulo da alegria, não obstante realizado há horas, recua para bem longe de sua atual sensibilidade — a sensação de que os desempenhos de nossa amiga, externados depois, eram inoportunos como novidades francas, em razão de nossos olhos a considerarem desaparecida fisionomicamente, por efeito da circunstância que a enlutara; de nada valiam os painéis em que o seu rosto se mostrava parte saliente ou diminuta, se a efígie da companheira ali não estava para os acolher como um teor a mais de seu repertório; sob esse aspecto, o ângulo de nossa visibilidade regia-se pelo pensamento de que a efetuação das conjunturas jamais se concretiza em completa integralidade do ser: resultando numerosas, como as vistas apontadas para elas, as vistas dos que se foram antecipadamente, muitas das quais mereciam sobremodo, de preferência as que na ocasião se prevaleceriam da contigüidade, os sucessos que redundam parciais na medida em que esses outros olhos os não puderam ver; se isolamos os fragmentos perecidos, e eles de muito importam ao nosso panorama, apreendemos o não-ser de sua eventualidade, o qual se encontra com nítida freqüência em cada episódio de nossa lupa, quase nada existindo que se isente de visões que se esvaeceram; dentro da mesma consideração, a alegria diminui ante a idéia de se acharem ausentes outros olhos que deveriam vislumbrar as coisas que agora presenciamos; tanto mais que são múltiplos os nossos conhecimentos, e para cada painel nos lembramos de alguém que os captaria melhor que a nossa pessoal retina, produtos confeccionados à revelia de quem os merecera abrigar; à semelhança do painel em que B. . ., sentimentalmente acomodada à perda da outra, participou, diante de nós, de uma significação que a morta, mais do que ninguém na terra, sabia recolher com o sorriso da compreensão; tanto se comovia ao mero esboço de uma situação do gênero desta em que B. . ., ao receber a dádiva que lhe ofertamos, insinuou o gesto, muito comum ao tempo em que a mãe vivia, a indicar que o mimo iria também prestar-se ao uso da irmã, agora a residir na velha casa.

Capítulo 2

1 — O testemunho de nosso desempenho. 2 — A reconstituição de um painel em que fomos a principal figura. 3 — A precariedade de ser na memória de outrem. 4 — As omissões cometidas ao nosso vulto.

1 — No ato da visão, as faces que se registram em nós, e desconhecem que as coligimos sob o ângulo da condicionalidade ao nosso ser, não nos acenam com atitudes intencionalmente homologadoras, nem tampouco nos dirigem os olhos à lupa como nos apanhados em que o fotógrafo vê prejudicado o esforço quando observa no grupo retratado a efígie de alguém a mirá-lo; em sua espontaneidade, aparentemente livre de nossa imanência existenciadora, anotamos passagens que destoam da linha de nossos desejos, episódios que se não completam, diferentes do drama que no teatro asssistimos; parecem retábulos estranhos a nossas conivências, quando em verdade as coisas, quer afirmativas, quer negativas de nossas disposições, preenchem o conteúdo elástico do estojo que nós somos; constituindo-se a suma de todos os painéis, alcançados em nossa vida, uma trama repleta de elementos distribuídos em inumeráveis planos, a qual tem, em qualquer perspectiva de nosso miradouro, uma técnica de ser que é comum, em nós, a todas as demais parcialidades. Agora, neste preciso momento, a nossa visão descortina a paisagem de dois homens que se dirigem por meio de gestos a outras pessoas não incluídas no quadro que a janela nos desenha: de nada mais necessitamos para ir ao convencimento de que um episódio, por mais conclusivo que se nos revele, tende a articular-se à outra cena que tanto pode estar na vizinhança de nosso corpo, como em território longínquo ou

em tempo que não nos coube presenciar; as árvores que se situam além dos dois homens, vêm a informar acerca de figuras que, pela posição assumida, passam a nos impor uma referência mais demorada, sem contudo nos compelir a vê-las como atores de principais cometimentos, dado que muita vez, a predisposição de nossa lupa inverte o programa que a realidade nos indica; então, a lente, ao perdurar sobre o que se encontra próximo de nós, se preocupa todavia com o vago dos semblantes dispostos no término do panorama; o qual, para a sua delicada presença na captação, reclama, assim, que outro objeto se prevaleça do realce de se situar bem perto de nosso vulto. O assunto mutilado que assistimos, possui, ali, no episódio que contemplamos, o resumo dos vegetais cujas frondes estão em parte ocultas por motivo da janela que, por sua vez, representa as disponibilidades condicionadoras de nossa visão, entre elas os eventos psicológicos que tanto modificam as recepções do olhar; os esmaecimentos com que se vestem os fatos antigos, cedendo o lugar, em nós, aos sucessos que acabam de desenrolar-se, têm, ali, nas atrações das coisas colocadas menos à vista de nosso rosto, a sua representação em miniatura, como se o tempo, na impossibilidade de nos devolver todas as ocorrências pretéritas, nos exibisse, em cada paisagem, o esquema genérico de seu repertório, o programa de todas as realidades acontecidas; e onde pudéssemos, a exemplo de um mapa em que distinguimos, na minúcia de um ponto, o recinto que nos importa, nos endereçar a um grupo de folhas a vários metros do olhar, e dizer que nele repousa o entrecho alegre do qual participaram, unidamente conosco, as mais preciosas figuras de nosso afeto. De tal forma nos achamos imbuído dos instantes primordiais de nossa existência, que se um curioso nos surpreendesse com a indagação de quais os retábulos a que devotamos preferível empenho, responderíamos de imediato com a pequena série de decisivas situações; se dessa maneira nos reconhecemos em dia com os termos cardeais de nosso já bastante extenso enredo, com melhor desenvoltura descobrimos, na carta aberta ao olhar, os sítios adequados à nossa íntima agenda: os painéis mais remotos acampados ao morro que fecha o panorama, os mais recentes, postos em trechos acessíveis à nitidez do belvedere, toda a figura do terreno traduzida em expressões temporais, fértil em nos fornecer, à guisa de generosa hospitalidade, os pousos correspondentes às rebuscas da imaginação; os homens já se retiraram do recinto, contudo perseveram em grau de havida contribuição, tal e qual os muitos figurantes que de certo ingressaram nos proscênios e saíram deles, os quais enxergamos em considerável número, freqüentemente como signos daqueles entrechos que tanto se fixaram em nós; ocorre nos oferecerem o cunho de sua presença, emocionando-nos, entrementes, com uma ponta de remorso por não os havermos atendido mais na lente recolhedora, tal o cuidado que conferimos ao vulto que, apesar de insignificante, se vincula a uma cena de profundo interesse. Sentimo-nos precariamente dotado de meios para que não existam omissões nos episódios, nos painéis que, ao se exporem, mereciam a agudeza absoluta de nossos olhos e a retenção completa em nossa lembrança. Um dia, L... nos comunicou que comparecera a uma reunião transcorrida há dez anos atrás, quando se operou um desses eventos que firmam a nossa modelação no espírito dos demais; a situação em foco, sem embargo do teor pungente em relação à nossa sensibilidade, embora no fundo houvesse um pretexto favorável à inibição das atitudes, tem sido, desde o surgimento, um dos objetos mais constantes de nossa memória, e que nos parecia totalmente registrado por força de nosso tempestivo intuito em nada perder da assembléia, tão convencido estávamos de que ele iria, para sempre, marcar-se em nós; ao dispormo-nos à restauração do auto, procedemos como o cronista que, não obstante a estada no ambiente do sucesso, e a fim de que se anule de todo a interferência da duvidosa imaginação, indaga de outros protagonistas se o número dos presentes foi, em verdade, o mesmo que anotara ele, se os intérpretes, postos mais à distância de seu miradouro, exibiam corretamente as posições de que suspeitava, se alguma coisa houvera além das que tinha conhecimento; por tudo isso, pesou-nos a humildade de L... que fora uma das testemunhas assimiladoras do quanto nos comovera, no momento, o papel que desempenhamos; a despeito dessa valiosa presença, ele escapou entre as malhas de nossa tessitura, ou antes, do urdume que a própria realidade, com o cortejo de comprovações, arquitetou à base de nossa fisionomia; a sua alma era tão compreensiva que ele mesmo adiantou as desculpas de não nos recordarmos de seu rosto, justificações consistentes na quantidade dos figurantes e no nervoso encargo de que nos incumbíramos; à impressão da modéstia de seu vulto tivemos que acrescentar certa melancolia oriunda de vermos na nitidez de outra lembrança uma passagem de nossa existência que bem quiséramos restasse esquecida de todos os espectadores, marcante infelicidade que o próprio L..., em sua gentileza, intentava extinguir ao nos esclarecer que fora vítima, também, de circunstâncias ainda mais constrangedoras que aquela que nos incomodara. No decorrer do colóquio, durante o qual um rosto inteligentemente amigo nos descerrara o pano de remota tristeza, sem entretanto nos ferir com o revigoramento dos magoados tons, dispusemo-nos, sob o estímulo da incomum cordialidade, a reconstruir, nós ambos, a série de painéis de cujo desempenho principal não pudemos fugir; tratava-se de nova experiência, pois que nunca fizéramos, com o auxílio de um dos participantes, recapitular o episódio no qual a contragosto, e isento o nosso vulto de quaisquer ensaios, estivemos a exercer o centro das irradiações.

2 — Como indivíduos que rememoravam a data em que, juntos, compuseram, com outros, o elenco de inolvidável peça, e ao fazê-lo de suas mentes expungiam todos os rostos que não figuraram na antiga representação, reunindo na cena da lembrança tão somente aqueles que nela estavam inscritos, nós ambos reavivávamos o painel do desprazer, com tanto mais desenvoltura quanto o interlocutor a facilitava com efetivas compreensões, e o entrecho ainda se acrescia de complementos que não havíamos atinado; conjuntura esta que nos propunha a necessidade de remeter ao fundo do episódio o protagonista com o mister de captar as coisas que escaparam ao nosso alcance. O desgosto pelo velho desempenho se atenuava de algum modo ante os sub-retábulos que apareceram em torno de nosso cerne, os quais reproduziam, em cissiparidade, o mesmo assunto que emitíamos: o da consternadora inibição que nenhuma face deixou de contrair, compondo, em conseqüência, o uniforme painel do mal-estar. Descobrimos agora que ele não fora tão repulsivo quanto imagináramos, que uma atmosfera de caridosa assimilação recobriu a vigente angústia, que as impressões colhidas por L... nos bastidores do espetáculo diminuíram o insucesso, desde que os comparecentes se mostraram unânimes em afirmar que excedia de nossos recursos o papel que nos tinham imposto, e que de nosso lado houvera enorme sacrifício por não nos recusarmos a satisfazê-los no molesto desempenho; à feição de alguém que absolve a infelicidade no instante em que vislumbra que a mesma permitiu o bem-estar de outrem, encontramos o trecho que se nomeou do padecimento, a parte feita da análise de favoráveis episódios, os quais saíam de obscurecidos recantos a preencher agora a superfície do painel que antes se valera apenas da incomodidade de nosso vulto entre seres isentos de cordiais adesões. As reconstituições operadas em comum consolidam ou retificam aspectos dos entrechos nunca rigorosamente estabelecidos, figurando muitas vezes, entre as emendas, algumas inverdades que não abolimos porque se prendem ao teor fisionômico do significado: a exemplo da generosidade de L... ao declarar que a nossa posição não se fixara inteiramente imperfeita, porquanto, no dia seguinte, em palestra com M..., soubera deste que ouvira de O..., que escutara de D... que lá estivera presente, uma versão amorável de nossa conduta, segundo a qual, a comoção que nos atingira, bem correspondera aos desígnios de todos os circunstantes: eles tinham o intuito de sondar a possibilidade de sermos em emotivas efusões. Além dessa persuasão consoladora, L..., parecendo de súbito lembrar-se de mais um sucesso provindo daquela noite, aduziu à precedente confissão o fato, que nos evidenciou a agilidade de sua imaginativa, de dois vultos que, ao se retirarem da festa, lamentavam a conjuntura de Z..., o amigo que desde há muitos anos era a face mais íntima de nossa familiaridade,

não ter estado com eles durante os passados minutos, a fim de assistir as expansões de nosso sentimento; através das quais, ele conheceria de nós o aspecto que nos faltava exibir, tão curioso se revelava com relação a tudo quanto diziam a nosso respeito; ausência imperdoável, nada obstante o muito que eles fizeram para trazê-lo do domicílio onde aguardava o ingresso de alguns visitantes. Esse pequeno enredo o forjicara repentinamente L. . ., e a certeza da inautenticidade procedia da recordação de havermos solicitado a Z. . ., na véspera do acontecimento e em atenção à qualidade de seu apreço para conosco, o obséquio de não ir ao ambiente do espetáculo, favor que nos concedeu, aliado à outra contingência, seguro do motivo de nossa relutância que era, sem dúvida egoisticamente honesto. O pequeno conto de L. . . repercutiu em nós sem que o contradisséssemos, isto por não ser amável interromper um propósito originário da benevolência, mas sobretudo porque nos advertimos de que a versão relatada, e que nos parecera mentirosa, resultaria plenamente realizável: sendo bem possível que Z. . ., no desejo de deferir a nossa insistente súplica, utilizasse o pretexto de próximas visitas, de preferência às legítimas razões que lhe faziam perder a programada cena. A viabilidade de uma ocorrência, mercê da lacuna de documentação que estabeleça a exata fisionomia do que se passou, distribui-se geralmente em várias alternativas, e enquanto uma delas não se salienta às custas de incontrastáveis comprovações, permanecem todas com maior ou menor índice de aceitabilidade, disputando ao estudioso da conjuntura a definitiva interpretação; sucedendo, não raro, que a hipótese menos receptível, ou a que não chegou a ser objeto de consideração, dada a improbabilidade intrínseca ou mesmo o ilógico de sua eventualidade, vem a prevalecer sobre quantas existiram; tal o resultado de nossas buscas, posteriormente ao encontro com L. . ., em torno da causa que impedira a Z. . . de comparecer ao nosso infausto desempenho, agora clareado de outro ângulo, ao relermos a missiva que este nos enviou de outra cidade onde o atraíra, na data daquela ocorrência, o apelo de assuntos comerciais; como a descoberta vitoriosa nem sempre assimila todos os meandros da realidade que lhe toca, de sorte a fazer estéreis e inúteis as demais justificações que lhe foram concorrentes, a retirada do companheiro para bem longe daquele sinédrio, não aluia a possibilidade de haver sido a afeição ao nosso temperamento a determinante de sua falta ao episódio, vindo a ser a viagem o substitutivo que lhe coube para dupla satisfação: a de prover os negócios e a de nos provar, para nosso contentamento, que estivera muito afastado da rampa e dos bastidores, inclusive.

3 — A nossa presença no desenrolar de um entrecho, se

porventura ela atrai a si as atenções, pouco nos oferece a fim de testemunharmos os semblantes que também configuram a encenação; no entrave que alcança os nossos próprios gestos, assemelhamo-nos ao vulto eminente que no cortejo das visitas quase nada recolhe do que na véspera mentalmente planejara, porquanto em cada pouso a comitiva se entrega ao programa sobre o qual não fora ouvido; e cuja contrariedade as circunstâncias impedem de solver, e de forma tanto mais imperativa quanto o objeto da excursão obriga que ele se manifeste contente com os arranjos formulados em seu louvor; acontecendo que, em regresso ao domicílio, o semblante homenageado — sem pretender recompor uma a uma as situações decorridas, inutilizando, em conseqüência, o propósito de todos os hospedeiros que tudo fizeram, nos limites de uma cerimônia, para se gravarem na memória do precioso conviva — confunde a seqüência dos participantes até o cúmulo de os levar a ceder, uns aos outros, os lugares em que estiveram, num equívoco de particular gravidade, pois o interesse de cada um se prendia a ser relembrado em conexão com o domicílio, para efeito da consecução de alguma dádiva. À maneira, ainda, do homem festejado, desde que ele reúna ao desígnio vaidoso uma sensibilidade curiosa de nutrir-se, em ocasiões mais adequadas, dos panoramas que os breves áulicos lhe impediram da primeira vez, voltávamos ao logradouro daquele painel sempre que ele se enchia a pretexto de alguma solenidade; então, liberto agora das vistas que não nos visavam, nem tampouco eram distraídas pela mutabilidade de nossa posição, de tal ordem a nossa presença escapava aos olhos de todos, muito embora no salão raros houvesse que fossem estranhos ao conhecimento de nosso vulto, ali esperávamos que, sob aclamações, se erguesse à tribuna alguém de nosso feitio psicológico; e repetindo, em termos gerais, senão em gestos congêneres, o papel que desempenhamos àquela noite, nos propiciasse a reprodução da mesma cena, que desta vez nos daria a oportunidade de ver melhor o procedimento dos inúmeros comparsas, o qual, certamente, reconstituiria o embaraço que os envolveu quando de nossa desventurada estréia. Num dos regressos de renomada efígie à estação onde outrora lhe renderam preito, um grupo enorme de pessoas, todas elas com a sofreguidão dos aplausos, sente que a locomotiva muito demora no resfôlego, tanto mais quanto, sendo diminuta a estadia, se impõe a necessidade de os rumores da recepção virem à escuta do viajante célebre; um antigo ator, da incógnita de sua modéstia, presencia, entre as flores e os discursos da plataforma, o vão mister de quanto ali ocorre, e somente nesse instante se lhe avivam no olhar os pormenores do painel tão semelhante ao que lhe coube, quando outrora fora ele o objeto, pois na verdade são do mesmo ritmo e da mesma nominalidade as manifestações que agora se ostentam; proporcionando-lhe contudo a nova perspectiva uma receptividade mais completa no tocante aos rostos que tanto ansiavam por se fazerem visíveis; e que no momento íam a gravar-se na lembrança do esquecido observador, com a diferença de não mais ser ele o da estima dos semblantes interessados, aos quais bem podia, quando o trem estivesse ao abrigo das expansões, interromper os esperançosos comentários e expor a realidade do efêmero e do inócuo; à guisa de consolo absolutamente gratuito, informar que as fisionomias são perduráveis na memória do prestigioso homem a partir de quando este se desveste da condição que provocara o entrecho do exibir-se; desce ao rotineiro da vida onde as conjunturas favorecem o individual de seu rosto, e, sem nenhum intuito de apresentar-se, ele alcança a meta de ser, com tal feição, entre as folhas do álbum rememorativo. A figura, que as contingências incitam a se preocupar apenas com a própria ostentação, vê-se compelida a abandonar a posse do retábulo que está diante dela, dentro da qual palpitam germinações de muitos enredos, núcleos de significados que se fomentam por força desse mesmo episódio onde alguém se alteia como se tivesse os olhos vendados a tudo que se pormenoriza em torno de seu semblante. Não observará que uma disputa fisionômica se desencadeia na extensão do recinto, ele a manifestar o melhor que contém a galeria de seus gestos, os outros a erguerem, à medida que o miradouro do recipiendário se movimenta em sua direção, o realce da postura, o bastante para acreditarem que a preciosa retina projetá-los-á para sempre e com exatidão, na memória ilustre; anseio bem depressa desiludido se, algumas horas depois, dispersados nas ruas e nas janelas, como em parada sob os arranjos do improviso, neles recair a eminente visibilidade, esta a nenhum há-de proferir o mais leve meneio de saudação; se porventura for pequena a localidade, de maneira a lhe sugerir que a maior parte dos habitantes acorreu à festa promovida à sua invocação, assim mesmo um súbito recato, que o defende de excessivas gentilezas, lhe atenua o gesto de brindá-los com a cortesia de um boa-noite.

4 — Por mais concentradas que se afigurem as platéias diante da face em relevo, há sempre uns olhos a dividirem conosco o interesse pelo total painel; daí o investigarmos costumeiramente a colheita auferida por quem nos parece sofrer das mesmas curiosidades. No inquérito, visamos sobretudo ao desempenho de nosso rosto, à qualidade de nosso papel na situação posta na perceptiva desse alguém; a desenvoltura por ocasião dos cometimentos terá sido tanto mais perfeita quanto menos houvermos incidido na visão do sócio em tarefas da espreita; sendo de notar que o depoimento sobre as coisas acontecidas, algumas vezes exclui o fato de nossa presença, tal a sutileza com que, registrando o máximo possível de sucessos, conseguimos ser em propício desaparecimento. Nem sempre a veri-

ficação de tal elipse corresponde ao grau de nosso contentamento; o íntimo desagrado nos deixa condoído de nossa própria pessoa, quando o entrecho em causa, por fatura e pelo reduzido elenco dos participantes, é daqueles que, tudo indica, possuem as conexões suficientes para nos levar às fiéis e duradouras memórias; entretanto, não raro nos surpreendemos com nosso vulto omitido da narração que bem estimáramos nos envolvesse. Sob particular aspecto, tem-se evidenciado a perda, em outrem, de nossa fisionomia, qual seja o de nosso interlocutor e ex-figurante do retábulo, reconstituir a cena com a nomenclatura de todos os protagonistas, à exceção de um, de quem ele não se recorda, mesmo a despeito de tentar, no momento, extraí-lo da lembrança; nós, que nos supúnhamos radicalmente incorporado à substância do ocorrido, detemos o impulso de esclarecer que o semblante ignoto é aquele a que pertence o nosso nome; a renúncia a identificarmo-nos, emana da delicadeza em impedir que o narrador, ante o conspecto de testemunhas, sinta moderar-se a alegria de dizer, de veicular aos desprovidos do invejável privilégio, o que de extraordinário se passou defronte de seus olhos. Tal ânsia é compreensível e respeitável por haver, no curso de nosso repertório, muitos entes que ali conservam o lugar pela circunstância de terem comparecido à margem de um entrecho, de o terem presenciado com alguma ou nenhuma interferência, às vezes ocasionais passeantes que se valorizaram, em nós, pela simples razão de um contato com o painel que nos interessou à sensibilidade. De outro ângulo, a falência da memória se abate com o mesmo descuido sobre os objetos de nossa pessoal invocação, tal no momento em que, ao reconstituirmos, diante do vulto que dele participou, o retábulo que ainda agora nos impressiona, vemos que as nossas palavras repercutem estranhamente no semblante que nos ouve, tão alheio se encontra a propósito desse algo que não lhe fez a menor cicatriz, não obstante haver desempenhado o seu rosto um papel de razoável saliência; quando o relato não desperta na mente do interlocutor o episódio adormecido, a fim de que se salve o gozo da explanação, pois de outro modo gerar-se-ia constrangedor desacerto na comunicabilidade da palestra, reparamos o mal-entendido com o estratagema de nos confessarmos em evidente engano; conduzimos a final a trama do enredo, pondo, em lugar do ator em recusa, o protagonista que oportunamente nos acode à lembrança, desde que as peculiaridades do último, ajustando-se à natureza da história, convenham aos gestos que o antecessor proferiu em frente de nosso olhar. Se por acaso o motivo em apreço favorece ao semblante que dele tenha compartilhado, pelas cores com que tingimos as seqüências do episódio, notamos que a efígie sub-rogada lamenta no seu íntimo não haver sido realmente ela o figurante da admirável urdidura. As significações se demoram à revelia dos intérpretes, e nesse particular nos movemos à resignação de ceder a outrem

— quando alguma passagem de nossa vida, por sua importância relatável, prender os fios da conversação — a tarefa que nos coube, fortuita ou intencionalmente, representar à vista de infiel gravação. A exoneração a que nos condenam, é formulada em virtude de o exigir a propriedade fisionômica, na hipótese de alguém, esmerando-se em modelar, com intento artístico, a ocorrência que nos pertencera, prefere atribuí-la a uma figura mais de acordo com as linhas emocionais do conto; às vezes, sendo o sucesso deleitável ou honroso, e convindo ao veiculador aprimorar ou enobrecer o vulto de amigo ausente, ele não titubeará em transferir — à pessoa que, distante da referência elogiosa, não o desmentirá com a negação — o papel que nos competiu no precioso evento. Na hora em que um acidente levou ao hospital a filha de W. . ., rico homem que enchera de benefícios várias das testemunhas do trágico painel, foi-nos dado, pela posição de nossa efígie, acorrer em busca de socorro médico; muitos anos depois, mercê da situação social de W. . ., obtivemos, sem qualquer indagação de nossa iniciativa, a reedição oral do episódio que não teve a conseqüência triste de muitos outros que ficaram em completo esquecimento; na versão atualizada esteve de todo oculta a nossa contribuição, agora investida por um dos comparecentes que se locupletavam do generoso conterrâneo. A precariedade de nossos reaparecimentos, que tanto incide em painéis da vaidade como em entrechos da angústia, desprazendo-nos no primeiro caso, é uma insidiosa idéia que enluta as vésperas de nosso desempenho em algum episódio que comumente seria de todo o interesse preservá-lo da aniquilação; a fim de resguardá-lo tanto quanto possível do esquecimento, ou, antes, com o zelo de garantir-lhe perduração maior na mente dos que o testemunham, numa esperança talvez debalde, utilizamos de meios que nutram as débeis memórias, de processos cuja sutileza está na condição de se não tornar ostensivo o nosso intuito. Para tanto, faz-se preciso que os instrumentos que irão guarnecer a nossa estada no pensamento de outrem, surjam da naturalidade da própria cena, e jamais de um coadjuvante exterior, havendo, na precaução, um respeito litúrgico aos elementos que formam a teia do sucesso; atitude que nos obriga a deter as insinuações oriundas de outros locais que, por serem portadores de figuras mais propícias, talvez, ao melhor atendimento de quanto passa, se aglomeram em nossa imaginação a fim de que permutemos a ordem legítima por outra feita, em menor ou maior parte, de objetos estranhos ao episódio. Ao contrário do paisagista que, de regresso do campo, se recolhe ao domicílio para ultimar a tela ora em esboço, e que resolve, por descoberta que a ele mesmo surpreende, substituir o grupo de vegetação por outro que se encontra ali em seu quintal, recusamos, às efígies atraentes mas alheias ao retábulo que nos importa, qualquer contribuição ao esforço de fixar, para futura lembrança, a presença de nosso ser no painel a efetivar-se. Caminhamos para ele, munido apenas de argúcia, que se emprega em escolher, dentre as coisas proporcionadas pela contingência, o gesto oportuno, a infiltração ardilosa que avolumará o tecido da palestra; de maneira que o agente dessa fomentação, no caso o nosso próprio vulto, não se distinga meramente como o comparsa que trouxe ao enleio a sua agradável colaboração, mas como o protagonista que articula o tema em apreço à respectiva situação pessoal, suscitando em conseqüência uma curiosidade maior em torno de sua fisionomia; este é, então, o recurso de que nos valemos para, sem destruir a composição do entrecho, aglutinarmo-nos ao teor do assunto, de forma que os comparecentes venham, com o alívio costumeiro dos que depõem, a anunciar aos seus interlocutores que o fato incomum — e no entanto suscetível de aparecer em todas as conversações, desde que se alie a idéias do gosto rotineiro, e o sôfrego personagem sempre vislumbra os meios de inserir a narração que nele palpita — recebera, como testemunha de olhar ou de ouvir dizer, uma pessoa idônea e íntima de seu conhecimento. Contudo, nem sempre se torna possível o usarmos de nosso próprio rosto, acontecendo que em certas ocasiões, e com extremas dificuldades, acrescentamos ao ser de alguém umas complementações aventadas por nossa iniciativa, adendos faciais de acordo com a natureza desse figurante, os quais vêm a referir-se tanto a ele como a algo que o cerca, tudo sucedendo, por fim, em proveito de nossa perduração; com que desalento nos persuadimos, depois de voltarmos de algum urdume, no qual não pudemos promover as maquinações, da inutilidade de nossa presença conquanto desejosa de fixidez, todavia efêmera, receoso que estamos de que, já àquela hora, sob atrações insopitáveis, os vultos que conosco dividiram a sombra do mesmo teto, nada ou quase nada mantêm do episódio anterior que tanto estimaríamos permanecesse em toda a sua estrutura, sem dele escapar a nossa fisionomia silenciosa, inatuante, e previamente sentida por suspeitar-se envolta, em breve, no esquecimento. Almejamos que os recintos por nós freqüentados acompanhem, na memória alheia, os passos de nosso corpo, como se essa memória dispusesse, à guisa de aparelho cinematográfico, da virtude de nos unir sempre às coisas de nosso redor; de maneira que jamais os entrechos de nossa participação se diluíssem desertos de nós que, vez por outra, volvemos aos redutos em que deixamos uns trechos de nossa vida, e no ato de reaparecer está inerente a nossa consideração de os olhar com a ternura de vê-los perdidos conosco.

Capítulo 3

1 — A persistência da nominação. 2 — O descobrimento de nossos gestos. 3 — O domínio das ausências. 4 — O objeto em comunidade visual. 5 — A omissão de particularidades. 6 — Os entendimentos faciais. 7 — O devaneio. 8 — O temor da representação inédita. 9 — A auto-observação dos gestos. 10 — A nossa investidura no corpo de M.... 11 — A continuidade de ser em visão.

1 — Persiste a nominação, enquanto as figuras, que em versão primeira a trouxeram aos olhos de alguém, costumam substituir-se por outras que dessarte a perpetuam na extensão do tempo: de fato, a circunstância de aparecer é essencialmente regida pela norma que submerge, na fungibilidade, os vultos que todos os dias vão e vêm pelas artérias do cotidiano; certas legendas, nutridas pelo extraordinário da motivação, permanecem ainda com uma vitalidade que impõe a muitos o desejo de nelas reintroduzir os semblantes que, sem equívoco, as incorporaram na edição de estréia; acontece que tais semblantes perseveram na ausência, e em seu lugar novos intérpretes juntam-se para a representação da sucedida nominalidade, subsistindo, incólume, dos mais diversos ambientes e atores, a significação de cada uma das legendas. A significação assemelha-se, em certos casos, ao pano de fundo que o teatro humilde conserva no tablado e que, apesar de infringir a lógica das peças que o aproveitam, aponta de qualquer forma uma correlação preferível à que porventura encontrássemos entre elas e o muro livre de cênica decoração, estéril e real em seu reboco. O nome ocorrido no interior de um salão recheia-se à vista da floresta em cenário, parecendo ao espectador, na ignorância daquela pobreza, que o absurdo posto em seus olhos proveio da

excentricidade da companhia que, de todo satisfeita com a perfeição do último ensaio, resolvera transmiti-lo à platéia em alheamento à lei do recinto; e cuja efetivação não sonegou ao episódio a verdade do conteúdo, antes, soube preservar a pureza de seu exclusivo teor; o desempenho se aproxima daquele outro que se visualiza em nós através da leitura, quando o cortejo dos logradouros não coincide jamais com as paredes e os móveis junto às quais ela se efetua; a cada leitor um ambiente distinto dos que oferece o romance, no entanto o enredo independe das pessoas que o compulsam. No ato de corporificação do nome, a imagem se torna caroável a ceder a sua posição a outrem que se franqueia à margem do acontecimento. Na teia do nome se multiplica, através das idades, o elenco que no começo compreendia um ou uns atores; na crença dessa fatalidade, nos consideramos em via de diluimento em outros intérpretes que surgirão, se já não coexistem conosco, a repetirem as mesmas seqüências de nosso enredo. Nenhuma originalidade de significação advém para nos convencer que o respectivo desempenho de nosso rosto constituiu um flagrante inédito, impossível de ver-se reproduzido em sucessos anteriores e posteriores, representados por outras figuras que não a nossa; da fase atual da vida, enxergamos uma série alongada de ocorrências, todas passíveis de, em lugar de nosso vulto, acolherem a contribuição de outrem, com procedimento de menor ou maior desenvoltura, não importando ao império do nome, do motivo, que os atores sejam mais ou menos plásticos à conduta de que se investem. Reconhecemos agora que em muitos eventos, em muitas cenas de cujo teor havíamos antes participado, a bem pouco se reduziu o cabedal de nossos gestos, sucedendo que o título, que os denominava, é o mesmo a recobrir, no cadastro de nossas colheitas, gestos que se ostentam com prodigalidade de externação. O significado de qualquer fragmento possui uma transparência que nos permite observar, no painel em que ele se incorpora, formações várias, até sem urgente conexidade com o tema abrangedor que, nem por isso, se despega de sua natureza rotular; achamos que o episódio é uma exposição de modalidades figurativas, tanto mais curiosa quanto, se a tal nos ajudam os olhos, poderemos esgarçar uma a uma as pequenas situações que surdem de maneira consecutiva, sem contrariar a plenitude da genérica nominação. Numa cerimônia em que a mesa da presidência era o núcleo para onde se infletiam as atenções, o enredo da homenagem a uma figura emérita — cuja impaciência não consentira que as palavras e atitudes de encômio se procrastinassem para quando ela falecesse, sem dúvida revelando-se mais sentida a venera sob a feição de louvor póstumo que não devia demorar — tinha para fomentá-lo a presença de muitos coadjuvantes que em redor dos promotores, ora se expunham como assistentes do conclave, ora como protagonistas que, chegando demasiadamente tarde, perderam de outros o privilégio de ocupação das cadeiras, no entanto pretendendo estabelecer, de pé, que desfrutavam de importância equivalente; o nosso espírito, despertado por um assunto, esquece o outro que até o momento o preocupava, embora sejam os mesmos os protagonistas de ambos; nem a nossa ocular percepção é tão exclusiva que nos impeça de, por instantes, abandonar os homens atrás das poltronas egrégias, indo à procura do dístico geral que reveste, com a sua significação, todos os pormenores do ato solene, desde o vestíbulo onde nos pusemos até as dobras das alfaias, tudo com o fito de convencermo-nos da permanência da cerimônia: do véu maior que nenhum dado dissociativo iria lanhar o unitário aspecto; de volta da homologação, retomávamos o fio das particularidades que nos expunham os seus aspectos, incólumes de nossa ausência anterior; os quais, por uma repentina mudança nos vultos que ali se encontravam, sobrevinda ante o rosto do homenageado pronto a proferir a emotividade do agradecimento, se desfizeram dos competentes valores para se unirem ao grande pretexto do conclave, ao coro das justas aclamações; como as cenas dessa ordem costumam repetir-se, variando apenas o nome da pessoa em causa, reproduzem-se com elas os flagrantes havidos em sua vigência e que podem dessemelhar-se com respeito à significação; induzindo-nos a consideração desse evento ao receio de que, em assembléia cuja razão de ser coincida com o mais profundo de nosso interesse, o olhar de algum dos comparecentes se desvie do objeto sagrado para se ater em certa minúcia que este contém conquanto envoltório genérico; daí o cuidado de sempre que nos cumpre tecer o retábulo de nossa companhia, selecionar os co-participantes conforme a qualidade receptiva de cada um, com a certeza, que temos, de que os atores farão jus ao painel contemplável; a delicadeza de sentimento não raro se corrompe em virtude do incontido de algumas curiosidades, de observações que as testemunhas deviam manter em silêncio, deixando prevalecer unicamente o motivo maior. Tal aconteceu quando M... e nós regressamos do domicílio de R... cuja doença, em conluio com a pobreza, o relegara à torturante miséria; o nosso companheiro, no intuito de nos informar sobre o dom que possuía e que, em sua convicção, era um dos meios de demonstrar a argúcia da inteligência, sem calcular a tristeza do ouvinte, e sem acatamento ao painel da desolação, vitimava a ambos com a injúria de indiscreta acuidade; sob a pungência de quanto vira, M... tivera olhos para descortinar, em vez do rosto que conhecêramos de remota era, o esgar rítmico da boca, recolhendo nessa verificação um trecho que independia do geral teor, entretanto articulado a ele como agente a estimular o motivo da desesperação; dentre os subpainéis, sem dúvida aquele que, segundo M..., sub-rogava em si próprio as contribuições de todo o resto; de nossa parte, com o propósito de desnutrir o ressentimento que se acumulava em nós, e cujo objeto eram as palavras inoportunas de M..., e também pelo desejo de que se conservassem os contornos do tema genérico

— o da aflição tão somente — recusamos homologar o episódio restrito, dizendo-lhe que os trejeitos provinham, antes, da posição em que ele se colocara; tanto assim que, de nosso ângulo, a figura padecente, sem fugir do penoso estendal, mostrava, em termos acessíveis a qualquer humano, a perfeita realidade de sua desdita; a exemplo do religioso que no ato litúrgico se esforça em harmonizar à contrição dos gestos a pureza dos pensamentos, de tal forma as exige a santidade do recanto, sugerimos a M..., sem que ele sentisse nas frases a menor parcela de censura, regressarmos na semana vindoura ao aposento de R...; e da cadeira em que estivemos, com o espírito voltado para o plano da tristeza, procurasse traduzir, em nova leitura, a significação do pesaroso texto, e que sobretudo o fizesse de posse, permanentemente, do título, do nome, a que o autor, do leito, perseverava em ser fiel; no trabalho que o religioso exercita para vencer as abomináveis imaginações, resulta implícita uma culpa que a circunstância de tentar suprimi-las não o absolve como seria de almejar e, assim ocorreu quando da segunda visita em que M... se comportou com a adequada atitude; mas, nada obstante o acerto da fisionomia, nos mantivemos na dúvida com relação ao escárnio de sua idéia, incerteza tanto mais presumível quanto, ao compreender as nossas admoestações indiretas, bem podia ele ocultá-lo de nós, obtendo substituí-lo em consonância conosco; de volta, nenhuma expressão trocamos a respeito de sua conduta, ao inverso, acolhemo-nos a um assunto que não envolvia, nem de longe, a pessoa de R...; no silêncio havia, de nosso lado, o zelo de não insistir num tema cuja obstinação iria, na hora, melindrar os sentimentos do companheiro; com a esquivança, pretendíamos convencê-lo de que nos compenetráramos de seu superior comportamento no tocante às pessoas gravemente infelizes; as significações, quer incorporadas a vultos que as acenam aos nossos olhos, quer vazias de conteúdo — como as que subentendemos pela manhã, antes que alguém nos informe ou a imprensa nos esclareça quanto às alegrias ou às mágoas sobrevindas durante a noite, tal a nossa convicção de que, em sua decorrência, muitos sucessos dessas ordens se verificaram — suscitam dedicações da mente, nas quais se inclui o processo de rarefação no seio do episódio, processo comparável ao do ensaiador que, satisfeito requintadamente com os cenários da peça, retarda a aparição dos protagonistas ou engendra o recurso de, na vigência da representação, e sem influir na estabilidade do enredo, ficar a cena deserta de atores, a fim de que se exibam, isentos de contaminação, a estrutura e o colorido das montagens. Todos os vultos, os ignorados e os de nosso conhecimento, são passíveis de, à noite, haverem, com os seus desempenhos, passado ou perpassado ao longo daqueles dísticos; e se por acaso, perante o anúncio de alguém que penetra por nossa porta, ou à vista do noticiário, aproximamos a lupa da imagem em tragédia, não aluímos o panorama anterior e geral, assim como o ensaiador, a um sinal da mão, ordena que os intérpretes surjam no palco, e a eles convergem os seus olhos que também atingem o interior, esgarçado por quantos se introduzem nele, porém imprescindível na qualidade de invólucro e unificador da variação dos acidentes.

2 — Quando, ao contrário da minúcia que devemos inconsiderar à vista da significação que a envolve, nos deparamos com alguma que, sem a transtornar, a representa, como o lençol, roto em mais de um ponto, condizia com a situação genérica de R..., podemos retirá-la do episódio de cujo nome se ungira, e tê-la em nosso quarto como um escorço do motivo desenrolado longe dele; no quarto permanece a indicar, aos olhos de terceiros, que o painel não fora completamente extinto porquanto sobra uma face a refazer, em silêncio, o papel que antes lhe coube desempenhar. O móvel que no museu recebe a indigitação de haver pertencido à intimidade do grande escritor, enquanto existir faculta a quem o vê o privilégio de, nesse preciso momento, permutar a sua visão pela visão desse mesmo escritor que o via tal como ele se apresenta agora; se for dado ao visitante atender à oportunidade dessa prerrogativa, tudo fará para que a mesa preciosa não venha a seu olhar em companhia de objetos estranhos ao recinto do homem ilustre; ele retificando o tumulto que de ordinário impera em museus, comprimirá as pálpebras de modo que, livre das contigüidades aberrantes, somente o móvel que o interessa repouse na retina, tentando dessarte obter o mesmo corpo que o antigo proprietário continha nos olhos quando, alheio a qualquer outro de sua proximidade, se dirigia unicamente à mesa que, parada e muda como neste instante, acolhia a pressa com que o dono dispunha os instrumentos da maravilhosa escrita. Após vários anos, em contato com a figura de Z..., descobrimos em nossa imagem a repetição de gestos que apenas outrora externamos em presença desse interlocutor, não tendo a nossa lembrança rememorado outra efígie diante de quem houvéssemos exposto a mesma impassibilidade do busto enquanto as mãos, a se moverem em persuasivos desenhos, formavam, em nós, a zona exclusiva de colaboração nos diálogos, mas que se saía tão a contento que estávamos certo de que nenhuma outra postura demonstraria melhor a ele a sinceridade de nosso acatamento. A circunstância de tal descoberta não nos inibe de continuar, sempre que os dois nos encontramos, a desenvolver as mesmas atitudes, ante as quais ele procede com toda a espontaneidade de seu rosto; assim sendo, as relações de agora perseveram tal como antigamente, persistindo imutável uma ordem de gestos que, ao contrário dos assuntos que se renovam com o fomento dos anos, perduram apesar de se ter modificado a aparência de nós ambos, mais

envelhecidos e possuidores de repertório mais amplo que os da outra idade. Por tudo isso, a pessoa de Z... nos mereceu um tipo de preferência que nunca dedicamos às demais, porque, além de satisfações outras, havia, em nós, o desejo pela reconstituição da cena primitiva, diante da qual os posteriores encontros se reduziram ao revivescimento desse painel assim isolado de todas as conjunturas desfiguradoras, entre estas, o tempo e a própria maturação das faces. Queríamos a velha significação, ressuscitada pelos mesmos intérpretes, portadores de algo constante, inserindo o nosso corpo as condições dessa perpetuidade, para cujo alimento desnecessitássemos dos reforços do espírito que tenta retomar a palestra mantida há muitos anos, e que não mais repercute na memória do companheiro. A corrente mágica a devolver o episódio, temo-la no espontâneo de nossos gestos em face do ser que se não recusa a, inconscientemente, cooperar conosco na perduração do entrecho que se tornou favorecido por nenhuma contingência o haver perturbado, não tendo existido, no tocante a nós, qualquer sombra a empanar a nitidez do painel. Em geral, no âmbito da convivência, conjunturas de várias naturezas conspiram contra o teor da cena passada, sucedendo que as paixões, por inteiro aplicadas à desavença do instante, desajustam, em nós, a composição cujo conteúdo era o da fraternidade, fazendo-a submergir na precariedade do efêmero; a nossa conduta à vista dessa subversão equipara-se à da criança que, indo pela segunda vez a uma representação teatral, e aí verificando, em papéis de antipatia, os mesmos atores que antes admirara em desempenho do mais puro encanto, se sente decepcionada em virtude da perda do que lhe parecia permanente em realidade, malquistando dos intérpretes que não se enquadram numa linha única de comportamento. Pressurosa em conhecer os sucessos que se desenrolaram à revelia de sua presença, os quais constituíam toda a história de nossa individualidade, que em nenhum momento reclamou o esteio da figura de Z..., de onde se dera por natural o curioso empenho em saber de tudo que nos ocorrera desde o dia da separação, a imagem antiga nos desvendara mais um teor que possuem as efígies já insertas em nosso álbum: qual seja o de colaborar conosco, por ocasião de nova palestra em que nos sentimos continuar o precedente encontro, na restauração da cena que, tudo indicava, não poderia reaparecer através de nossos exclusivos desempenhos. Os fatos havidos durante o desligamento, comparavam-se aos que se processam nos bastidores, quando, no entreato da representação, os protagonistas aguardam, em atitudes descondizentes com a índole da peça, a oportunidade de revirem aos olhos dos espectadores: da mesma forma como eles se distraem ou se apuram no interior do camarim, se interessam ou ainda se obrigam a coisas de todo alheias ao proscênio, no longo intervalo em que nos omitimos, o nosso belvedere se preencheu de semblantes outros que não o de Z...; na insciência, todavia, de que um contra-regra misterioso, e para regalo de nosso próprio testemunho, restabeleceria o painel que se interrompera. De certo que às vezes, ao modo da situação em que o empresário, perante a surpresa dos assistentes, anuncia que, por súbita indisposição de um ator, o espetáculo ficará suspenso até posterior aviso, o qual não chegará nunca, em face da morte que, sobrevindo ao intérprete enfermo, atinge também a companhia de que ele era o imprescindível sustentáculo, o vulto que nos dera a primeira edição do episódio, não regressando ao ato da nova presença, deixa-o impossibilitado de continuação; o que nos induz a especular sobre o advento da morte, marginando-a, entre outros elementos, esse de não recuperarmos nunca a antiga comunidade de atitudes, as maneiras de gesticularmos, de sermos com respectividade fisionômica, em potencial oculta, à espera tão somente de que o rosto, agora irreversível, as fomentasse com a co-participação de seu retorno. O reencontro das faces afigura-se uma presença em que os circunstantes, ao recuperarem as posturas de ocasião remota, procedem com desenvoltura ligada ao conluio primeiro, a exemplo dos atores que se harmonizam no elenco mercê de anterior ensaio, e que no segundo treinamento se ajustam ao ponto de constituir a seqüela dos episódios uma seqüência de retábulos a repetir o instante do primitivo entrecho, cujas minudências possuem, por conseguinte, um vigor de duração maior que as sobrevindas nos trabalhos ulteriores. Tal no ensaio em que os intérpretes, sem nenhuma familiaridade com o motivo que os engloba na trama, têm a percepção aberta para todos os incidentes, ainda para aqueles que se não incluem na história em representação; os quais soem por um momento convencer aos atores que eles, os tais incidentes, figuram no acontecer da peça, equívoco de que apenas se persuadem quando os não vêem repetidos no segundo adestramento; assim, durante o novo contato com a fisionomia de Z..., à medida que recompúnhamos o velho entrecho, o desbastávamos de notas que da vez anterior de muito nos estimularam a conversação, mas foram certos assuntos que agora nos convinha evitar; se, àquele tempo, serviram a compor o diálogo fisionômico, entretanto hoje que víamos, sob a estimulação de outros pretextos, a repetição das atitudes, concluíamos que eles eram de todo desnecessários à restauração, como a presença da cadeira no primeiro ensaio, parecendo exercer uma função na peça, demonstra aos atores, por sua ausência no ensaio seguinte, que ela fora posta como podia não sê-lo, permanecendo intatos, em qualquer dessas vigências, o enredo e toda a urdidura ornamental. Compreendemos que não era o assunto o veículo de nossos gestos, mas apenas a conjuntura de Z... achar-se diante de nós, provindo dessa verificação a idéia que a seguir nos tem acompanhado: a de existir em potência uma série enorme de encontros, de painéis que se formariam com a nossa participação; os quais, sem nos oferecerem a homologação de segunda prova, são contudo possibilidades a, de momento a outro, nos fornecerem a realização da uniformidade figurativa; de unicamente nesse instante de rever, atentarmos sobre a conduta mantida por nosso corpo — a natureza da dialogação facial — que nos uniu ao rosto de passada época, e assim a descoberta integral e fisionômica de nós mesmo subordina-se ao evento de aparições, entregues, em sua maioria, à contigüidade fortuita. De algumas efígies com quem praticamos a linguagem dos gestos, mantemos a conjectura de que a elas nos havemos de harmonizar um dia consoante os dados expostos no anterior conluio; mas, a idéia de que estes interferirão no futuro desempenho, e além disso, o fato de eles continuarem os mesmos em relação a nós, nada nos assegura de sua vigência perante faces que distam de nosso semblante e que sem dúvida já alteraram, senão extinguiram, as impressões e os sentimentos surgidos dantes, a propósito de nossa figura. As suposições do desejo raramente coincidem com o episódio em reconstituição, e nem sempre os reencontros se operam para o gozo, em nós, de uma cena restaurada, quase tudo existindo, nesse ponto, em completo alheamento de nossa faculdade de prever; o qual nos leva, inclusive, à dúvida quanto às possibilidades que nos permitiriam rever o próprio corpo tal como aconteceu há anos decorridos, à suspeita de que o nosso procedimento, no trânsito de múltiplos contatos, se desenrolou sem o aconchego, sem os fios da naturalidade que tornam as relações estreitas apesar das ausências impostas pelo cotidiano. Estimaríamos, contudo, que o exemplo do caso de Z... se refizesse em todas as folhas de nosso álbum, este muito vazio de segundas edições que literalmente reproduzam os semblantes que nele estão incólumes em sua primeira idade; faltando-lhes vir ao nosso belvedere como retratos que identificam os modelos correspondentes, não obstante as conjunturas e o tempo demolidores, cuja tarefa negativa pode entretanto moderar-se ou mesmo frustrar-se perante a conduta de nossos gestos.

3 — Somente após uma fração de minuto é que descobrimos, no vulto que à nossa frente caminhava na mesma direção, a pessoa de M.C..., nossa amiga de há muito e com quem entabulávamos assíduas conversações; precedentes esses que nos fizeram estranhar a nossa retentiva que então se conservou alheia, por um lapso embora diminuto, do rosto que jamais supusemos desconhecer. No extenso cabedal do repertório, inúmeras imagens existem cuja identificação cremos apreender nas mais tumultuosas contingências; todavia, uma simples alteração na maneira de andar gera, em nós, o retardamento em reconhecer, na figura posta em frente, um dos seres que presumimos captáveis de logo, ante a objetiva de nosso olhar; o quase nada que o desvia, por breve momento, o por-

menor deformador, à similitude da emenda que introduzimos em trecho qualquer do desenho, vulnera o campo total da fisionomia; e o vulto que talvez teve em nós o privilégio de se sobressair no interior das cenas, vem decair então no recesso do anonimato. Lamentamos não possuir o código de transformações que os entes de nosso interesse possam manifestar, a ponto de nunca desdizer do nome o seu correspondente portador; seria necessária uma informação prodigiosa de todo o acontecer do corpo, a fim de que nenhuma novidade nos aparecesse em perdimento do semblante respectivo; e que sob a nitidez de nosso belvedere a este acompanhassem as modificações, como nos livros de confecção inferior a errata completa de todos os enganos, de feição a termos a continuidade dos movimentos como emitida pela pessoa que a conduz, e sempre a mesma das outras horas. Mas, no processo da ordem fisionômica, a faculdade de um vulto assumir a posição de outro, constitui uma das normas que regem a participação dos seres sob a lupa de nosso olhar, de sorte que testemunhamos as efígies sonegarem ao nosso desejo as confecções que, sem mudança figurativa, poderiam contentá-lo; a técnica do aparecer compõe-se à base de contornos genéricos, assim explicando-se o disponível do vulto estabelecer-se em lugar de outro, o motivo, tantas vezes ocorrente, de um semblante registrado em nosso repertório, sair dele e vagar junto aos que, anônimos, perambulam no mero comparecimento, personagens coadjuvantes na tela das ruas e das avenidas e que logo o iriam manifestar. O nosso álbum tem as folhas desimpedidas e, apesar de nós, da vigilância com que de costume seguimos os passos de seus conteúdos figurativos, acontece-nos perdê-los, tão libertos se encontram de nosso controle: entregues talvez à receptiva de outra visão que os inclui no caderno que lhe pertence e que difere bastante do nosso, em cujas páginas há-de inserir-se M.C... também por força da circunstância do andar que nos pareceu livre do nome de quem verdadeiramente o possuía; se porventura nos déssemos a conferir os retratos do mesmo semblante, concluiríamos que a disponibilidade do modelo se elastece, tal a merecer um nome diferente para cada conformação, ou o mesmo, conquanto que dos lábios de cada qual ele surgisse com pronúncia diversa, em variação de prosódia equivalente às múltiplas participações. Sucede ainda que o panorama geral que acolhemos de nossa vida, se assemelha a um quadro qualquer dos milhares que formam a sua seqüência em nossa visão, tendo, como este, os vultos que distância maior nos impede de ver com a mesma limpidez dos que se localizam no primeiro plano; os desvios que os conhecidos rostos executam sem embargo da vigília de nosso belvedere, são como os de efígies que se não deixam apreender embora se situem no campo de nossa visibilidade, na perspectiva que, entre tantas coisas à mostra, inclui essas faces invisíveis mas de cuja existência conservamos a certeza. As ausências que não conseguimos penetrar e tudo quanto nelas ocorre à margem de nosso conhecimento, são fatos cuja condição de existir não se despega de nós, havendo no amplo conteúdo de nosso ser uma zona que, embora nos pertença, permanece virgem de nossas perquirições; as impossibilidades de acometê-las sendo, da mesma sorte, elementos integrantes de nossa pessoa, na qual elas estão contidas como as espumas do mar, postas além do horizonte, se inscrevem nele. As coisas que vimos e as que se ocultaram de nós, se irmanam no ato de nosso perecimento como na invisibilidade do cego se põem todas as figuras no mesmo nível de obnubilação. No transcurso da vida, em cada episódio que se nos depara, há como quê a exibição, em escorço, desse domínio último das ausências, o qual virá um dia a absorver, na obscuridade de sua urdidura, as fisionomias que sempre se mantiveram à luz de nosso olhar. Da posição que assumimos, não podemos vislumbrar o córrego que a montanha intercepta, mas este possuímos nós mesmo sem enxergá-lo com a vista, como depois teremos a montanha ao nos retirarmos dela mercê de uma superfície outra que se introduziu entre a sua imagem e a lente de nossos olhos; córrego, montanha e muro chegarão a inocular-se, em hora vindoura, no sombrio nivelamento a que nenhum plano deverá interpor-se, desse modo indeferindo-se os reclamos da curiosidade, os intrometimentos da ótica, atualmente em vigília.

4 — Um meio de acolhermos na visão a face que dela se ausentou, reside em nos estabelecermos no local onde estivera antes o rosto agora desaparecido; havendo, no ato de sermos em substituição a outrem, a maneira de alcançá-lo, através das coisas com que ele se preenchera por intermédio de seus olhos. Então, graças ao conteúdo, atingimos o continente, o nosso belvedere vindo a ser o belvedere que antes assimilara o panorama; este se imobiliza nos contornos como quê à disposição da efígie que procura, por esse processo, transmutar-se no semblante que lhe dita o ensejo, permitindo que eles se identifiquem perante o comum objeto da contemplação. A casa em que morou, o bairro da estadia, a cidade que o prendeu por tantos anos, todos os círculos concêntricos de ângulos vários se expuseram ao homem venerável; porém a conjuntura do desencontro não nos concedeu a oportunidade de, em seu aposento ou em sítio qualquer do logradouro, recebermos em nós a direta presença de seu olhar; não obstante o inadimplemento ao desejo, críamos observar dentro dos contornos da povoação, os marcos da idade em que ele vivera, de cujos relatos e testemunhos verificamos — tendo ainda em conta a translucidez de sua obra — que a lupa de seu olhar recaía, à maneira da nossa, na paisagem que também habitávamos, vendo e revendo as estáveis aparências; elas consistiam em pequenas janelas, mas as nesgas, se bem que não se constituíssem o suficiente para mais amplas

descobertas, geravam contudo o exercício da contemplação; nesse particular, os rostos que o ambiente exibia tinham para nós um valor de acentuação que o não deram os urbanistas de seu amontoamento. Os caminhos à casa, demolida agora sob pretextos levantados por homens que desconhecem a substituição do olhar, a comunidade de episódios a despeito do tempo decorrido, a unificação dos vultos graças aos mesmos preenchimentos óticos, as ruas que convergiam à residência do ser que costuma ressuscitar em nós, na medida em que vemos as coisas que ele viu, apresentavam uma persistência de teor igual à da língua que, apesar da semântica, se identifica pelos séculos afora, de nada valendo para destruí-las as alterações de cunho neológico. Não importa que hajam desaparecido as marcas de seus pés na areia que continua a mesma que fora ao tempo de suas deambulações, prevalecendo-nos tão só desses valores gerais que nos restam; ainda mais, os vestígios que enxergamos no solo, se bem que sejam passos de outros indivíduos, nos levam a considerar que são os de seus passeios, desde que a similitude da representação fixa a natureza da peça e não a personalidade dos atores. Fisionomicamente, os intérpretes sucessivos se consomem para que sobre, livre da concorrência de outra figura, a personagem repleta de significação; vêm a favor da permuta de nossos olhos pelos da efígie que veneramos, os sinais talvez postos ali há poucos minutos e que entretanto nos indicam o conspecto que a documentação biográfica faz retroceder a dezenas de anos, o qual todavia para nós se situa em nossa contemporaneidade. Na posse desse corpo, desprezamos contar com a presença das nuvens que de certo estenderam sobre a cidade, na época em que vivia o renomado autor, as feições com que, neste momento, pairam no recinto de nossa preocupação; o descaso a tão disponível elemento, explica-se em virtude de ele envolver também outros lugares de onde o viram olhos que o nosso intento não procura, por enquanto, assenhorear-se; ele apenas se acha disposto a atender aos objetos que foram mais próximos daquele vulto, embora o nosso álbum contenha a muitos de cujas visões pretenderíamos da mesma forma participar, mas nenhum deles acompanhou o de agora, à sombra do casario da cidade de T.... O ângulo de nossa atual consideração vislumbra unicamente a pessoa que nos interessa, daí o alheamento às figuras que, desmedidamente elásticas, possam reunir, em dilatado panorama, diversos trechos que constam de nosso repertório, não nos convindo neste instante urdir as folhas do caderno em plano que lembre o da enorme perspectiva. A nossa contemplação, restringida ao ambiente do ser inolvidável, que reteve nos olhos as efígies que na ocasião nos passam a pertencer, à semelhança de pura idealidade, despega os rostos de suas contingências cotidianas, dos misteres que são exclusivos da presente realidade, consentindo, com a mudança de teor em nossa ótica, uma contemporaneidade comum ao semblante que nos preocupa e ao nosso próprio ser conquanto receptáculo das fisionomias que ao primeiro coube visualizar. Os objetos observáveis se afiguram como elementos postos à vista de quantos deles se acercam, com a finalidade de se repetirem nos variados olhos que os venham a conter; ou, em outras palavras, eles atuam, em constância figurativa, com a prática do acontecer genérico, na qual todas as visões resultam passíveis, do ângulo dos objetos facialmente imutáveis, de se estabelecerem em superposições, vindo a constituir-se em um só e único olhar.

5 — Assim como o nosso vulto, no papel de acolhedor de semblantes já vistos por outras testemunhas, coloca-se em diluição com estas que o precederam e com aquelas que estão por vir, promovemos com a meditação, o advento, em nós, de uma figura de nossa espécie, o qual surge de preferência quando o nosso espírito modelador reproduz os caracteres que personalizam o ser em causa; com tanta proficiência relembramo-nos da cogitada fisionomia, que o nosso rosto, despindo-se de si mesmo, se integra na modalidade própria de tal modelo; não sendo a nominação algo que se une exclusivamente à uma efígie, diríamos então que a nossa imagem, ao se transferir para outro vulto, se transmutara também para a designação a ele vinculada. Por meio desse processo caminhamos em outrem, pelas ruas que ele freqüentava, apresentamo-nos no interior da residência onde os móveis têm o familiar aspecto de seu dono, e dessarte vimos a recompor, muita vez, uma série de episódios que se encontrava notoriamente extinto; na oportunidade da visita à cidade de T. . ., não dispúnhamos de dados suficientes para reconstituir o nosso vulto de acordo com o alto molde, as obras e a documentação alusiva a sua existência nada nos proporcionando de maneira que pudéssemos restaurar, em nós, as atitudes emanadas de seu rosto, nem sequer um retrato havia nas coleções acerca de personalidades célebres; apenas o conteúdo dos olhos transpirava dos livros que ele compusera no intuito de ordenar abstrações que, sem o auxílio de valores visuais, perder-se-iam em confusas e secas sugestões, sem falar da inaturalidade de qualquer outra ordem de confecção, afora esta de concretizar o pendor artístico com a utilização de rostos que via em sua contigüidade; talvez que, observando a si mesmo nas coisas que se lhe expunham, ele houvesse por dispensável transmitir no papel o desenho de sua efígie, preferindo mostrá-la na virtualidade inerida pelos eventos e seres circunstantes, daí as dificuldades advindas ao nosso empenho que era o de alcançar a sua particular nitidez; na impossibilidade de conseguirmos tanto, íamos pouco a pouco adensando os indícios em potência, para no final obtermos, com os prenúncios que já nos ofertara a imaginação, a face habituada que fora aos limites de seu viver; estimávamos, sem perturbação para os móveis do aposento, intercalarmo-nos entre eles, e reproduzir-

mos as atitudes a que se afeiçoaram, mas esses elementos de há muito desapareceram, restando-nos apenas as ruas toscas, as paredes de sua era, como remanescentes de antiga fidelidade, a nos proporem que as empresas de possível reconstituição deveriam ser as adequadas ao ambiente exterior; este dispunha de um sem-número de aspectos, e dados os óbices para repeti-los em sua enorme seqüência, unicamente vinha a nos prestar formas de plástica hipotética, consubstanciada numa que aceitamos por nos parecer exeqüível: a de imobilizarmo-nos no ponto que devera ser o do vestíbulo de sua casa, e estendermos então os olhos pela vereda de mais fácil acesso; em frente de nós estão várias fisionomias que estruturam o esquema de suas abstrações, fisionomias que ele enumera sem nenhum cuidado de pormenor, antes, as trazendo ao leitor como se a elas se referisse pelos nomes, sem descer às minudências da face: tal como agora recuperamos o vulto de seu autor independente de singularidades, talvez na feição que pretendia ficasse em nossa mente e na de quantos o sucederam na terra; à margem do fio de suas histórias, ele se detinha nos lugares dos acontecimentos, fixando-os sem outras particularidades que as constituídas por largas silhuetas, como o fazia nas alusões ao planejamento das personagens, não decrescendo ao enfadonho descritivo das cores e da moda, e cuja importância resulta de nenhum efeito quando, ao fecharmos o livro, ela não interfere no que se estabilizou em nossa lembrança; compreendemos, através da leitura de seus livros, que as ações dos rostos e os conceitos no tocante aos respectivos caracteres, vêm a modelar mais fecundamente as fisionomias da ficção do que o cometem as minudências do vestuário e das atitudes; havendo, portanto, peculiar interesse estésico pelas fachadas que hoje, por não terem sido discriminadas quando objetos daqueles olhos, expõem ao nosso espírito, no instante de vê-las, a estruturação ideal de que se muniram em plena incorporação numa de suas obras; assim, libertas, pelo autor, da individualidade que estaria deformada agora, senão extinta, os vultos das edificações se tornam, através de nossa imaginativa, fisionomicamente coevos do que foram na passada época, restaurando-se em nós a contemporaneidade existente quando da fatura do livro; como perscrutador daquela personalidade, em vez da obtenção dos pormenores da efígie, atingimos o modelo que, tudo indica, ele tanto desejou para o álbum dos pósteros.

6 — Muitas vezes, ao recordarmo-nos de uma idéia, sem dúvida pela circunstância de a termos com freqüência, notamos que ela se vitima do tédio da assiduidade; mas, desde que em pensamento alienamos à autoria de outro vulto, de um homem qualquer que passa diante de nossos olhos, a idéia, desanuviando-se da insipidez, recupera a força do momento em que nos

apareceu como pura criação. A descoberta desse estímulo nos conduz a estender, tanto quanto possível, ao novo receptáculo, as ações e reações que com certeza lhe adviriam se porventura fosse ele o responsável pelo surgimento da cogitação em foco, levando-o a meditar sobre o papel, sobre a forma que há-de atribuir à idéia carecente de alienação; ou apenas a revelar, como agora, um rosto que, sem possuir qualquer relação interna com o fato mental que nos preocupa, tem entretanto, ao modo de um espelho, a faculdade de refletir o que quer que lhe venha ao contato. A contingência de ser visível, aliada à mera conjuntura de ser de nossa espécie, é o bastante para que nos transportemos à disponibilidade do transeunte, cuja presença se fez simultânea ao impulso de aliviarmo-nos daquela monotonia; assim sendo, mais à vontade nos sentimos quando esse alguém, que incorpora a idéia, resulta coincidir com um semblante de nossa intimidade, em quem nos situamos convencido de que os seus gestos não recusarão o motivo que os vai acompanhar; como o corpo se mostra com ductilidade prestativa, e o conteúdo bem se aconchega onde quer que se propaga, o investimento de nossa criação na pessoa tão a fundo conhecida, parece homologar, senão o corretamente lógico dos conceptos, ao menos, em persuasão facial, a idéia de dispormos de nós mesmo na fisionomia de outrem; e principalmente sentimos reforçada a sensação de nossa autoria quanto a essa mesma idéia. Sem violentar o hospedeiro vulto, sem ferir o mais insignificante relevo de seus gestos, como o panorama que se não prepara para exibir-se aos mais diferentes olhos, a figura imaginada que atende à nossa solicitação, se debruça em nossas frases, nos interrompe o ato de escrever, para melhor delinear as proposições; e então, ao vê-las assim objetivadas, conciliamos o seu afastamento de nós à docilidade com que se ajusta ao seu mesmo rosto que não suspeita sequer do atual desempenho; como os jogos da imaginativa não são de forma nenhuma peculiares a uma só pessoa, ao contrário, se exercitam na mente de qualquer, em muitas ocasiões nos acode a conjectura de sermos em idêntica disponibilidade em relação a efígies ou de nosso âmbito familiar, ou da simples vizinhança de que se fazem férteis as ruas e as praças, em coligação estreita com os pensamentos que não devassamos, aos quais servimos a exemplo da matéria que acomoda as mais díspares inspirações. Quiséramos, por experiência até agora não muito lograda, que os outros vultos procedessem conosco à maneira de como nos conduzimos uma tarde na residência de O..., quando lemos em seu rosto o curso de uma idéia que se espraiava no leito de nossa efígie; e que sendo de todo extensível sem quebra da singeleza de nossas atitudes, tanto que nem de leve auscultamos-lhe no semblante a descoberta de nossos propósitos, pôde levar a termo a seqüência das divagações. Como houvéssemos abordado um assunto que sabíamos ser de intensa repercussão na pessoa de O..., e no qual nos assinalamos em desempenho compatível com a benévola impressão que sempre mantivera a nosso respeito, na muda composição de seu corpo sentíamos que a alma, no instante liberta do próprio revestimento, encontrava em nossa efígie o pouso à amável desenvoltura; ficamos, pois, à mercê do generoso contentamento, a nós tanto mais deleitável quanto são de pouca freqüência e de humilde qualidade os gestos com que contribuímos às satisfações de tal natureza. No painel que ele rememorava, o nosso desempenho se circunscrevera a ações de bastidores, aquelas que fomentam o máximo sem contudo exibirem o rosto do indivíduo oculto e atuante, no caso a nossa fisionomia a estabelecer o programa dos futuros intrometimentos, a supervisionar com a devida antecipação os caminhos que vários participantes, e apesar deles, teriam que transitar, em convergência à solução que se deu em favor de O...; e nenhuma das personagens, com exceção desse principal ator, veio sequer a desconfiar, o que seria contraproducente porquanto os coadjutores se negariam, caso o soubessem, a colaborar no bom êxito da urdidura. As nossas intervenções, sem que o cuidássemos, foram descobertas por O..., contudo jamais lhe confessamos a parte que nos coube no triunfo integralmente obtido, isto é, jamais a confessamos por meio da voz e sim por intermédio de atitudes que comprovavam a nossa interferência; tais entre outras, as que ele teve ocasião de observar quando fizemos uso, em sua presença, de igual processo, no tocante a determinados seres, havendo a sua argúcia compreendido que dispuséramos de seu corpo equivalentemente à feição com que movíamos os dos vultos que por fim eliminaram, com absoluta inconsciência, os estorvos acontecidos à frente de sua felicidade; por tudo isso ele agora, acompanhando com o olhar os gestos de nossa figura, encontrava nela a correspondência rítmica de sua recordação, e de nosso lado mantínhamo-nos em concordância com o afeto agradecido e com o relato que ele expunha em completo silêncio.

7 — A sociabilidade fisionômica desvela sutilezas que nem sempre condizem com os recursos faciais das pessoas em dialogação; sendo comuns as desavenças figurativas, o desempenho perdoável pelo semblante que o acolhe e pela testemunha de humano entendimento, à vista da representação que as duas visibilidades prefeririam que não acontecesse. Mas a ordem fisionômica encerra qualidades que nos compensam do contraditório que o real vez por outra nos impõe para desalento do gosto: existem os recursos da disponibilidade figurativa, os quais muitas vezes nos ausentam no painel do mal-estar para, no mesmo recinto e com os mesmos participantes, nos acomodarmos numa nominação diferente que, por não obrigar aos intérpretes a consciência de quanto passa a suceder, nos leva a elogiar a ação de um abstrato contra-regra que assim nos permite a liberdade fora do texto; teremos então, nas horas de desacerto

facial, a eventualidade de ler, na cena que observamos, significado diverso daquele que a princípio se desenhou, e que em tempo sustamos a leitura, fazendo-a substituir por outra que bem pode ultrapassar a primeira em matéria de penosa impressão: todavia, nos dispensa de acompanhar até o fim o entrecho que tanto nos desagradava. Mas, em outras ocasiões, torna-se de mais proveito desertarmos a mente do fato a que vimos ou por nosso querer ou por solicitação de alguém, e aplicá-la na desenvoltura do devaneio que surgiu a propósito da sugestão qualquer de um rosto, ou na forma de continuidade que se alonga, e cujo início nos adveio antes de chegarmos à porta da assembléia. O agrupamento agita-se à espera de novos participantes, e no curso da expectativa, sentimos que o pretexto do conclave nos absorve igualmente, aglutinando-nos às fisionomias que conosco se interessam pelo assunto a ser debatido dentro de alguns instantes, às vezes de modo tão vivo que muitos prevêem que a nossa imagem irá assumir o centro do próximo painel; expectativa inútil porquanto o nosso rosto, ao assomar em uma das últimas cadeiras, transforma o seu desempenho no papel de simples espectador, favorecido em ponto condicionado pela predisposição dos móveis e pelo arranjo da sala, do qual refogem aqueles que tencionam investir-se, no decorrer do episódio, da maior saliência, inclusive da estratégia dos aplausos e das objurgatórias; localizado no modesto assento, as preocupações de há pouco se esvanecem e se deixam substituir por outras bem distantes das que se discutem, ora nascidas de pensamento que, antes, se introduziu em nossa alma, ora provindas da figura sobre a qual se detiveram, sem nenhuma escolha, os nossos olhos que a partir desse momento abrangerão, com variáveis detenças, as demais fisionomias; todas elas a fomentarem em nós o desenvolvimento de um enredo a que se solidarizarão apesar da agenda diversa e sem dúvida inconciliável com a de nossa fantasia. Ninguém virá em ajuda se por acaso for mister a presença, para o bom êxito do sincronismo, de determinado gesto, como às vezes obtemos em confronto com um indivíduo único e de quem possuímos o facial repertório; mas, os enredos de nossa interioridade se ajustam sem relutância ao ritmo das coisas que vemos; tanto mais que então existe um coro de figuras paradas e silenciosas, que nos permite passá-las e repassá-las, isentas das denominações e dos pormenores com que as identificamos no painel do vestíbulo, voltado que somos para o assunto que em nós se espraia nos rostos ignorantes da peça que representam, ou apenas ladeiam, descuidados do recinto em que inscientemente se albergam, da aldeia cuja população era uniforme nos costumes de que somente a nossa efígie destoava por inadaptação, que nos constrangera enquanto assim permanecemos; mas que depois se extinguiu e em seu lugar houve, para harmonização completa de todo o conjunto, a aderência de nosso ser ao convívio dos habitantes. A princípio, despertávamos a atenção dos sertanejos, os seus olhos se preenchiam de nossas atitudes embora muito fizéssemos para diminuir-lhes a curiosidade, indo a eles, e por intermédio da conversação interromper a argúcia de tantos olhares postos em nós; procurando menos modificar o estranho de nossa figura do que expor a consciência de sermos de outra modalidade e portanto carecente de estreita união, como o indivíduo que espera alcançar generoso prêmio exibindo a franqueza de seus dons. A conjuntura que, pelo teor figurativo, tende a se manifestar nos mais diversos territórios, estabelece em nosso ser uma fixação ideal de que o tempo se exclui para o enriquecimento de nossa visão; esta, como algo que liberta as cenas das distinções que as separam uma das outras, uniformiza os aspectos e com estes a validade fisionômica das coisas que sucedem ante os nossos olhos, a ponto de dizermos que a nossa ida ao conciliábulo representou a volta ao ambiente da aldeia.

8 — Naquela data em que nos exibimos, em nós, numa segunda versão do vulto que centralizava o interesse da platéia, vimo-nos na pessoa do ser que perseverava na saliência de vozes e de atitudes, a reclamar para si a adesão dos que em silêncio o escutavam; muito embora, quando do rústico lugarejo, a nossa figura a todos atraísse sem gestos e sem exclamações; quisemos, contudo, seguir-lhe os passos no interior de sua pele, indo nele onde quer que se apresentasse, tanto o conhecíamos juntamente com os locais de sua freqüentação, insistindo portanto em permanecer no veículo que há pouco nos transportara a léguas de distância; desta vez, porém, com o intuito de observarmo-nos em painéis de que nunca fomos o principal ator, ao contrário de nosso companheiro que em todas as circunstâncias se promovia ao relevo maior, domiciliado que era no trono dos cometimentos, por mais estranhos que se lhe afigurassem os pretextos. A investidura em efígie bem diferente da nossa, não nos dificultava o acesso à primazia de ser em constante realce, pois que o nosso pensamento era exímio em focalizar aquele ator em seus próprios papéis; no entanto, os terrenos que procurávamos percorrer, sob a conformação de seu corpo, distavam de muito dos ambientes de sua assiduidade, ou melhor, da posição que assumia em cada um dos costumeiros painéis: o trânsito de nossa mente resumia-se em fazê-lo ocupar o anônimo e o discreto dos seres à margem do núcleo significador, moderando-lhe a aparência conforme as disponibilidades do corpo, sem deturpar os requisitos que se coonestam sob o nome, de maneira a, em nenhum momento, notarmos que este não mais o designaria. Verificamos, no intento de conduzi-lo a lugares modestos, que o rosto despegado de sua freqüente condição, se revelava, em nós, extremamente parecido conosco, não que ele repetisse os nossos gestos,

mas por similitude em exercer as mesmas práticas no episódio, confundindo-nos ambos em idêntico papel figurativo, qual seja o de vultos de comparecimento que, ao inverso das faces de participação, acolhem a si os painéis do espetáculo; de certo ele não se reconheceria se se surpreendesse entre os figurantes da platéia, e o impulso, na hora de ver-se no anonimato, seria o de constituir ali mesmo um cerne de atração a concorrer, com o palco, à ânsia de distinguir-se, promovendo comentários em vozes de facultada escuta; mas, dentro de nós, ele veio a tornar-se o que queríamos que fosse, obediente às regras do testemunho, ao extremo de, na eventualidade do arrolamento de quantos assistiram a determinado fato, ser omitido o seu nome; tal o obscuro de sua presença que, se por ato espontâneo viesse a relatar o que lhe coube ver, os outros acompanhantes, cheios do contentamento de haverem deposto, negariam ao nosso companheiro, por não se lembrarem de sua figura durante o sucesso, a legitimidade das respectivas observações. Redundam, para nós, em exercício mental, os desempenhos a que incorporamos os seres de nosso convívio, no qual os levamos a situações que eles não tentariam nunca por inadequadas ao regulamento de suas índoles, de preferência as situações que formam a agenda de nossa assiduidade; feição excepcionalmente íntima de invocá-los para o consolo de nossa autovisão, de tal modo nos persuadimos do natural de nossa conduta ao tê-la assim sob o beneplácito de atores que, dispostos no curso da terra, nos substituiriam se faltássemos ao elenco. Em nós há o temor da representação inédita, do desempenho que a nenhum vulto competiu exercitar, recôndito receio de sentirmo-nos sem o amparo de um intérprete que nos precedera na atual injunção; se porventura o acontecimento, com que nos deparamos, nos indica ser original — suposição quase sempre retificada por efeito das analogias amenizadoras — socorremo-nos da idéia de outrem que, tal como nossa figura, se encarna no nome do sobrevindo desalento, e, para nossa quietação, concedemos a duradoura estada a esse hóspede de pura quimera. A impressão imediata, em virtude do entrecho absolutamente novo, é a de que nenhuma fisionomia encerra os dons que, facilitando a urdidura do acaso, o fizessem escolher a outrem e não a nós, como protagonista do singular painel; medimos o peso da conjuntura que a fortuidade, zelosa de raras expansões, sonegou a qualquer de nossos contemporâneos e antepassados, sem ao menos distribuir com alguns, mesmo em reduzida escala, a significação, o papel que tanto nos incomoda. Desagradável instante em que nos parecemos alvo único do desígnio cujo autor nos escapa, mas, de logo, valemo-nos do abrigo de nossos devaneios; e a imaginação salvadora, treinada pelo uso dos semblantes, mostra-nos, à medida que de bastidores afastados trazemos à rampa os vultos a nós disponíveis, que, na circunstância de pertencermos a uma ordem de equivalências faciais, reside uma condição além de nós, que abrange a nossa figura e a de todos fisionomicamente suscetíveis de se vulnerarem da mesma nominação. No trabalho de muda resignação, a nossa imaginativa repete o acontecer que divisamos com os olhos imersos na grande perspectiva, no enorme panorama em que o gênero atua com exclusividade sobre todos os seres; jamais concedendo a algum o privilégio ou o desfavor de participar em solidão, existindo sempre, em disponibilidade, múltiplos atores que acodem como ao chamamento de invisível contra-regra, e que se apresentam com o vestuário propício à representação.

9 — No transcurso do cotidiano, se porventura infletirmos a acuidade sobre os nossos gestos, tanto mais apreciáveis se os cometemos sem o testemunho de quem quer que seja, registramos que a espontaneidade das atitudes não deriva totalmente dos meios pessoais; também é ela o resultado de formas sobrevindas de várias figuras, daquelas que se nos infiltraram em conseqüência de heranças, de contágios repentinos ou vagarosos, de que nos contaminamos sem o pressentirmos. O nosso aparecer está, a um tempo, em diversas habitações: na de S. D. . ., se erguemos os braços e os deixamos pender como arrependido de alguma atitude: assim procedia o velho amigo, sem que nunca o houvéssemos anotado senão agora que aplicamos a lente ao que sucede conosco, numa tentativa de desvendarmo-nos a nós mesmo; tentativa que se estende ao gesto posterior de juntarmos as mãos na forma de quem procura suprimir a idéia que desapraz, comprimindo-a com elas como se fosse esponja e se elastecesse para o tormento do portador, gesto que não proveio de nossa fatura mas da autoria de Z. N. . . que dessarte combatia os remorsos. A descoberta nos suscita demora das reflexões a respeito do que vem a entremostrar-se, de onde a impossibilidade de prosseguirmos na visão de nossos movimentos que, com certeza, nos conduziria a reconhecer, em nós, a utilização de mímicas particulares a outras figuras, mas que assimilamos e que talvez sirvam, na interpretação de alguém no tocante a nós, a nos caracterizar, a nos distinguir entre os inúmeros de seu repertório; tanto as aparências que nos legitimam como as que incorporamos de outrem, possuem, aos olhos dos que nos atendem — salvo as gritantemente imitadas, que estas evitamos sem maior esforço — o mesmo índice de identificação, havendo ainda a conjuntura de o observador de nossa imagem preferir, para o receptáculo de sua memória, em vez das atitudes que nos parecem originárias de nossa pessoa, aquelas que contraímos ao longo da convivência. Como o escritor que recebe amavelmente o plagiário de suas inovações e cuja afabilidade é oriunda menos da liberal renúncia que da convicção de o mais profundo de sua obra

estar ainda inédito, significando o que existe publicado simples acidente que outros podem avocar sem prejuízo da substância que, por método peculiar ao seu espírito, ele deixou para o término da existência, substância que, exibida, transfigurará tudo quanto anteriormente escrevera e que nenhum leitor, no desconhecimento dela, chegou a aferir da natureza e do alcance, sendo que todas as apreciações até o momento exaradas se afiguram palpites de que só o autor mede a inanidade, assim compreendemos o deleite com que M... presenciava determinado gesto que descobrimos, bastante depois, pertencer a ele que, detentor de argúcia à flor dos olhos, consentia que aproveitássemos de um trecho de sua aparência que de bom grado ofertaria a quem o quisesse, mas cuja significação e verdadeiro nascedouro somente a sua alma conheceria e que em nada correspondera aos assuntos em que o situávamos, sem dano, por conseqüência, à singularidade, até agora intransferível, de seu oculto pretexto. Após obtermos os elementos que constituíram a formação daquele gesto — os quais iam à infância de M... e que abonavam a composição de seu caráter — é que sentimos o quanto de melancolicamente pobres se evidenciavam os motivos em que o expúnhamos; a sensação que nos acometia era sem dúvida igual à que devia ter o plagiador em seguida à leitura da obra substancial que transmutou o pequeno mérito de seus escritos, em indigência bem mais lastimável. Do repertório de nossas atitudes, poucas talvez sejam as que não derivam de semblantes com os quais nutrimos duradoura sociedade, e, na extensão dela, muitos propósitos nos cimentaram o desejo de ser em concordância com o rosto dialogável, porém nenhum se prendeu à adoção, por nossa efígie, das maneiras com que o interlocutor se dá na inteireza do estilo, na integralidade de sua conformação; sem saber como, revestimo-nos de gestos alheios, que se identificam, antes de qualquer pessoa consignar que nos parecemos com o modelo em foco, a nós mesmo que tanto medimos a qualidade de nossas aparências, e a súbita revelação sobre a autoria de nossa exterioridade nos acompanha sempre a mímica do semblante; de modo que, às vezes ante os originais em que nos apoiamos, alguns vemos perpassar em nossa memória no transcurso da conversação, surgindo nela por efeito das reproduções que subscrevemos em efígie; tendo sucedido perdermos momentaneamente o fio da exposição verbal, o que o interlocutor talvez haja atribuído a trejeito nervoso, e não ao vulto ou vultos a desfilar em nós. Contudo, algo de nosso deve existir entre os perfilhados gestos, mas que ainda não encontramos satisfatoriamente, a despeito das buscas em torno de nossa fisionomia, talvez descoberto já por alguém que se escusa de nos cientificar; havendo, para frustração da curiosidade, o escrúpulo de perquirirmos, a quem nos pareça mais senhor de nossas figurações, qual a atitude cuja autoria nos pertence; mesmo se a tanto nos aventurássemos, a resposta não nos contentaria, porquanto o elemento dito singular, bem que poderia ser a repetição de postura por nós captada de outro rosto, fora do conhecimento da personagem que interpelaríamos. Torna-se patente a necessidade, a fim de, a rigor, obtermos da companhia a indicação sobre o particular de nossos gestos, da existência de um interlocutor cujo repertório coincida com o de nossa propriedade, que a visão de tal vulto se haja preenchido do mesmo álbum de que dispomos, uniformidade esta impossível de alcançarmos; porém se tal acontecesse, um advento mais profundo recairia em favor de nosso ser: o de nos identificarmos com outra figura — e tão belo seria se esta fosse a de nossa mais íntima afetividade — através da posse comum aos nossos miradouros.

10 — De tanto conhecermos a efígie de M..., era tocante para nós verificar, onde quer que a presença ocorresse, a fidelidade de seus gestos à conduta que lhe previamos; de tal forma ratificava as prefigurações, parecendo ler em nossa imaginativa o esquema do papel a desempenhar; neste minuto ela se encontra ausente, mas se soubermos da natureza do episódio que a enquadra, dispomos do suficiente para dizer das atitudes que lhe compete proferir, sempre em consonância com o assunto em foco; isto não por versatilidade de maneiras, que tal inexistia, mas pelo constante de certas posturas, bem poucas aliás, que se justapunham adequadamente ao motivo em participação. Há no rosto de M... alguns modos de ser silencioso que se adaptam à conjuntura de qualquer dialogação; os quais não implicam no assentimento da opinião que ouve, mas na perfeita ordenação do elenco, à semelhança do ator mais apto que, surgindo na cena, melhora o grau da representação, tanto se estimulam os demais intérpretes com o aparecimento do superior figurante. No caso de M..., se previamos o comportamento que ele havia de manifestar na reunião a que fôramos convidado — assembléia cujo objetivo e circunstantes eram de nosso conhecimento — previamos da mesma sorte o conjunto do painel, pois que M..., como o ator revigorante, iria de certo situar cada um dos componentes nos sabidos lugares do entrecho, facultando-lhes o desembaraço dos gestos. Com efeito, por ocasião de um conclave, M..., em face de ser dentre todos o único a se prestar a ouvir, ocupou de logo o centro do inquieto retábulo; para ele convergiam os vultos e as vozes dos circunstantes, de vez que cada um, querendo impor as vantagens de sua sugestão, se recusava a aderir à proposta de qualquer; acalmando-se por fim o tumulto, diante daquela imagem que, tranqüila num recanto, passou a receber o fluxo do agrupamento, conseguindo que todos regulassem a gesticulação segundo o ritmo que lhes propiciava o corpo calado e atento; contudo, no salão estava alguém cuja preocupação o esquivava do painel da discórdia: esse alguém éramos nós que,

com o fito de escapar da concorrência porventura havida se nos mantivéssemos, como M..., na posição de a todos atender, fomentamos estratagemas de maneira que aquele rosto, empregado na recepção de inúmeros gestos, executasse sozinho a tarefa de harmonizar o episódio: reconhecemos que a nossa atitude era indelicada por havermos permanecido, durante a representação, recostado a uma janela, demonstrando assim, à margem do entrecho, um evidente descaso; em verdade não era o programa da assembléia o que nos interessava e sim a disponibilidade fisionômica de M..., pois, sem transmutar-se de si mesmo, vinham a adaptar-se ao teor de sua aparência os intérpretes que o rodeavam naquele instante; na impossibilidade de obtermos a visão de M..., a ponto de entre ele e nós existir comunidade de panorama, no caso as pessoas que, com meneios uniformes, se inclinavam, no último momento do painel, sobre a efígie acomodadora, impossibilidade total porquanto a presença de M... se tornava irremovível do episódio que, aliás, tinha nele o centro de importância plástica, esperamos, para outra hora não muito simples de acontecer, possuir aquela tomada que fora exclusivamente de uma vista que não a nossa; em outros termos, ficamos alerta para um dia virmos a ser os olhos de M..., tais como se preencheram na sessão cujos desempenhos havíamos profetizado. A nossa fisionomia, por não contar com os meios que a fizessem à semelhança da de M... — esta suscetível de organizar o entrecho de conformidade com os ditames de sua figura — muito embora o tivesse tentado em situações congêneres, deixou-se estar a mercê de uma representação fortuita que em inesperada noite surgiu perante nós; a rigor, não aquela que desejaríamos, porém sob a forma de algo diverso em composição e enredo, que, no entanto, nos compensou da longa espera: um pouco à maneira da pesquisa que vem a positivar-se pela descoberta de um elemento que o analista jamais conjecturou, mas bastante significativo para que abandone a velha procura e se dedique inteiramente à natureza do objeto que acaba de alcançar; quanto à nossa experiência, a revelação que nos adveio não parecia estranha ao inicial intento, ao contrário, sentimos, no minuto de sua aparição, que se tratava da cena que vínhamos buscando, conjuntura essa explicável por ter surdido o evento na mesma modalidade que nos devia trazer a repetição do episódio visto por M...; convencimento da certeza que se inocula em nós, não em virtude das faces em si mesmas, porém em virtude de despontarem por idêntico processo, a ordem fisionômica a modelar em similitudes corpos que são pertencentes a motivos desajustáveis uns aos outros; a exemplo do cientista que recompõe, segundo a qualidade da nova coisa, os recipientes e as estufas que aprontara para o primeiro objeto, igualmente, de nossa parte, aprontamos, com o fito de ver a sobrevinda cena, a postura de nossos gestos segundo praticaria M... se, em vez de nós, ali se encontrasse; e, à feição ainda do homem do laboratório, que aproveita os receptáculos à disposição do hipotético êxito, foi, em plena investidura no corpo de M..., que aplicamos os olhos no painel que se nos defrontara.

11 — Numa noite em que nos achávamos sozinho, sondamo-la de perto, e tanto mais cheio de jubilosa ternura quanto, pelo avançado da hora, nos era permitido — prazer que dia a dia se torna mais precioso em virtude do movimento da cidade que gradativamente danifica os aspectos da noite, extinguindo os sons que a esta pertencem — escutar, dentre as coisas boas de ouvir, os passos na rua, cada vez mais raros, à medida que os homens se recolhiam ao aposento; nesses instantes, a rua é mais configuradora de seus pedestres, tanto que de nossa residência, sem ao menos irmos ao balcão vê-la de um só olhar, identificamos, pela cadência dos que transitam, diferentes modalidades de ser no percurso das calçadas: ora o apressuramento de quem se agita, às vezes o compasso de quem transferiu à noite as levezas da manhã, em outros momentos o sumido vagar que é, de todos os ritos, o mais noturno; porém a artéria, como paisagem indefesa, não obsta que vultos, persuadidos de que ainda reina a claridade de onde vieram, a violentam no profundo de nosso ser, unindo as pancadas das botas às do assustado ritmo de nosso coração que, de súbito, apreende que a ronda inesperada se dirige ao nosso encontro, com um bater último na aldrava da porta; o motivo que nos alegaram, como pretexto de tão áspero incômodo, de logo nos suscitou o arrependimento por havermos maldito da perturbação que sofrera a quietude; remorso talvez de modelarmos os ruídos da rua enquanto na mesma artéria, precisamente naquela ocasião, estava a perecer a figura de N...; segundo o aviso que nos mandara, queria nos ver, ver e nada mais, ter nas pupilas o nosso rosto que ele não enxergara antes, mas que o desejava por lisonjeira interferência de pessoa que à beira da cama lhe revelara algo de nós que o comovera; para os ouvidos de outro alguém que àquela hora plasmasse a mudez da rua, mais apressada e numerosa se mostrara a cadência do regresso, tudo indicando, à escuta daquele alguém, a natureza preocupada, de certo lutuosa, a que nos reunimos com a sensibilidade atingida pelos reclamos de um moribundo e pela inédita expectativa de sermos, em prazo tão curto, a folha derradeira de um caderno que se ia a fechar; da parte do enfermo, havia a necessidade de ver ainda, de acrescentar um vulto ao seu repertório, mas nesse ânimo resultava implícito o aparecer e o desaparecer fugazes de nós na lupa de quem nos aguardava: um nascer e um morrer a mais de quantos havemos tido até agora, um partirmos com outrem no fisionômico falecimento, um novo excluirmo-nos do universo em companhia de quem morre; no pequeno trajeto, adveio-nos a idéia de que era densamente tarde a hora daquele encontro,

que talvez se afigurasse preferível, para nós ambos, que a nós fosse poupada, com tanto relevo, uma extinção a mais e a ele acontecesse um final leve e isento de nossa parceria; que ele sucumbisse com o nosso nome, porém dispensasse de levar consigo o nosso vulto e qualquer outro que jamais vira até então; dessa forma o que aspirávamos envolvia, como parcial defesa de tudo quanto escapara à lente do agonizante, não somente o nosso corpo mas aqueles que nunca participaram da história de seus panoramas; chegamos à casa de N... segundos após haver expirado, não que alguém nos viesse a dizer que ele se iniciava na morte, no entanto o compreendemos de imediato à vista de uma vela que, posta sobre a mesa e a expedir o fumo tênue, indicava a aplicação a que servira e o tempo que dela distava; em torno de quem morre as figuras se dispõem com tal intimidade em relação à pessoa extinta, que os nossos olhos, para onde quer que se movam, divisam em cada objeto uma correspondência à nominação em causa, pairando ao redor do leito uma simbologia completa da morte; mais tocante ainda no aposento de N... em virtude de serem humildes as coisas que o cercavam e a morte nesses ensejos é sempre humilde; pela posição do corpo, notamos qual o vulto que ele avistara no momento preciso de falecer, a última visão do mundo que lhe coube presenciar, a superfície que, entre as inumeráveis havidas no transcorrer de sua existência, teve o privilégio de coincidir com a réstia final de sua luz; fora o teto a face derradeira de seu repertório, e conexa a telhas enodoadas encerrou-se uma seqüência de painéis, da qual jamais participamos; por isso mesmo o nosso miradouro, ao dirigir-se a ele, compunha um gesto que não se confundia com o porventura efetivado por alguém que pertencesse ao convívio do morto, pois que nós éramos neutro no tocante aos retábulos de N..., permanecíamos como puro espectador que assiste toda a peça sem nunca figurar no elenco; o mesmo não se daria com algum de seus familiares que erguesse os olhos para o teto, porquanto representava uma natureza de ser já antes vinculada ao repositório de N..., à guisa do ator que, tendo no início desempenhado o seu papel, se afasta do camarim, atravessa os bastidores e vem sentar-se à platéia, de mistura com os assistentes, a ver o espetáculo de que era inerente protagonista; a nossa visão preenchida pelo teto figurava a forma de estarmos em comunhão com o último olhar de N..., de vez que continuávamos o panorama interrompido apenas pelo intervalo de que o fumo da vela fora a medida de tempo; em termos fisionômicos, os nossos olhos substituíram os de N..., e o teto, enquanto imagem que vinha sendo visível, se restaurou em sua passiva unidade; com esse alongamento de ser em visão, a própria morte detivera, durante a permanência de nossa atitude, o ato do completo obscurecimento, mercê de nossa chegada, a desoras, à casa de N....

Capítulo 4

1 — A identidade promovida pelo objeto que é comum aos diferentes contempladores. 2 — A face enquanto vista por outrem. 3 — A visão unificadora. 4 — Os objetos adequados a certos miradouros. 5 — O desempenho que se frustra diante da sensibilidade do espectador. 6 — A transferência da participação. 7 — A morte fisionômica. 8 — O exercício da outorga. 9 — A sinonímia — A intuição do ser.

1 — Os arranjos com que, no larário, se perpetuam os mortos, geralmente se circunscrevem às características da figura, aos traços que a identificam e se não confundem com os de outra face; é um esforço vão, desde que o tempo consome não só os que faleceram, mas ainda os que se enlutam em consonância com a pessoa desaparecida; do cilício da mente, ao invocar na lembrança a imagem irremediavelmente perdida, às reconstituições picturais ou esculturais, há o desejo de que sobreviva o semblante tal como era na fixação oriunda do convívio. As efígies sobre que pairavam os olhos do morto, estas são ordinariamente descuradas, porque o fluxo infiel do cotidiano se apressa em estender-lhes significações alheias às que entabulava a pessoa agora ausente; ao cúmulo de, se em data posterior ao enterro, e no desconhecimento da morte havida, penetramos no interior da residência, acreditamos, por estarem os móveis desfeitos de seus lugares, que o rosto, em busca de quem ali nos encontramos, se transferira para outra casa. Os indivíduos que nos informam sobre o acontecimento, mal sabem que os nossos pêsames se acompanham da melancolia que, às vezes mais forte que a inspirada pelos parentes do morto, nos advém do mobiliário disperso e sonegador da antiga ordem que tanto estimaríamos preservada;

ninguém nos leva a olhar o aposento onde ele perecera, incidindo a sua visão no derradeiro vulto — no teto talvez — que lá se conserva ainda sob a indiferença de quantos lhe cuidam de eternizar o corpo. Nós preferíamos que o devotado sentimento recaísse na figura que ele divisara pela última vez, tal como procedemos na casa de N...; e elevando o culto a mais ampla liturgia, o aplicassem às sobrevivências de seu repertório, a tudo quanto se apresentou à retina agora apagada, as ruas atingidas por seus trajetos, os semblantes que receberam a seus olhos, as folhas que ainda restam de seu álbum, e cujo manuseio reconstituiria, em quem a tal se dispusesse, e pela recapitulação do conteúdo, o ser fisionômico, o ser que nos compensaria da impossibilidade de reobter o vulto real ora em consideração. Ao visualizar uma figura qualquer, sob o ângulo de ela haver sido a face em que recaíram olhos de outrem, estabelecemo-nos em comunidade anônima com os que a contemplaram, que foram muitos, como à vista do mar nos aliamos aos primeiros navegadores, e à vista do céu a todos aqueles que lhe estenderam o olhar. Na devoção desse gênero de amor, percorremos a Igreja de... que acolheu, há mais de século, a visão de alguém que, indo em direção à morte, inoculou a rua, por onde passara, com o evento de ela ser em sua retina; a rua se mostra hoje quase que integralmente deserta das fachadas que ele vira, mas a Igreja é ainda a de sua derradeira caminhada, e por isso a escolhemos com o propósito de estarmos em F...; e cuja porta, e cujos nichos e ornamentações não se nos revelam como elementos da sacra arquitetura, mas como modos de ser daquele visitante, conteúdos de seus olhos que vêm a nos pertencer ante a circunstância de a nossa vista se identificar com a dele, como em verdade se identifica na comunhão da posse. Dentro dessa maneira de contemplar, as coisas visíveis se desnudam do manto efêmero — o da realidade estanque de cada um que observa, como se os seus olhos fossem os únicos a pairar sobre a natureza — assumindo o lugar da eleática perspectiva, não só dos objetos, mas também dos sujeitos que, do ângulo da coisa contemplada, se fundem num só e diuturno miradouro; muitas vezes, em deambulações, cumprimos a outorga dessa visão total, dessa comunidade fisionômica, e então o exercício de nosso mister inflete-se menos para as coisas em si mesmas do que para os olhos em que elas se encerraram, ou antes, para o ser das pessoas que as viram. No desempenho, transformamo-nos de hora a hora — porquanto nos revestimos freqüentemente da figura de outrem — nos vultos que sabemos incluíram em seu teor a face com que nos defrontamos, de onde se torna, por força da consciência dessa prática, sempre mais difícil o esquecimento; tão significativo como a lembrança, ocorre ser o participarmos da visão de alguém, que está, atual e viva, em nossa visão diante do objeto que lhe pertencera, na simples e muda posse do olhar. Enquanto perduram as formas, protegidas pelo genérico do contorno — que as minudências perecíveis, mutáveis, estas subentendemos pela conjuntura da dedutibilidade que nos oferece, no plano da ruína, os dados da restauração do que é aluído ou decomposto — uma fixação no ser existe por efeito de nosso olhar que, ao recair nas figuras que se confrontaram com outras pupilas, institui mais do que a soma de todas essas presenças: institui a representação, em nós, de serem ainda, não obstante o afastamento operado por elas ou pela própria coisa visualizada; afastamento que retificamos com o nosso ato de substituí-las na posse de seu conteúdo, que assim não perece, de absoluto perecimento, com aqueles que se aproximaram e o receberam em visão transferível.

2 — Certa apresentação que inauguralmente se ostenta aos nossos olhos, por maiores que sejam o mérito da composição e os pensamentos que a estruturam, revela, em face de outras que são antigas e se deixaram ver por inúmeras visões, um aspecto que a diminui: o de não nos vincular a inúmeras vistas, o de não estabelecer entre nós e muitos assistentes a comunidade aglutinadora de que vimos a participar quando, por exemplo, na entrada de um salão de amostras lemos as assinaturas dos que nos antecederam, e assim nos achamos em identidade de posse com todos os que puseram o olhar nas peças que ali se encontram exibidas. De ordinário, não compulsamos o rol dos comparecentes, mas se porventura ouvimos dizer que determinado vulto, a quem distinguimos com o afeto ou a admiração, visitou antes de nós o recinto em causa, os elementos em exposição assumem diante de nós um interesse que não deriva apenas do que eles são em si mesmos, por mais prodigiosas que se patenteiam as suas íntimas qualidades, porém ainda da circunstância de haverem sido contemplados pela pessoa que tanto nos merece; quando a nossa presença se dá perante um reduto que vem, há séculos e séculos, franqueado, sob a luz do sol, a todos que dele se avizinham, temos conosco, descoberta à leitura da imaginativa, a subentendida acumulação dos que compareceram diante do duradouro espetáculo; e os pontos da fachada que se distribuem de acordo com irrevogável acomodação, aparecem ao nosso olhar como veiculadores, não de seus aspectos, mas de um motivo outro, o de haverem estado na retina dos seres que não nos chegaram ao direto conhecimento. Como na história de uma pessoa os quartos em que dormiu constituem as estâncias, em série, do ser em aposentação, nos quais ele espargiu os gestos de seu vulto, fê-los inerentes ao exercício de seus hábitos, compondo, dessa maneira, com todos os ambientes em que se albergou, a fatura de um único e genérico ninho, com símile familiaridade, o painel que reverenciamos nos

enquadra entre aqueles vultos que também estenderam o olhar em direção de sua superfície; e, à guisa de papéis que se inverteram, o objeto em exibição tem, debruçada sobre ele, a seqüência de uma só visibilidade. A divulgação a que nos obrigam certos fatos, prende-se muitas vezes ao intuito de que outras fisionomias comunguem conosco o painel até o momento privativo de nosso ser, que dessa forma irá articular-se, como possuidor do mesmo conteúdo, a quantos exercitam a comunitária propalação; acontecendo que inúmeros dos retábulos não perseveram suficientemente em sua feição de ser, outorgamos à narrativa a incumbência de assegurar, entre escutantes acolhedores, o ato com que firmamos a existência do objeto. Se uma notícia que nos diz respeito foi difundida com muita amplitude, advém ao nosso espírito a necessidade de conhecer quais, dentre os rostos que desejaríamos a alcançassem, aqueles que se detiveram na recepção do evento; aspiração esta que tanto engloba o estímulo, se for o caso, de nossa vaidade, como também o interesse por chegarmos ao conhecimento de receptáculos dignos da coisa comunicável. Inversamente, ocorre suceder que o fato em propagação, sendo desfavorável, nos concita a interromper a seqüência da publicidade, prodigalizando-nos às vezes subterfúgios ardilosos, a exemplo dos que utilizamos com o fito de impossibilitar a V... a ciência, que um dia qualquer haveria de tomar, da morte do irmão, transcorrida no estrangeiro: triste notificação que tínhamos o zelo de retardar, porquanto a saúde, marcadamente débil, lhe não consentia a abrupta emoção. Como o informe não se estendera a ninguém mais, adotamos providências no sentido de, enquanto V... continuasse no leito, o conhecimento da morte se circunscrevesse à nossa exclusiva pessoa; para tanto, íamos ao extremo de interceptar as cartas que lhe eram dirigidas, de sondar primeiro os visitantes, para depois, sem receio da inoportunidade, acompanhá-los até o aposento do enfermo; se vinha à baila a efígie do irmão, fazia-se mister que mentíssemos ao dizer que um recém-chegado com ele estivera, que certamente agora ele permanecia alegre como o deixara o recém-vindo; então V... propunha que não lhe noticiássemos a sua doença, a fim de que a face distante não se desvanecesse da íntima tranqüilidade; mantínhamos conosco a óbvia interrupção das duas ocorrências, impedido de levar a cada destinatário o painel de impossível tramitação; sob esse aspecto, sentíamo-nos como a personagem intrusa que, por seleção da sorte, se prevalece de uma autoria a que nem sequer almejou, e que entretanto é conduzida, por causas mais fortes que a sua consciência, a aceitar e a coonestar; durante alguns dias retivemos o segredo, auxiliado que fomos pelo próprio V..., que passou a se mostrar alheio a tudo que lhe era exterior; inclusive àqueles semblantes que o preocuparam em toda a existência, entre estes a pessoa do irmão que, segundo suspeitávamos, obteria, agora, no pensamento do enfermo, o mesmo grau de consideração, quer estivesse vivo, quer estivesse morto; ele permitiu que toda a realidade, desde a mais longínqua à mais próxima da cama, se desenvolvesse à revelia de sua presença na terra, evidenciando-se o alheamento, entre outras coisas, pelo pedido que nos formulara de não consentir que uma figura — que sem tê-lo conhecido antes, desejava contudo estender o seu prestígio social ao doente, em rápida visitação — lhe aparecesse ao contato dos olhos; nessa precaução líamos, dissimulado pelo pretexto de possível incômodo, o teor da visão que, pressentindo o momento de fechar-se em definitivo, e como quê, farta do grande repertório que acumulara, vinha, naquele instante, a prescindir de mais um componente para o conteúdo de seu álbum; atendendo à solicitação, conseguimos evitar que o inédito protagonista se desfizesse dessa qualidade, por conseqüência passando a ter a sua participação, apenas mediata, na morte que se não demorou; no painel do quarto de V..., praticando o ato de morrermos, em liturgia que aos demais comparecentes da mesma forma se aprestava, competiu-nos a tarefa de ser a página última daqueles olhos, a figura por eles vista e revista em muitos ensejos, nela recaindo a contemplação final, ato fúnebre a nós ambos.

3 — Meditando, em seguida, sobre a recusa de V... em admitir no aposento o homem que fisionomicamente não escapou de participar da morte sobrevinda, personagem que desconhecíamos também, e cuja visita ao moribundo era uma oportunidade a que nos víssemos um ao outro, cogitando a respeito do ator que excluímos da peça, verificamos que além de nos perdermos nas pálpebras que se cerraram, perdemo-nos ainda sob certo ângulo: o de não havermo-nos vinculado à efígie que não testemunhou o perecimento, o de não termo-nos unido pela comunidade de visão, ou seja, a figura de V... repetindo-se em nosso olhar e no do prestativo visitante; elo tanto mais aglutinador quanto o enredo em foco redundaria ser daqueles que acompanham os assistentes após o espetáculo e favorecem, livre do permeio da representação, os recíprocos entendimentos e quiçá os súbitos afetos, tudo por efeito de instantânea simpatia. Logo por ocasião do enterro, concluímos que esse relacionamento dificilmente se efetuaria, dado que entre os indivíduos que compareceram ao saimento não figurava o homem ilustre que nem sequer a um representante incumbira de lhe fazer as vezes; a iniciativa que tivera, ao pretender avistar-se com V..., reduzia-se de certo a um desses ócios da caridade com que muitos vultos acrescentam à reputação os elogios das ingênuas testemunhas; mas, um motivo superior veio a alertar-nos acerca da razão daquela ausência: na localidade em que residíamos, estabelecera-se, nas pessoas que se dedicavam à literatura — entre elas salientava-se a de V... cujo comportamento moral correspondia ao bom gosto das idéias e das frases — o uso dos diários íntimos, alguns dos quais se difundiram para júbilo de

poucos e desespero de muitos; o receio de ver-se desvantajosamente anotado em relatório de tal espécie, propiciou aos participantes do meio social a permuta de efusões, de oferecimentos cordiais, o mútuo respeito, raro de se encontrar nos praticantes de belas letras, na cidade de...; ao desejar conhecer o semblante de V..., a personagem ardilosa, milagrosamente salva de maldosas opiniões, não por encômios mas por terem-no omitido as crônicas divulgadas, o astuto conterrâneo imaginara merecer do mais capacitado dos escritores um descritivo, embora rápido, de sua figura, de forma a erguer o prestígio que se abalara recentemente por força de certas revelações; o óbice que opusemos à sua visita, que sem dúvida o incomodara, nenhum particular desarranjo lhe trouxe no tocante ao intuito que concebera, porque dentre os manuscritos deixados pelo morto nenhum se referia a qualquer dos contemporâneos, que todos desfilaram perante ele sem lhe fomentarem o mais leve alcance, quer quanto aos valores aderentes ao nome, quer quanto à matéria oferecida pela imagem: as efígies que o cortejo fisionômico lhe dera, se foram silenciosamente com a luz de seus olhos; facialmente, o vulto do indivíduo preocupado com o próprio renome, deixou de aliar-se à classe de figuras a que pertencíamos pela visualização do olhar de V..., em cujo extenso repertório todos os participantes, pelo fato de serem nele contidos, se aparentavam entre si como as personagens da mesma peça se ligam, por incorporarem a seqüência do assunto, em unidade que transcende às distinções separadoras dos caracteres e dos atos que formam a ondulação do entrecho; todo o elenco do olhar de V..., muito embora fossem dessemelhantes os papéis que seus componentes desempenharam, tinha qualquer coisa de uniforme como à vista do forasteiro se parecem uns com os outros os semblantes de certa localidade, que somente depois de alguma permanência ele consegue afastar de si o pensamento de que as pessoas encontradas nas ruas, nos domicílios, nos meios de transporte, são membros de uma mesma família; mal sabendo ele que a sua adaptação ao local, com a conseqüente descoberta de que todo habitante possui peculiaridades que cada vez mais se aviventam, coincide com o seu próprio ingresso no clã facial, a confundir-se com a gente que o cerca, sujeito a passar despercebido a um seu conterrâneo que, recém-chegado, o supõe natural daquele ambiente; a figura cuidadosa de como seria no olhar de V..., marginando apenas o leito onde se obscurecia a preciosa lente, não se fez visível a ela; ficamos desprovido de mais um elemento no conjunto que por variados e sucessivos episódios, contara com a presença de nosso corpo. Em relação a cada ser com quem nos associamos, uma perspectiva de imagens está subjacente, tão extensiva que a idéia de conhecê-las todas nos aponta imediatamente o absurdo de realizá-la, nada obstante o curioso interesse com que, tratando-se de uma efígie de nosso amor, a perscrutamos sobre os entes que perpassaram por seus olhos; inquérito efetuado com extremos de delicadeza, com indagações que se não prendem só a vultos particulares, mas também a acontecimentos de sua vida que nos importam na medida em que se revestiram de personagens, os quais anotamos independentemente de tudo que fizeram, para exclusiva obtenção dos corpos que se lhe estamparam na visão. Há prazer de nossa parte quando alguém, que nos era desconhecido, revela que esteve em presença do ser de nossa veneração, que nos diz ter participado de um dos painéis daqueles olhos, firmando-se incontinente uma base aglutinadora que nos alivia da solidão, no momento imposta pelo diuturno prazo de não nos havermos visto; prazo que dessa forma se modera ao conter, em retificação ao passado que possuíamos, o querido miradouro acolhendo a figura somente agora franqueada ao nosso belvedere.

4 — No círculo de relações, existem vultos que parecem destinados a certos olhos, de onde a iniciativa em trazê-los ao contato das visões que lhe devem corresponder, unificando-se a contingência da face que se entrega e do olhar que a recolhe; um desejo de comunhão suscita-nos a empresa de unir o semblante em desempenho ao semblante em platéia, à maneira de como procedemos ao levarmos, em nossa companhia, para o conhecimento de determinada peça, o rosto cujas inclinações artísticas e natureza da sensibilidade se ajustam à representação em foco, e a receberão segundo o êxito que em caminho vaticinamos. Como se um de nossos misteres consistisse em efetivar essas aproximações que na maioria dos casos se não efetuam por falta de alguém que ponha um em face do outro, a nossa função com freqüência reside — num processo de modelagem a que a matéria se acomoda inconscientemente — em assinalar painéis do cotidiano de acordo com o planejamento avizinhador; a nossa vigília consta, entre preocupações de ordens mais diversas, de um ângulo que se norteia consoante as ofertas da oportunidade: ângulo a que nos dedicamos com criador interesse, tão coerente resulta para nós a perspectiva assim formada por vultos que nos ladeiam e pela atividade de contra-regra de que nunca, a rigor, nos separamos. Acresce que o correr do tempo — impossibilitando, mais ainda que o espaço, a junção dos seres que surgiram um para o outro, conforme o programa de nossa fatura — apesar de nos dissuadir da perfeita realização da tarefa, é compelido a interromper a corrente estorvadora, tão forte se afigura o empenho com que, sem embargo do pretérito que os desune, nos decidimos a promover o encontro do objeto desaparecido com o olhar que devera ter. G... havia morrido há muitos anos, quando nem sequer nascera S..., o vulto que, por todos os motivos faciais, era o detentor dos olhos que, sem a concorrência de nenhuns outros que o merecessem, convinham à imagem de que unicamente podíamos dispor através

da lembrança; e como não nos conformássemos com a perda irremissível, procuramos repará-la por meio de sucedâneos da figura, de retratos subsistentes, de informações da memória, de analogias que apontávamos se diante de S... passava alguém que algo possuísse de comum com o corpo em reconstituição; não eram bastantes os dados que lhe fornecíamos, desde que, a fim de o pôr em prova quanto à idéia que ele firmara do sugerido vulto, utilizando ainda a presença de algum deambulante que tivesse mais incisiva similitude com o ente em causa, indagávamos-lhe se este não lhe recordava um outro a que tanto nos referíamos, e a sua resposta, quando nos era dada, desfavorecia o nosso intento de legitimação; os elementos com que lhe referíamos a pessoa de G... se limitavam a só figura e a uma ou outra ação que se prendesse a ela; no entanto, se S... nos falava da efígie em recomposição, aludia a qualquer outra coisa, ao nome sobretudo, e jamais a um dos pormenores que lhe ministráramos, a um dos gestos que tão bem condiziam com a maneira de S... em aceitá-los, tudo enfim conspirando a nos desenganar e a descrermos de nosso esforço; num dia, porém, em que nos ausentamos da cidade com o intuito preconcebido de expor aos olhos de S... a paisagem onde vivera G..., que outras atrações não induzia além do mérito de ter sido o habitual conteúdo da visão de há muito extinta, o laço que até o momento insistia em recusar-se à comprovação que pretendíamos, envolveu-nos a ambos com espirais sutis, e o visitante que nos acompanhava repetiu, com o preenchimento de seu belvedere, o mesmo acontecer ótico que se operara na pessoa de G...; a circunstância da morte nos negara o evento de exibir a S... o vulto domiciliado exclusivamente em nossa lembrança, em cujo recesso não se desvanecia porque eram diários os alimentos que lhe compúnhamos por solicitação do afeto, no qual se incluíam as nossas idas à terra que ele habitara; se não podíamos mostrar a S... a reedição de G..., o panorama disponível, que fora existente em G..., vinha a sê-lo da mesma forma no amigo que o contemplava, e em quantos o fizessem da porta do aposento, à margem do arvoredo, de qualquer ponto em que porventura se situara G... na posse das coisas visíveis; estas, em fixidez, cumprem uma função aglutinadora, tornando mais íntimos os contatos entre aqueles que as percebem com os olhos, numa relação que sempre escapa aos próprios detentores, que se dispersam, que se não procuram encontrar-se para o gozo recíproco do que lhes foi comum, que não atentam à conjuntura de serem então um elo da cadeia daquela perspectiva que se prolonga em tantos miradouros quantos são os que a viram. Se a montanha tivesse olhos, uma série de elementos se gravaria neles — os miradouros dos que transitam ao seu alcance — mas ela os não possui e o ser facial da montanha se simplifica em proscênio e nunca em platéia; havendo de nossa parte, o portador de olhos, a missão de trazer à linguagem fisionômica as efígies inanimadas que não nos refletem como nós as refletimos, e a de acentuar a circunstância de sua existência em nós, confundindo-se num só ato a criação e o testemunho. Com referência a G..., o fato de sua morte não representava a extinção absoluta, porquanto, se ele se fora no desaparecimento de sua face, ele ainda continuava a ser contemporâneo de nós; isto em virtude da perspectiva que lhe pertencera e que perseverava com a figuração que se contivera muito tempo antes no olhar de G..., cuja duração, por fatalidade da vida, se fez menor que a permanência de coisas inertes; em termos fisionômicos, os objetos, a despeito de se ausentarem, prolongam, ao nosso olhar, a presença de suas efígies através da concavidade dos estojos que constituem o bastante para revirmos aos entes que neles se detiveram; inversamente, e na mesma ordem fisionômica, o conspecto de uma coisa, dispensando, para sua evidência em nós, a roupagem com que se cobrira em outra idade, importando apenas a similitude de contornos — que assim o faz ileso das perturbações do tempo — traz consigo, desde que o vemos, todos os olhares que o receberam, todos os continentes que o abrigaram; pois que o alvo da contemplação não significa, então, um sucesso de nossa exclusividade, porém um objeto comum que se conserva indene ao desfile de que participamos; e conosco se encontrava ali a pessoa de S..., que por demorado momento se isentou das peculiaridades com que supunha manter estanques os seus olhos em relação, não somente aos nossos mas aos de todos — inclusive aos de G... — que conduziram a visão àquela paisagem, como se ele fosse o primeiro e o último a contemplá-la; a incorporação à retentiva de S... se manifestara por ele próprio ao dizer que compreendia certa página escrita pelo ausente, com a narração daquele logradouro, aludindo à nossa idéia de a natureza condicionar-se existencialmente, à lente de cada um; ao que lhe acrescentamos que a autoria de muitos pensamentos se dilui, mesmo se comprovada a origem de sua exposição, entre os que vierem a aceitá-los; e da mesma forma que a adesão implica na renúncia ao inédito, no acontecimento do panorama o conteúdo dos olhos se reproduz em identidade de repetição, e a retina de cada qual é um ser do ser em visão genérica; por parecerem demoradas as explicações à base de subentendimentos, a prodigalidade das coisas visíveis, exteriorizada naquela hora, como em outras eras, por pássaros indistintos, propiciou-nos a certeza de que S... bem alcançara a nossa intuição ao alegar, relembrando-se do que ouvirá, que talvez fossem os mesmos de quando os vira G....

5 — Na linguagem dos textos figurativos, há vultos que nos surpreendem, ora a se recusarem ao sentido do entrecho, ora a desempenharem a participação no final do painel, quando já desesperávamos de assistir ao término que as contingências

iniciadoras favoreciam; e que, ante a promessa de esplêndido retábulo, recebiam a ajuda de nosso engenho, exercitada com extrema delicadeza em virtude de tão frágil matéria; quantas vezes começamos a leitura de uma cena e a concluímos em outra, sem falarmos nas ocasiões em que o tumulto não nos permite fixar significação nenhuma: tão versáteis se mostram os intérpretes, que silenciamos o ímpeto de ir a eles e ordenar-lhes as representações sob o fundamento de que melhor ficariam em nosso belvedere se nos passassem a obedecer os reclamos. As confusões da realidade nos distanciam dela, tanto assim que os graus de existência se distribuem em nós, não de acordo com o prospecto de quantos se acham diante de nossa vista, mas segundo a disposição deles no plano do significado, da nominalidade, sendo do grau primeiro os vultos que formam painéis perfeitamente concluídos, nos quais a motivação se ostenta em discernível teor; e de graus menores os vultos que, refratários ao sentido, ao nome que nos preocupa, seccionam o entrecho ou o fragmentam em partes desconexas senão contraditórias. Quando J... nos veio a comunicar a desventura de que fora vítima recentemente, enquanto ele explicava as razões de sua conduta que, precipitada, dera ensejo às conseqüências que tudo fizera para impedir, enquanto nos relatava o acontecimento, em termos de lamentação, condignos com a piedade a estabelecer-se na pessoa do ouvinte — no caso nós — o escutávamos com indiferença, como se ele estivesse a expor uma narrativa da comum frivolidade; o estranho de nosso procedimento advinha do desconcerto entre os seus gestos e as suas palavras, a promover o riso em um interlocutor sem compaixão, parecendo um desses imitadores que se divertem em reproduzir, num só ato, as ações de dois modelos, agora na tarefa de justapor um conto de chorar e um conto de sorrir; na impossibilidade de escolha a qualquer deles, púnhamo-nos em neutralidade, para desalento do visitante que ali se achava em busca de conforto, que por fim intentamos proporcionar-lhe, todavia sem convencê-lo; se a história pungente não foi bastante para introduzir em nós a nominação da piedade, fê-lo de súbito o corpo quando, após a despedida e ao descer a escada, olhamos a figura que lentamente se amparava nos corrimãos, a vista posta nos degraus inferiores, recurva sobre si mesma como se fora acometida de um mal prestes a torná-la imóvel; a visão do acabrunhamento nos obrigou, na tarde do mesmo dia, a ir à procura de J..., e, na posse de inspiração mais adequada à sua tristeza, desanuviá-lo dela tanto quanto possível; o que alcançamos através do recurso de pô-la em comparação com um fato que outrora nos atingira, quase da mesma espécie, com a divergência — tal lhe dizíamos nessa tarde — de que no caso nosso nenhum companheiro nos trouxera compreensiva e moral adesão por mais que manifestássemos, em vozes e em gestos, a evidência de nossa culpa; nem mesmo a circunstância de tudo confessar demovera os rostos da indiferença com que nos tratavam, tanto maior quanto as suas atitudes não eram as de disfarçada reprovação mas as habituais de todo dia, como se não houvessem acreditado em tão pequeno ator para tão grande papel, e dessarte permanecemos em melancolia anônima, sem o apoio de consoladora pena; a comunidade de desventura beneficia ao de mais recente mágoa, na medida que o portador da primeira consegue superar o nível de desencanto do portador da segunda: nesse particular, obtivemos positivo êxito em relação a J..., porque no momento a sua tranqüila mudez nos demonstrava que repercutira nele o que em nós faltara: a aliança de um conforto com experiência pessoal bem mais profunda; ao sair da residência de J..., levamos conosco uma idéia em que não havíamos atinado até o instante, qual fosse a de que talvez possuíssemos o mesmo desencontro entre o gesto e sua causa emotiva, em nós ainda mais grave no tocante ao capítulo da desventura; razão por que nenhuma solidariedade nos amenizou quando da velha desdita, de nenhum ângulo em que nos observaram jamais nos pusemos em alegoria da tristeza; tanto mais significativa a deficiência quanto não eram duros de afeto os amigos que nem ao menos se sensibilizaram — sendo alguns bastante perscrutadores — com o fato mesmo da desarmonia entre as palavras e a feição do corpo; mercê de tal verificação, e atendendo a que o sucesso, a despeito de antigo, estava a merecer a compunção e, ainda, a fixação em memórias verdadeiramente amáveis, projetamos transmiti-lo não àqueles que se neutralizaram ante o nosso detrimento, mas a alguns dos companheiros que, ignorando-o como acontecido com o nosso vulto, o aceitassem como ocorrido com o semblante de outrem; assim teríamos uma adesão a meio, por parte de quem nos ouvisse, que de certo não recairia em nós mas sobre evento que nos pertencera. Renunciávamos a autoria da participação, em favor de alguém que não nos contradissesse, de uma pessoa já morta e sem conhecedores de sua intimidade, de uma efígie a quem pudéssemos incorporar a significação que fora inerente a nós, de um rosto absolutamente disponível à implantação no painel; após aguardarmos o minuto propício, restabelecemos, tão nítida se conservava em nossa lembrança a história então passada com alguém que residira na cidade de T..., cujo nome era desconhecido da pessoa que nos contara, pessoa esta cuja identidade se nos fenecera porquanto a vimos somente nessa ocasião de narrar; como certos fatos nos emocionam independentemente dos atores, e considerando que o nosso merecia em si mesmo a difusão, proporcionamos o enredo à distância do autêntico protagonista, que bem podia ser qualquer; para maior alheamento de nossa conduta na explanação, num parêntese que os circunstantes favoreceram, ao nos indagarem do notório encanto daquele logradouro, aduzimos que as cidades se inculcam em nosso afeto, nas antecipações curiosas e sentimentais de nossa imaginativa, desde que as tenhamos assimilado através da leitura de algum romance, por medíocre que seja, conquanto que as ruas hajam sido transitadas por figuras da literária criação; no caso de T..., nenhum escritor se dera ainda ao trabalho de, situando nela o seu urdume, compor com a obra o guia mais atraente para os futuros passeantes, de onde o nosso quase desinteresse em deixar o navio nas poucas horas em que a abordamos. Talvez por muito nos afastarmos de nossa própria fisionomia, cuja ocultação forçávamos em proveito do puro acontecimento, as comoções despertadas, para o insucesso de nosso plano, convergiram à cidade de T..., como em novela sem grandes qualidades, os protagonistas se obscurecem e em seu lugar avultam as ladeiras, os caminhos, as edificações.

6 — Ser em alguém, utilizar a outrem para propagação do enredo no qual figuramos, estimula o nosso pendor em fantasiar as ocorrências que em realidade acontecem; prática que desenvolvemos com segurança tanto maior quanto, à base da semificção, existe a conjuntura de havermos anteriormente desempenhado o papel que atribuimos à outra figura; como os acidentes propaláveis raramente em nós sucedem, o impulso de narrá-los se recolhe por explicável timidez, aparecendo os silêncios discretos em relação a coisas que muitos se apressariam, se verificadas com eles, a contar a quem primeiro lhes surgisse; a despeito de estarmos em condições de, em face da mudez com referência a circunstâncias extraordinárias, merecer dos ouvintes a preciosa atenção, um aviso interior nos aconselha, para melhor credulidade dos escutantes, a transferir a outrem o painel de nossa participação, de cuja renúncia vimos quase sempre a nos compensar pela desenvoltura com que o descrevemos. Se fossem freqüentes os nossos pretextos de explanação, vasta galeria de seres, todos postos no anonimato prudente, descortinariam os escutantes, com o risco de ver-se descoberto o engodo por mais que nos prevenissemos em esconder o intérprete das várias histórias. As extensões da realidade vêm a desmenti-la, de onde a nossa defesa em calar, em pequena área de sucessos, os valores porventura assíduos, cuja constância torna suspeitável o valor primeiro que nos precipitamos a noticiar; precaução mais necessária ainda se o acidente posterior supera aquele que já se encontra, por havermo-lo confessado, em poder de nossos interlocutores. Por conseqüência, os retábulos de exceção que ocorreram conosco e por nós transmitidos, em razão do reduzido número, obtiveram e obtêm de nossa parte uma consideração cuidadosa que, estando em proporção com o acontecimento, mais se aprimora quando o fato se exibe, não por meio de nossa figura, mas através do fingimento de interposta imagem. Com que interesse acolhemos o eco de um conto, graças a alguém que o ouvira de outrem que, por sua vez, o escutara de terceiro: leve prazer do anônimo, acrescido se porventura nos vêm a declarar que estimariam conhecer de perto o figurante

do vulgarizado entrecho: curiosidade que estorvamos ao esclarecer que o rosto em causa não mais se situa sobre a terra, que dele nenhum retrato possuímos, que nem sequer o avistamos nunca. Se em diferente oportunidade, e em proveito da crença necessária ao painel, urge que demos outro informe no tocante à fisionomia do ator, atendendo ao longo espaço que deve existir entre ele e nós, ilustramos a personagem com as cautelas que o sistema exige, por meio de contornos faciais que tanto correspondem a ela como a uma efígie outra; sentimos então que o desejo do indagador, na falta de completa individualização, se satisfaz com o pouco e diáfano que lhe fornecemos. Se o perscrutador vai mais longe no intento de desvelar a incógnita, se se prevalece de algum descuido de nossa responsabilidade, como, por exemplo, se lhe chegamos a anunciar o recinto que habitava o ser em foco, na lembrança de quem nos consulta, e conhece a localidade, desfilam várias figuras que encerram, apesar dos distintivos que mantêm cada uma na fixidez de seu nome, possibilidade idêntica de se incluírem nos contornos tão vagamente delineados. Os componentes de uma multidão, suscetíveis de serem em nosso papel, habilitam-se a centralizar o episódio que, na ocasião que se nos apresentou, parecia descaroável ao desempenho de outra efígie, exclusivamente articulado a nós, sem nos favorecer com a co-atuação de um simples comparsa; de tal sorte víamo-nos isolado na série de circunstâncias, diversas e pesadas para um apenas, que planejamos nos outorgar no corpo de qualquer. Na qualidade de reservatório imenso, o nosso álbum — cujas folhas, facilmente manuseáveis, não se corrompem com a morte dos que as preencheram — se presta a distanciar de nós a participação de que nos desincumbíramos.

7 — Quando estivemos no velório de A..., o núcleo da seqüência se deslocou da figura que mais sentia a morte — e cujas lágrimas lhe favoreciam o desempenho ante a piedade nossa, porque além da incomensurável perda havia nas crianças em redor a expectação de duros trabalhos — para o trecho do salão onde os móveis, contagiando-se da tristeza, nos ofereciam o mudo pesar de seus rostos. As expansões do entrecho em casa de A... se espargiam por todo o ambiente, mas de nenhum lugar aonde se dirigiam os nossos olhos, o luto se acentuava tanto como nos objetos que sem dúvida eram iguais a outros que, na mesma hora, se expunham em diversas residências ou em lojas de mercadores de mobiliário; e que certamente nos infundiriam a mesma dor se porventura fôssemos a eles com a perseverança, em nós, do sentimento que nos atingia. A disponibilidade fisionômica é inerente a cada vulto, é uma véspera de participação, que pode não se realizar, mas que se integra na sua condição de ser, aguarda apenas o conspecto de nosso olhar, para exibir a sua contribuição no quadro das coisas

enquanto anteparos de nossa presença, colaborando dessa maneira para a unidade nos recheios da visão. Para maior alcance que o suscitado pela cena do velório, para a obtenção do motivo que recubra todas as faces da terra, de forma a nos sentirmos, no momento de termos esse significado, a cômodo em qualquer recinto como se fora o nosso lar, resulta suficiente a contemplação de um só rosto que, graças à representação explícita, dispensadora de homologação alhures, nos retrai de ir ao encontro de faces mais belas ou cingidas pelo amor, de ausentarmo-nos do semblante que ora se deixa ver por nossos olhos; o motivo é a conjuntura do total existir em nós, concedendo-se por intermédio da efígie que ocasional ou intencionalmente nos ocupa a visibilidade, quer na extensão de uma perspectiva, quer na fixação a uma parede; substância que se efetua por cissiparidade, reproduzindo o coro de ser em nós, de existir em virtude de nossa existência; ela reúne, ao ato de se diversificar, o ato mesmo de existir, não só em contigüidade ao nosso corpo mas também se apreciada distante de nossa vista, que até chegamos à conclusão que ela pode, inclusive, escapar ao nosso conhecimento sem deixar de depender de nós; está em nós como as folhas que, postas no mais longínquo do panorama, se ocultam à fraqueza do nosso olhar, quando, todavia, elas pertencem a este, elas estão neste, e assim em ausência as contemplamos. A disponibilidade de ser em nós conduz-nos a abstrair das coisas as faculdades que as caracterizam, as qualidades, as diferenciações de nomes, entes vocais que costumeiramente no-las transmitem, em prática sem mistérios, dos lugares em que não as visualizamos; os vultos sob a consideração de nossos olhos continentes se purificam desses teores e resumem em seus aspectos a natureza que existe sem outra condição que não seja a de participar em nós. Observávamos a melancolia dos móveis, tanto mais aguda quanto eles também se encontravam extintos na morte de A... que os fez perecer em sua visibilidade, esta a se exibir, agora, à tristeza dos circunstantes; de onde a nossa crença de que, ao velarmos algum morto, velamos igualmente as figuras que se foram nesse olhar que encerrou consigo todos os objetos de suas presenças. O luto com que recobrimos a pessoa morta se estende pelas paisagens que percorrera em vida, e entre as reflexões advindas à nossa mente quando o ser em causa é em repouso sobre a essa, avulta a do retorno às cenas em que ele aparecera; no tocante à efígie de A..., um pensamento nos transportava ao remorso de havermos consentido que um dos painéis não se ajustasse aos outros episódios, todos estes estruturados na harmonia de nossos temperamentos; tal lembrança que impunha, em nós, pesares concêntricos — porquanto à perda de tudo em A... se prendia a dor do arrependimento — aliava-se a um entrecho em que nós ambos, esquecidos das situações anteriores em que desempenhamos o tema da cordialidade, vínhamos naquela hora a profanar a índole dos entendimentos, por, na grande obra da afeição, o auto da desavença que embora não tenha perdurado, depois se recompondo o velho urdume da concórdia, era ainda a mácula a nos afligir, a despeito de ela estar morta com a visão de A.... A insistência da lembrança em nós ratificava o princípio de que os olhos do sobrevivente, considerados de outro ângulo mas recaindo no mesmo objeto, substituem o olhar da pessoa morta, estabelecendo a continuidade do existir das coisas que restaram dela; e no caso do desaparecido companheiro, nas ocasiões em que víamos uma coisa que lhe pertencera, contemplávamos a esta com o olhar que era nosso e que também era dele.

8 — Através dessa modalidade da lente, a conduta que passaríamos a adotar acerca dos rostos que A... revestira de afeto, proviria menos de nossa pessoa que da lupa com que ele os olhara; circunstância que no fundo nos engrandecia, se bem que, para a perfeição de nossa fidelidade, houvéssemos por nos esforçar na aplicação do empenho a vultos que de outra forma o não receberiam; processo coincidente com aquele que os religiosos puros, em contato com efígies estranhas à caridade de seus misteres, nelas prolongam no momento de agora a fraternidade do Mestre. Sob a outorga da visão de A..., tentamos aluir, em mental reposição, o desacordo que de longínqua data nos desunia da pessoa de R..., um dos contemplados com o amor que avocamos a nós que, a fim de lho consagrar, tivemos que recompor, com desigual tradução, o episódio que nos obrigara a nutrir, sobre a figura daquele ator, um sentimento bem distinto do de A...; o trabalho de restauração abrangeria o painel enquanto simples aparência, desde que o aspecto desagradável de seu âmago se revelou irretratável. No dia da original exibição, ignorávamos a condição íntima de R..., conjuntura que naturalmente lhe facilitava a incorporação em qualquer entrecho, conquanto que os vultos, a ele adjacentes, lhe urdissem a consonância com um enredo; de fato, eles vieram a desempenhar, com aquele núcleo de representação, o contexto comum a todos que, escalonados em diversos e penosos matizes, foram expostos, em unidade para nós constrangedora, à retina de nosso olhar; por mais que depois do episódio tivéssemos examinado o teor de nossa fisionomia, não deparamos com nenhum trejeito suscetível de haver provocado nos circunstantes os gestos em disfarce, a troca furtiva de lances entre olhares que se compreendiam; no entanto, a nossa descoberta imprevista nos pareceu irrefutavelmente clara, a significação do painel prendia-se à nossa pessoa então isenta de suspeitas com relação à entrada no recinto da festa; hoje, não nos recordamos por que motivo se fez R... o responsável pela estruturação do entrecho, talvez pelo fato de ele jamais se ter posto em nossa convivência, pois que o restante dos protagonistas sempre nos obsequiara com respeitosas atenções; todavia no momento desprezadas por um descuido cuja

explicação residia no maior apreço votado a R..., o novo figurante, a quem todos, com a intenção de lhe serem amáveis, nos deram em sacrifício, a ele, que tudo desconhecia de nós; compreendemos, horas depois, que o desfavorável sucesso nascera da coincidência entre uma anedota que R... contava e a conjuntura de nosso aparecimento, anedota que ele interrompera e que sem dúvida continuara, distante de nossa vista, mas com melhor inspiração porque, na mente dos ouvintes, a personagem da história se encarnara em nosso vulto; a persistência da lembrança, que se fomenta com retábulos dessa ordem, recairia, toda vez que despertasse sob o toque de quaisquer das ocorrências daquela noite, em nosso semblante a assim figurar num entrecho para o qual não desejaríamos contribuir sequer com a mais simples coadjuvação. Mas, longo tempo é decorrido desde aquela data, os nossos olhos atualmente assumindo o lugar dos olhos de A..., que se dirigiam a R... com a particular veneração que hoje devemos preservar, a despeito das coisas que se interpuseram entre nós e o vulto que restauramos, segundo a visibilidade que não nos pertence; as retificações do passado não se executam quando ele se realizou em termos que a uniformidade dos testemunhos reafirma perante o inconformado reconstituidor; mas a ordem fisionômica, diferentemente da ordem comum, faculta-nos retroceder a um painel remoto e reconstituí-lo de acordo com um motivo diverso do anterior; este, sendo desfavorável aos reclamos de agora, nos concede a oportunidade de retificação, a exemplo daquele retábulo que, se fora visto pelos olhos de A..., merecera tradução distinta, à semelhança da que, neste minuto, passamos a estabelecer e que nos reúne em cordialidade a R... e a nós. Vindo a recapitular a cena do dissabor, surgiu-nos na memória a figura de alguém mais afastado que durante o evento procedera com manifestações de ridículo tão vulgares que nos fizeram, de logo, maldizer da resolução de termos comparecido à quermesse; e assim sendo, bem que a esse homem estaria destinado o maldoso colóquio que tomamos como dirigido ao nosso vulto; porém o ardil de submetermos a outrem o papel insuportável que nos competira, longe de firmar a permuta sob o signo do miradouro de A..., devia distanciá-la; porquanto se fôssemos ouvir a opinião dele sobre a transferência, a outro rosto, do papel que nos incomodava, sem dúvida que nos reprovaria, tanto ele era afeito à dedicação da caridade, nunca pressupondo em alguém atitudes que neste diminuíssem o valor de ser. As qualidades negativas que vislumbramos em determinada pessoa, quando à falta de justas razões nos parecia que ele comungava o nosso frio sentimento, eram por ele explicadas como deturpação de nossa objetiva e reforçava o argumento, ante o caso de então, com o fato de não haver sido unânime o parecer de alguns que presenciaram o mesmo acontecimento; inclusive ele que, sabedor das anterioridades do semblante em foco, podia afirmar que a tradução do gesto dizia respeito à convergência de fortuidades que não nos cabia imputar ao portador; tais cogitações se desenvolviam para absolver a R... da desdita que nos vitimara, acrescida de outras referentes à possibilidade de ser o novo intérprete alguém da estima do próprio R..., ou mesmo de A..., este a avocar a si as afeições do primeiro, entornando na sucessividade dos conhecimentos, como um véu a cobrir figuras dessemelhantes, o teor de sua extrema bondade; contudo, as preocupações do afeto não devem intervir num episódio como aquele, em cuja reconstituição não deviam interferir os bastidores, existindo de nosso lado o propósito de prevalecermo-nos exclusivamente dos vultos que dele se puseram a participar, limitando-nos a dispor das fisionomias componentes, isoladas todas elas da vida a que antes se submeteram. Na configuração de algum painel ou de alguma seqüência de retábulos, visto que se urdam na mesma teia de significação, os nossos olhos extraem da efígie tudo que ela franqueia na circunstância de ser presente, de estar ali perante o nosso olhar; ocasião esta que nos permite vê-la de modo diferente daquele que nos proporcionariam os textos de seu pretérito, a nítida ciência de suas intimidades: motivo por que a inicial impressão que nos provocam os desconhecidos ambientes, perdura com fidelidade maior que as posteriores, quando as ingerências do nome disputam, em nós, o privilégio de salientar-se em nossa retentiva. Talvez que a personagem ridícula tivesse exposto, no instante de nossa chegada, um gesto irrisório a originar as combinações que admitimos como pronunciadas em virtude de nosso desempenho; mas, recuando a lupa, de maneira a alcançarmos a perspectiva mais extensa, alteramos a natureza da conjectura: e o ser em nós, estanque da concorrência de qualquer outro olhar, veio a nos convencer de que o sucesso inconciliável com o nosso temperamento, a conjuntura que, em solidariedade à visão de outrem nos obrigamos a retificar, tal como ocorrera no tocante a R... e ao nosso próprio vulto, tudo enfim que nos empana ou desfavorece, se radica irremediável e intransferível, na composição de nosso ser exclusivo e perpetuador.

9 — O pensamento sem dono, por acudir a todos os membros da comunidade, promana-se à guisa de um elo em nossa mente, tornando-a aglutinável às outras que, ao se ocuparem dele, se reuniram a nós, para efeito da sinonímia que se estabelece enquanto todos nos tocáramos da mesma cogitação. As fisionomias se dispersam em diferentes representações, cada uma propiciando o infinito de sua disponibilidade; mas, há momentos em que, sem a condição de se aglomerarem nas ruas, nas praças ou nos enormes templos, elas se agrupam, dos recintos domésticos, dos pontos isolados em que estão, no signo que as vincula, no pensamento uníssono e fraternizável, a despeito dos espaços separadores; compõem o nivelado coro que não precisamos abordar inteiramente, porquanto, à vista de alguns, deduzi-

mos que os demais se acordam sob a mesma invocação. Nessa hora, interrompe-se a versatilidade dos enredos, para o só domínio daquele que é mais simples e mais amplo, que atinge a todos, depois de estarem a ensaiar, em significações menores, os ritmos do desembaraço, a fim de o aplicarem na grande peça que teve fatalmente de acolhê-los. Quando, em casa de J..., nos divertíamos a pretexto de suas bodas, o anúncio de que algo sucedera, apagara, em nós, as formações da festa; ao vermos em torno os figurantes se arrebatarem ante a notícia em foco, no mesmo ímpeto de saber todos os detalhes da ocorrência, registramos que as atitudes anteriores à comunicação, que constituíam a miscelânea de variegados episódios, nos predispunham a apreciá-las no momento da principal exibição, como os atletas que se movimentam enquanto aguardam o minuto da prova, dando-nos a idéia de suas possibilidades na ocasião do torneio; quando a justa se desencadeia, uma confiança maior no sucesso nos desvia do receio de algum fracasso, tanto influíram em nós os preâmbulos da véspera, os quais já pertenciam ao corpo do acontecimento; uma vez extinto o espetáculo, não podemos desunir do conjunto em nossa memória a presença dos disputadores a exercitarem os músculos. A cena em casa de J... fora também a amostra da significação que depois contemplamos, ao nos atermos às coisas visíveis em seu papel de manifestadoras da existência em nós; elas, aparentando nos exibir assuntos que particularmente nos interessam, por serem o comum do cotidiano, e que tanto enriquecem o nosso repertório de alegorias, de metáforas e de símbolos, no-lo fazem como antecipações óticas do entrecho que virá a cumprir-se; tal fenômeno se opera quando, à maneira do fato que altera profundamente o que no anúncio se fixara, desperta a significação do ser em sua absoluta subordinação a nós, tudo no mero fragmento que a nossa visão distingue. Na sala em que estamos, nos eximimos de acorrer às outras dependências para observar o que aí se oferece — o mesmo jogo de figuras suspensas à informação recém-chegada — contentamo-nos por ver aquelas que se distribuem em nossa contigüidade, pois que o motivo se entorna no curso do caminho que está a percorrer, indo dispor, no trânsito, de todas as fisionomias para o fim de uniformizá-las em idêntica significação; assim, a notícia que supera a curiosidade dos presentes à casa de J..., se desdobrará através de tantos mensageiros quantos são os convivas da comemoração, sem contar os que no momento a conduzem aos recantos da cidade; na casa do anfitrião já ninguém se amolda ao motivo que a ela o trouxe, nada mais havendo da cordial ostentação, desde que os protagonistas, ao sinal de abrupto contra-regra, se aliaram ao novo desempenho, todos eles facialmente preparados para aquela representação. Ao advento da intuição de todas as existências dependerem de nossa existência, as figuras em redor a homologam sem a necessidade de enroupar-se de vestes consentâneas, que as já possuem em sèus corpos, assim como são e como as vemos, sem mesmo interromperem a vozes e os gestos que por acaso profiram; e o ser, que se nos mostra, inclui em si, em realização da virtualidade, todos quantos se ocultam na ausência, a folha que nos entrega a árvore de onde se desuniu, o grão de areia que nos traz o deserto e as caravanas, a praia e o mar. Todas as coisas se situam em nosso quarto, os objetos do ontem mais remoto e os de hoje vêm a integrar-se na efígie de E... que entra pela porta e, sôfrega em relatar um sucesso da manhã, não suspeita que além do que ela nos comunica, uma dádiva maior acompanha a sua figura que todavia nada de particular encerra para conter a tanto; qualquer outra nos proporcionaria investidura igual, um vulto imóvel dos muitos que compõem o domicílio, entretanto, por ter sido ela que, dessa vez, nos acendeu a súbita intuição, a olhamos com o olhar em que a recém-vinda descobre apenas o agrado pelo comparecer de sua pessoa, o efeito das relações de amizade que são cada vez mais íntimas, quando, ao certo, é a manifestação de amor que deriva do acontecimento de ali termos o mundo, mercê da outorga a que nenhum corpo se pode recusar.

Capítulo 5

1 — A oportunidade estésica. 2 — O valer-se da presença de outrem. 3 — O nosso vulto em repertório alheio. 4 — A efígie impregnada de virtualização. 5 — O prazer de falar — A reunião em casa de L.T..... 6 — A decorrência temporal se exclui dos painéis semelhantes — O painel do Julgamento Último. 7 — A cena da qual nos esquivamos. 8 — A virtualização. 9 — A cena única. 10 — A expectação. 11 — A viagem. 12 — A piedade da forma.

1 — Como o indivíduo que depois de fazer entrar o mensageiro, que lhe trouxe inesperadamente a alegre notícia, o acolhe com uma satisfação que o portador, ignorando a causa, se deixa contudo aderir ao eufórico sentimento, dessarte, para surpresa de E..., a hospedamos com um júbilo que ela ainda não vira; seguramente percebera que se não tratava do assunto da conversação, dado que qualquer motivo, por mais atraente, longe estaria de promover a fixação absorta de nosso olhar, que o observador presente, arguto que seja, se engana se porventura a interpreta. Não perquirimos de E... qual a impressão que lhe ocasionava o nosso aspecto; mas lhe surpreendemos nas atitudes a desconfiança de que algo amável, partindo de nós, se entornava no conspecto de seu vulto, este associando-se à presente alegria, como o mensageiro que se solidariza com a felicidade que lhe não diz respeito; e atua com tão sincera aparência que se por acaso uma terceira pessoa se aproxima do painel, há-de supor que entre ambos se estabelecera a doméstica familiaridade, e que certamente a carta aberta nas mãos do receptor fora lida em alta voz por caber também ao carteiro ouvinte as informações que nela se contêm; o contentamento no rosto de E... não podia estar em proporção à grandeza que

nos inflamara, recaindo ele em objeto de somenos valor, talvez na grata lembrança que lhe sobreviera no momento de aparecer em nosso recinto; para não subestimá-la com sentimento do qual era dissociada, o ideal residia em envolvê-la com o nosso ardor, mas que lhe não revelasse a distância entre o seu vulto — inconfundível, enquanto detentor do nome de E... — e o pensamento que nos impregnava. Na convicção de que muitas ocorrências da alma não se transmitem de todo, nem àqueles a quem confiamos, por escolha, os mais caros dos sucessos, desistimos de comunicar a E... a razão de ser de nosso júbilo; preferindo, à meia compreensão das palavras, o fingimento daquela conjuntura que a um e ao outro disfarçava, aumentando em nós o desejo de que alguém houvesse a quem nos dirigíssemos sem conter o impulso e anunciássemos, a modo de saudação, que ele trouxera o mundo consigo. Na prática do cotidiano, é-nos freqüente o uso de idéias e imagens que meditamos — tantas vezes repetidas mas que não se gastam — com o intuito de favorecermo-nos em estado tranqüilo: entre elas, certo bucólico panorama que, sem sabermos como, de há muito se presta a nos fazer dormir, ou algum outro episódio que gratuitamente nos deleita ao reinvocá-lo, intencionais refúgios onde nos isolamos; da mesma forma que tais pensamentos, o da natureza virtualizada numa figura também nos abriga, num conforto maior que aqueles que também nos afagam os pendores à quietude, porque ele atende aos reclamos de termos em nós o inefável, a aura de todas as coisas que se encontram ausentes, aliada à certeza de que nada existe em nossos olhos, ou além deles, que não nos pertença; é a integral complexidade que habita em nós, o acervo dos objetos que se dão à nossa vida em virtude de nossa vida, da luz que emana de nossa pessoal existência e que, ao extinguir-se, obliterará instantaneamente a tudo quanto nos foi possível conhecer ou não conhecer. Se em um vulto qualquer recai o fluxo desse pensamento, ele recebe de nós, como um ser que por sua importância nos obriga a salientá-lo, um nome aliciador, um título que, ao mesmo tempo que o conceitua, o congrega aos demais; cremos que o nome, o título *nós* identifica, num só apelo, todos os vultos na hora de participarem, ao toque daquele pensamento, da peça máxima e única, no decorrer da qual os assistentes, soerguidos de seus lugares, sobem ao proscênio, e com o público reduzido aos nossos olhos, vêm a compor a teia do ôntico espetáculo. Como o espectador que sentado na última fila tem da peça uma enquadração cuja amplitude abraça além dos atores os componentes da própria platéia, e que a seu olhar de algum modo se relacionam, tais as harmonias entre o proceder dos atores e sua repercussão nas camadas dos assistentes, assim, de nossa parte, em confronto com o rosto de E..., assestamos a mira nos demais vultos do aposento, considerando-os na medida de sua estada em conexão com o teor de nossa visitante; estão postos em diverso índice de presença, na qual o de E... seria do grau primeiro, embora estivesse em distância maior de nossa vista, à similitude, ainda, do proscênio que, muito afastado de nós, constitui o cerne motivador de quantas efígies se intervalam, nas cadeiras, entre ele e nós.

2 — Quando nos advém a intuição ao contato de uma figura, as testemunhas do evento se demovem do sentido, em que repousavam, para esse outro de serem em aglutinação à imagem, a exemplo de E...; em outras palavras, elas se ausentam de nós, não obstante permanecerem sob o nosso olhar, como elementos mais próximos na série de coisas que se escondem de nosso belvedere, na escala das ocultações que a perspectiva ilustra com o nuançado de seus valores, cada vez mais perdidos os vultos que nela se estendem aos confins do horizonte; situados no primeiro plano da ausência, os nossos espectadores — na modalidade da efígie que, enquanto se despede junto ao veículo que vem para transportá-la, já inclui nas pessoas presentes a estampa de seu corpo, tal como se fixará na memória deles que ficam — estão para o nosso olhar na mesma contingência do viajante que, tendo tantas vezes oferecido a forma de sua aparição, em nenhum momento o fez, sob o cunho de articular-se à lembrança de outrem, como o faz agora que a circunstância de partir o salienta para efeito da própria cravação em posterior recordar, flagrante obtido à beira do desaparecimento e que perdura com nitidez específica. Menos pelo derradeiro contato do que por nos exibir a iniciação da ausência, o vulto munido de bolsas que o singularizam, entre muitos, como aquele que vai a embarcar, posa para as lentes com tal disposição de ser, e concomitantemente a ele se aprimoram as lupas que talvez se sintam em remorso por não haverem, durante o extenso prazo do convívio, registrado, com a translucidez de agora, a figura prestes a deixá-las; suspeitamos que as contigüidades, ao tempo em que E... se expunha diariamente, não foram bastante estreitas ou a nossa visão se descuidava de atingi-la como devera: oportunidades perdidas e que não aproveitáramos, ainda se soubéssemos que um dia tal haveria de partir; porquanto a prática da última hora, com os imponderáveis que se não efetuariam antes desse momento, vem a nos comunicar que a configuração do objeto, no instante do último e real desempenho, ofusca de muito o que anteriormente cometera, como se foram simples ensaios. Os seres que se afastam de nós, apresentam-se, na exata ocasião da despedida, como pessoas já estranhas ao lugar em que esperam o veículo de locomoção, às vezes abrangendo no desaparecer certas coisas dos indivíduos que ali estão no embarque: à maneira do acontecido recentemente, quando, depois de subir a escada de bordo o vulto de M..., ao vermos no cais um volume que supusemos de sua bagagem, e antes que inquiríssemos sobre o verdadeiro dono, fácil de identificar por trazer na etiqueta, bem legível,

o nome do proprietário, acenamos ao amigo debruçado no parapeito, com o gesto de indagar se não se esquecera do embrulho; à medida que o barco se movimentava, os nossos olhos, desviando-se dele, infletiam nos semblantes que compareceram, a recolher em todos o vazio oriundo da ausência que se perfez àquela hora, e que levava em seu bojo os que permaneciam em terra: as conversações habituais, as trocas de atitudes, a comunidade de vistas sobre o mesmo panorama, tudo, enfim, que se efetivava com a colaboração de M..., a ser desde então interrompido; auscultação do olhar, tanto mais oportuna e preciosa quanto os suplementos da vida surgirão, sem tardar, talvez no dia seguinte ou no período daquela noite, a suprir de muitos modos a lacuna da efígie ausente; a tal ponto que, se viermos a verificar o seu índice entre os que permaneceram, descobriremos que bem raros fazem jus à cena do porto, tão cheia de promessas de fidelidade. As figuras que registramos no cais revelarão o vazio que o corpo de M... sulcara, isto no instante em que, chegada a hora de sua aparição, ele não atende aos costumeiros conclaves; e esses mesmos seres obsequiosos, que se moveram à despedida, continuarão a desempenhar seus afazeres; mas, conquanto vultos do miradouro que paira no mar, eles se tornarão decaídos de como eram quando M... os olhava: ausentes, doravante, da lupa que os tinha como existentes nela que, por mais ansiosa que se encontre de vê-los, e assim restaurar no continente o velho conteúdo, a circunstância de estar a muitas milhas da terra, a impossibilita de deter-lhes o desaparecimento em si própria. No ato da separação, aquele que fica, só acusa a perda em relação a seu belvedere, todas as palavras são ditas no tocante à saudade que lhe deixa o vulto a bordo, o rosto a menos em seu olhar; enquanto isto, pela dupla natureza desse ato, a tomada visual provinda de M..., na qualidade de figura a se afastar, de si mesma promovia a extinção deles em sua lente, que passará a preencher-se, nas ocasiões que lhes dedicava, de efígies outras; ele, o itinerante, sem cuidar de resolver, a contento do espírito, os estorvos da realidade — usando para esse fim as emendas de natureza fisionômica — nem sequer procurará envolvê-las dos mesmos motivos que geralmente se expunham nos semblantes dos habituais companheiros. As infidelidades às cenas anteriores são comuns aos que partem e aos que ficam, a despeito dos consertos que confeccionamos, todos eles de matéria figurativa, à condição de querermos restaurar os painéis de que tivemos o deleite de participar ou apenas de testemunhar; bastando para isso os recursos da ordem fisionômica, presente a cada passo, se não reconstituindo o elenco em todos os pormenores, o que em regra só adviria se manipulássemos os vultos à nossa disposição, ao menos por intermédio de uma minúcia que nos devolve o passado entrecho; em tal caso, contamos com o princípio da dedutibilidade de formas, segundo o qual as ausências se configuram a partir do pequeno corpo que vislumbramos, tão repleta de meios e suscetível de ser em nós é a montra das coisas que vimos, a série imensa do que se manifestou ao nosso olhar. O viajante, com os olhos a pousar nas efígies do convés, poderá aí mesmo, sem ferir a espontaneidade de ninguém, nem tampouco fatigar-se à procura de intérpretes mais semelhantes ao modelo em foco, adotar uma silhueta que resulte extrair da composição genérica um dos seres, ou sucessivamente a todos que vieram ao cais; assim aliando-se, por interposta figura, à galeria de seus contatos, ao acervo dos vultos de seu convívio, que, dessa maneira, em outorga, o persuade de que não permanece sozinho; se porventura lhe acometer repentina enfermidade, o companheiro do camarote há-de socorrê-lo com os favores dos que o acompanhavam em terra, tal como mais tarde, ao descer em solo estranho, e indo ao hotel onde são ásperas todas as paredes, ele terá, na presença do camareiro noturno que vigia a alguns metros da porta, o consolo de haver alguém ao lado, prestes a atender ao aceno de sua voz. Na hospedaria inicialmente desfavorável, a condição de ser impregna-se desse outro alguém cujo nome ele ignora, cujo rosto lhe é também desconhecido, entretanto, o saber que uma face de seu gênero se situa sob o mesmo teto, basta para preencher a nominalidade, repetida em várias ocasiões, e lhe inere todos os retábulos da mesma significação; e o grato sentimento que dedica ao vigilante, abrange da mesma forma a todos quantos, voluntária ou fortuitamente, guarneceram parecido quarto e lhes deram, cada um à sua vez, a sensação da quietude; os acontecimentos de outra natureza, os intervalos entre os episódios do valer-se da presença de outrem, os quais importam na grande maioria dos sucessos, não obstante os atrativos de seu poderoso número, apagam-se da lembrança de M. . ., a fim de que nela domine, com exclusividade, a cadência dos painéis, um a um a lhe reproduzir o texto que se desenrolara em terra, e cuja legitimidade reponta em silhueta que não cessará de surgir a bordo, havendo tantos atores disponíveis a essa oportuna incorporação. De regresso às casas, estes não imaginam que àquela mesma hora têm os seus semblantes — se a tal os conduz o protagonista que vem de ausentar-se, na hipótese de ser ele um restaurador de figuras perdidas — expostos graças a um passageiro ou tripulante, podendo verificar-se a transposição da efígie por meio de mais de um vulto, à feição da cena do hotel, quando, no dia seguinte, ao ler no quadro a relação dos servidores noturnos, um dos quais seria o próprio que o velara ao adormecer, o viajante conclui que naquela data, a partir da meia-noite, assumira o encargo outro vigilante que, para ele, e em termos fisionômicos, era o mesmo do momento de se deitar, não interferindo em sua aceitação a idéia de diferentes pessoas, dado que a natureza anônima dos camareiros os investia indiscriminadamente no genérico da participação. Quanto a nós, tornávamos, com os outros, do painel da despedida, e talvez mais do que nenhum, despersuadido de ser transmigrado à imaginária interna de M... a bordo; suposição depressiva porém tanto mais viável quanto, dentre os muitos que compareceram ao embarque, éramos o mais pobre de efusões que o próprio entrecho estimula, e a qualidade de M... tanto exigia; no coro das expansões, os nossos gestos não se deixaram ver, e ainda na ocasião certa de lhe trazer o adeus, para maior melancolia nos desfizemos no tumulto da hora, o nosso vulto não recaindo sob o olhar que se punha atento só aos mais comunicativos; ao apertarmos a mão, ele procedera sem observar o corpo de onde ela se estendia, em atitude equivalente à do homem que agradecendo a homenagem pública, eleva o braço em gesto dirigido a todos e a ninguém em particular; acrescia a circunstância de não mantermos intimidade com relação a M..., existindo no plano de convivência muitas outras personagens que diluíam o nosso respectivo papel; tudo, enfim, a demonstrar que, ao longo do percurso marítimo, de certo, nem uma vez apenas haveríamos de ocupar, por interposta figura, a lente da sua visão que, por seu turno, não se alimentava de outros exercícios senão daqueles que, sem sugestões da alma, se obtêm do comum cotidiano; de volta do cais, percorrida a zona dos armazéns, separamo-nos do grupo que não recebera o prestígio de fervoroso abraço, e com a decisão que algum malévolo poderia interpretar como o desejo de exibirmos uma ligação inexistente entre o nosso rosto e o de M..., acercamo-nos dos semblantes que tiveram a prerrogativa dos mais fortes cumprimentos; neste meio onde palpitava ainda a pessoa do viajante, por intermédio de palavras que se não referiam ao vulto de M..., convidamos a todos para nessa mesma data irem à nossa residência, onde devia estar a efígie de B..., de quem eles de há muito nos solicitavam a apresentação; conseguimos retirar de suas mentes o rosto que embarcara, a fim de que a nossa fisionomia, pelo menos até o minuto do próximo e estimado encontro, prevalecesse como o nódulo de suas cogitações; o intento não se reduzia a tê-los em contato com B... o que bem realizaríamos em outra ocasião, sendo aquela imprópria se atentarmos ao venerador respeito a que fazia jus a recente separação de M..., que merecia de todos eles a contínua e demorada invocação; mas, urgente nos parecia permutar o interesse que devotavam a M..., pelo interesse, embora efêmero, que passariam a consagrar a nosso vulto; estratagema de ser, que, em última instância, importava em nosso envolvimento, senão na efígie que viajara, ao menos nas figuras a quem ele dera o melhor da despedida; isto sendo uma conexão a nos articular ao panorama de bordo, se entrementes sentimos, em algum semblante, qualquer daqueles a quem protestou saudade; então nos incluímos na quimera que é mais que um engano, indireta presença e quase apagada, todavia presença, resíduo de ser, igual ao do homem que estando sol tário se conforta com a descoberta de qualquer coisa que o amado vulto esquecera na pressa de ausentar-se.

3 — Cogitamos analogamente os olhos que hão de vê-lo no transcurso da viagem e depois dela, ao descer em porto onde ninguém existe que já nos tenha enxergado; cogitamos os vultos que permanecem na suposição de assinalar, nele, um só itinerante que percorre as cercanias do cais: um rosto em si mesmo, sem juntura com aqueles que lhe desfrutaram o convívio; dentre os quais o nosso semblante que lá nunca estivera e que, entretanto, à revelia dos que olham a figura de M..., virtualmente deambula os mesmos lugares em companhia dele, muito embora o guia desse nosso trânsito não saiba o quanto importa o conteúdo de sua presença. Esta resulta ser algo maior do que o painel que o espectador distingue, e em seu novo meio, aliado a todas as coisas, que M... ladeia ao mesmo tempo que perscruta o inédito que paira sobre tudo, mesmo sobre as efígies semelhantes às deixadas por ele, em sua terra, estamos nós a participar de sua vista, e concomitantemente de seu corpo, se deslocarmos a consideração, daquele protagonista, para os que o observam no decorrer das ruas. Na cidade dos encontros eucarísticos, cada passeante é um ser que representa a galeria interminável de quanto o circundou; persistem nele não só os contatos de plena visão, mas também os contatos dos contatos, a perspectiva onde impera a lei das continuadas outorgas, cujo centro de irradiação se afigura ocasional, porquanto qualquer das fisionomias pertencentes a tal cadeia de investiduras, pode, no mais humilde recanto, conter em si o mundo a que se agrega. Nenhuma carta haveremos de receber de quem só se lembrará de nós se porventura descobrir algum semblante contiguamente nuançado ao nosso corpo, que assim o desperte do esquecimento em que nos inseriu; mensagem alguma, por pequena que seja, nos atestará em sua memória, quando muito bem podíamos, no uso de determinado processo — como já praticamos mais de uma vez em pessoas cuja constância dirigida ao nosso vulto necessitávamos com urgência — ter introduzido na bagagem algum objeto que nos identificasse na hora em que estivéssemos além de seu alcance; mas, sem o adjutório de sua mente, sem a fortuidade do semblante que se assemelhe ao nosso, nem por isso nos isentamos de deambular em M... através da cidade que nunca se ungira de nossos pés, unido solidariamente aos participantes do cortejo; a cena que então se desenrola, possui o aspecto de certames olímpicos, repletos de bandeiras das mais apartadas e das mais próximas nações, cada uma a simbolizar, ali, na estranha terra, o desaparecimento de todas as fronteiras, a solução, em curto espaço e ao mesmo tempo, de todas as distâncias, a par do nivelamento de ser que só a ordem fisionômica propicia. Na

data em que M... retornou ao nosso convívio, sob a mesma cogitação acolhemo-lo no cais como quem se restitui a si mesmo, e ao abraçá-lo o fizemos conosco, supondo-nos o itinerante cujos passos coincidiram com os dele, comparecente que fomos em todos os locais da vilegiatura, testemunhante dos acontecimentos que ele expunha na persuasão de tê-los registrado sem a nossa companhia, narrações entrecortadas com lamentos por nenhum de nós haver olhado coisas semelhantes; muitos dos companheiros foram laureados com presentes que ele obtivera alhures e que significavam, segundo as explicações, a prova de os não haver esquecido; como nada nos coube de tais ofertas, e a fim de não lhe parecer que nos magoamos com o olvido, em sua residência estimulamos nele alguma atenção ao nosso vulto, perquirindo-lhe a respeito dos monumentos que visitara; mas de tudo quanto nos deu em resposta nada nos servira, revelando-se bem superior o nosso conhecimento conseguido no manuseio de livros e de estampas; com o fito de não agravar a confissão da indiferença por tais assuntos, indo ao plano de sua ignorância, com o mesmo propósito de adquirir mais apreço de sua parte e de não expor a tristeza pelo fato do esquecimento, indagamos em que ponto ele se munira da roupa com que desembarcara, ao que nos informou que a tivera aqui mesmo na cidade do R..., esclarecimento que nos levou à frustração desde que, em virtude do corriqueiro, ele não bastava para subirmos à melhor consideração; além disso, o obrigávamos a admitir que haveria sido de mais efeito, em seu íntimo, se ele se tivesse mostrado no convés, se tivesse descido a escada de bordo, conduzindo no corpo o indumento oriundo da capital que conhecera; sucedendo que ele o vestia na ocasião de nossa pergunta, lemos em seu rosto o desprezo que de repente lhe votara, desprezo que, por infelicidade nossa, nos abrangia também, e que se expressou em vozes ao dizer que não se disporia a viajar sem antes se premunir dignamente, e demais, como era público e notório, as alfaiatarias da localidade não ficavam a dever às mais famosas dos grandes centros; a natureza de M... nos impedia de ponderar que não era a roupa o núcleo de interesse que nos detinha diante de sua face, nem tampouco o acerto ou desacerto de suas apreciações alhures, mas unicamente a circunstância de recém-vindo, liberta dos pormenores da figura e das prerrogativas do nome de M..., enquadrada em seus contornos genéricos, setor exclusivo da estada em virtualização. Por motivo ainda mais revelador de nossa outorga no semblante de M..., ficamos unido àquele rosto, desta vez em forma que nos acompanhará por toda a vida; conhecemo-lo muito depois de seu falecimento, por meio de uma carta que remetera a amigo comum, que, apesar da índole sigilosa, recaiu em nossas mãos como se não devesse resguardar as confidências no tocante ao morto; na epístola, integralmente dedicada a nós, o perfil inteiro de nossa personalidade, segundo a visão de M..., resultava posto, sem mais preâmbulos, em desenho de clareza sincera, tudo a propósito de informações que o destinatário lhe pedira em virtude de nos ignorar então; o que expusera a nosso respeito fora com uma neutralidade que nos comoveu, tanto mais quanto — problema que nos deixou entre remorsos — mantínhamos sérias restrições com pertinência àquela face, cuja incapacidade de colher a impressão que proporcionava aos interlocutores, a dispunha a ser isenta de prevenções quaisquer; a faculdade de ser ingênuo, que comprovamos mais ainda ante a missiva póstuma, agravara-nos de muito o arrependimento, alertando-nos sobre a necessidade de fugirmos ao desamor enquanto ainda está a viver o objeto de escuros sentimentos; a carta em apreço era uma extensa narrativa de nossa individualidade, extremamente curiosa porquanto o que ela referia se originava de ângulo inédito de todo, oferecendo-nos o espelho onde nos refletíamos como até agora o não fizéramos; e no qual fomos esculpido de modo a nos surpreendermos, com matéria e forma diferentes das que nos julgávamos constituído, em disparidade com quantas nos haviam chegado à convicção ou à suspeita; nas buscas ostensivas ou ardilosas a respeito de como nos inseríamos nos repertórios das figuras da convivência, poucas vezes anotamos um exercício em molde tão franco sobre o nosso rosto como o da escultura provinda de M...; se bem que a veracidade de sua obra sofresse objeções de nossa parte, a preservamos inteiramente, posto que a ciência de nós mesmo não incute a exatidão irrevogável; acresce portanto que a opinião de outrem, desde que não nos injurie nem nos afronte em presença de seres que nos consagram afeto, e neste caso, menos por nós do que por eles, redunda respeitável pelo possível engano de nosso auto-reconhecimento. Por tudo isso, não intentamos retificar, junto à pessoa a quem ele se dirigira, os dizeres que nos desenhavam como um vulto marcadamente frio, incapaz de efusões, submetendo as atitudes às previsões do cálculo, a referência primeira sendo, segundo nós, de todo inverídica e a outra, mera ilusão das aparências, prejudicada pela circunstância de nunca termos tido, perante ele, oportunidades homologadoras. As expansões elucidativas, por mais prolongadas que sejam, nunca se exaurem, despertando, na face atingida que as lê ou as ouve, a necessidade de perquirir, de desviar o curso do delineamento para outros setores, alguns dos quais somente ela própria atina com a natureza; diligente necessidade de trazer à posse do depoente certas conjunturas que dariam, ao interessado escutante, um texto mais completo de sua condição de ser em alguém. Com efeito, desejamos que M... houvesse perscrutado outros recantos de nossa conduta, inclusive aqueles que lhe exporiam mais fortes comprovantes que os alegados em nosso desfavor; estimamos que M... tivesse comparecido conosco à reunião em casa de F..., a propósito da qual lhe fizemos antever que o anfitrião relataria, logo no minuto de nossa entrada, o episódio em que ambos nos envolvemos certa vez, que ele sempre repetia quando nos avistava com outras figuras; seria de proveito para M..., tendo em consideração o que ele firmara atinente a nós, se ele houvesse presenciado o início da desenvoltura de F... ao externar o desempenho que prevíramos; início de desenvoltura que interrompemos porque visava ao desfruto de um rosto que nos merecia grave respeito, e daí o insuportável que era para nós assistir ao painel da desafeição, constrangimento que conseguimos evitar sem vexame para o próprio F...; fora melhor mesmo que o evento não tivesse prosseguido, porque assim a versão dele em nossa objetiva correspondeu ao zelo com que agora o preservamos. Por fim, assinala-se a insistência em pedirmos ao companheiro comum a cessão do referido documento para, em sucessivas leituras, comovermo-nos com a nossa extinção na extinção de M..., um dos muitos perecimentos nossos, que testemunhamos; e, mais do que o enfermo, que da cama vislumbra o funeral de um membro de seu físico, à medida que falecem as pessoas de nossas relações, persiste em sobreviver a nossa efígie mutilada de si mesma.

4 — Encerrando cada vulto uma expectativa de virtualização, à espera de que infletamos nele o contemplativo miradouro, como no caso do objeto que se torna suscetível de ampliar-se ante o simples mover de nossa lente, cuidamos da coisa visível com a consideração a algo que pode, subitamente, emergir de acidental conjuntura para evolver à situação de repositório de tudo quanto existe, das figuras que estão em proximidade, das que se localizam à extrema distância, das que já sucederam e das que restam por vir, em nós. Um acatamento religioso nos acompanha na hora em que, livre de obscuradoras preocupações, prosseguimos a captar, sob esta acepção, os vultos que se permitem ver, quer avizinhando-se de nós, quer parados em seus nichos como à espreita de nossa visão que os há de apor no ser de nossa existência. Catalogado nessa última posição, havia o rosto de V..., de quem conhecíamos o nome, isto é, a legenda da conduta, dos sentimentos, de quanto conseguíamos formular acerca da figura em poder de nossa imaginação; mas que não era exatamente o retrato da fisionomia, com os gestos que, uma vez observados por nossa lupa, teriam de nos proporcionar digressões em tôrno de seu desempenho, painéis a que ele se vinculasse como se vinculam os protagonistas do direto conhecimento; e que, à percussão de um motivo, intercalamos, na cena em que este opera, a personagem que lhe corresponde, embora na ocasião esteja fora de nossa visualidade. Fomos à residência de V... à guisa de quem procura um pretexto a mais para o elastecimento de si próprio, sendo que desta feita conduzíamos a convicção de alcançá-lo; não que o vindouro intérprete possuísse a feição particular e preciosa que

chegássemos a presumir na véspera da visitação, ao contrário, nada havia que nos fizesse supor um encontro de excepcional natureza; íamos à casa de V... como vamos a toda parte, sem qualquer preparação a surpresas, apenas, pouco antes do vestíbulo, adveio-nos inesperadamente o fluxo intuitivo, que do mesmo modo se estenderia a um corpo qualquer, dos inumeráveis que o cotidiano nos faculta, a anunciar que a efígie, a vermos dentro em pouco, enquadrava em si mesma o repertório de todas as coisas existentes. Como nos textos escolares em que, absorvido somente na estrutura das proposições, nos descuramos das qualidades internas a que o autor ofereceu os mais delicados de seus dons, endereçamos a V... palavras e gestos pertinentes à corriqueira circunstância de nos saudarmos; conjuntura bem distinta daquela que, se porventura prevalecesse o intenso propósito, devia manifestar-se sob a feição de profundo cumprimento, porque em verdade ela repercutiria melhor, tanto nele, que era o dono da figura, tanto em nós que buscávamos o ser com tão simples acesso; mas, as atitudes protocolares, quando habitualmente repetidas, se desajustam do pensamento que as acompanha; assim, a nossa mesura importava na reverência a algo mais que o prazer de vir a apertar-lhe a mão, cortesia a que ele respondeu como sincera, longe de desconfiar que merecia um proceder mais litúrgico; se, dessa forma, sem ardor, nos apresentávamos diante de sua efígie, era que esta ali não se expunha em propício ambiente, mostrando-se deslocada do recinto em que devera habitar e consentir que os veneradores, sem a coação dela própria e do contato de infiéis, lhe espargissem o incenso da contemplação. A independência com que, no tocante a nós, vivem os objetos da paisagem, impede muitas vezes de abeirarmo-nos da figura com a unção que lhe estaríamos a dever, tão mal interpretados seriam os nossos gestos não só pelas efígies testemunhantes, como, sobretudo, pelo próprio corpo que nos desvela a mais alta significação: a do ser total da existência. Sem a captação desse apanhado, quando os motivos atraentes nos desviam de ver o rosto em imensa virtualidade, inclinamo-nos para a forma que de súbito não nos dera o prodigioso desempenho, como o espectador, à vista do figurante que muito promete, lastima a falta de melhor assunto onde este poderia mais evidenciar os dotes de sua natureza; os retábulos do cotidiano estão repletos de vultos qualificados a exercerem o papel do incomensurável panorama, porém quase todos se exibem com impropriedade desalentadora, a lembrar os semblantes que, outrora adorados em nicho, se ostentam agora no balcão do antiquário que não calcula que o sacrilégio engloba, em profanador retrospecto, os olhos que nos mesmos se reconfortaram. Os homens não regulam os atos em busca da unidade e permanência de certos nomes, sucedendo que nenhum rosto é desprovido das estimulações que surgem no decorrer da vida; entre elas, a de selecionar a cena que lhe proporcionou afetuosa aura, e estabelecê-la como o arrimo a inspirar-lhe o procedimento, à similitude da pessoa grata que, sob a injunção da figura a quem deve o desinteressado favor, não age de maneira a macular o episódio do benefício, antes procura reavivá-lo na mente ou nos gestos com que mostra desperceber a hostilidade que então o vitima.

5 — Durante o colóquio na residência de L. T...., sob a sugestão da algazarra sobrevinda na rua, ele iniciou a história que os demais presentes ouviam com atenção, em virtude de o narrador saber, como ninguém, harmonizar as palavras aos gestos, e o fazia na consciência absoluta de seu êxito; os indivíduos dessa espécie contam com enorme cabedal de eventos, servindo-se dele perante um incidente qualquer, com tal domínio de articulação que converte o seu "a propósito" em atributo perfeitamente natural. Resultavam jubilosos os conclaves no salão de L. T..., embora os presentes já começássemos a sentir, pelo reconhecimento que ele tinha dos próprios méritos, corroedor enfado ante a falta de inteligência que viesse a bem coonestar as fabulações: a inteligência da medida, tão necessária a que a ficção se rotule de realidade. A suspeita de que ele mentia, sendo em parte ou de todo injusta, era bastante para nos obrigar a remover o pensamento, de suas frases, para longe delas, posto que ríssemos e concordássemos quando aparecia a vez de rir e a de concordar, e isso com tal precisão que no momento da despedida, como o ator que agradece os aplausos, recebíamos calorosa insistência em tornar a vê-lo. Nesses contatos com L. T...., a fuga de nossa atenção não se orientava exatamente em certos caminhos, nem tampouco derivava de insinuações oferecidas por sua figura ou por suas vozes; antes, era um pensamento solto, sem causa fora dele mesmo, como se nada ali houvesse; nem era uma recordação nem uma inventiva do imaginar, eram as duas coisas à vez, porquanto, quer uma quer outra, nenhuma delas se desenvolve sozinha, ambas se misturam, para nossa mágoa em relação à primeira, pois inexiste a lembrança pura e continuada. Naquela noite, enquanto ele discorria a propósito da algazarra, a nossa mente de novo refugiu do salão, indo deter-se num enxame de efetividades e de quimeras, sem o desempenho de nenhum rosto de quantos se achavam diante de nós: completa inutilidade daquelas adjacências, em face do que se continha em nossa imaginária interna; mas elementos de alguma forma aproveitáveis por outrem, e o próprio urdume da assembléia possuía exuberâncias que suscitariam situações em ato; como no teatro o espectador que desperta da sonolência à entrada de outro participante, em cuja presença ele deposita a esperança de excitar-se, e, por um jogo de ilações, reconstitui os episódios que perdera, à simples idéia de que as figuras em redor de L. T... poderiam propiciar-nos uma teia de representações, todas elas centralizadas pelo hospe-

deiro que assim não nos agradeceria em vão na hora de retirarmo-nos, aplicamos a lente no painel que já se instituíra de há muito, estando em pleno desfecho a história que não acompanhamos e que não nos foi dado reproduzir, à semelhança daquele assistente que, ao conciliar com o novo trecho os antepostos ao ingresso do súbito protagonista, descobre que tal coisa é impraticável; com efeito, as vozes de L. T... se referiam a sucesso mais importante que o anterior, e se cobriam da tonalidade com que se procura obscurecer o valor menor, conservando em crescendo as emoções dos ouvintes; o que representava um dos processos de L. T..., a ponto de a desoras os visitantes se despedirem sob o peso da mais extraordinária de todas as histórias ditas por ele no sarau; a modificação que sentimos na cadência do relato, fora devida a alguém que, indo à janela observar o acontecimento da rua, por se ter amenizado o ruído fomentador da narração, e como alguns demonstrassem o desejo de sair, ele objetou a inconveniência da idéia, alegando o perigo das tempestades que minoram, cujos resíduos mais de uma vez têm ocasionado estranhas e funestas ocorrências, seguindo-se a suas expressões outra narrativa superior às demais por ser a última; entretanto, por se fazer muito tarde, alinhavou em alguns minutos a novela que, se fora mais cedo, ocuparia uma hora, e a pressa com que a delineara, teve o condão de unir em quatro ou cinco episódios, em tumulto que de diferente maneira não produziria o mesmo resultado, um argumento, para nós, de indisfarçável ficção, que todavia nos interessou graças ao modo brusco de descrever, como se houvéssemos obtido, através de rapsodo mais bem dotado, a legenda que alhures já conhecêramos em versão inferior; as suas qualidades de exposição, posto jamais tivessem experimentado as formas de escritura, nem cremos que as praticasse com igual importância, revelavam a presença de valores literários que se dão em nossa escuta e em obras que, de ordinário, preenchem as estantes, repletas muitas vezes de preciosos registros, quer da fantasia, quer da realidade; mas são registros que se não amoldam à unidade de um pano de fundo, que, salvo o estilo em que estão apresentados, nenhum outro sintoma nos indica tratar-se de um mesmo intelecto a apreender coisas distintas, que nos parecem coletânea anfigúrica no que diz respeito à ausência de fio aglutinador, carecendo portanto da similitude no ser; como tais escritores, L. T... dispersava o talento na algazarra que procedia da rua, sem o menor zelo em impedir que a explanação violentasse o enredo imediatamente anterior; circunstância que nos acresceu a incredulidade, além de nos incutir a certeza de que ele não mantinha, sobre nenhuma história, a preferência da alma que tanto ajuda a confecção das obras primas; a excitação não lhe permitiria debruçar-se à janela, e, com o ânimo ainda farto do que dissera há pouco, descobrir que o incidente não se prestava a ilustrar o tema que acabara de discorrer, contingência que tornaria inaceitáveis os conteúdos da final alocução, àquela noite.

6 — Ao sairmos da residência de L. T..., várias pessoas comentavam o acontecido sucesso; e à vista desses elementos, esquecemo-nos das gestas que ouvíramos, para cuidarmos exclusivamente dos rostos em confabulação; vislumbramos no proscênio da rua uma platéia a receber, de um semblante que falava, a descrição do episódio que não pudemos assistir; na qual a nossa presença não seria insólita, ao contrário, seria facialmente adequada, menos pelo impulso de conhecer as razões do ocorrido, do que considerando a semelhança entre aquele ajuntamento e a assembléia em casa de L. T..., por aliarmos o nosso corpo a uma cena que se repetia, tornando-as ainda mais conexas uma da outra; nos contornos o retábulo era o mesmo, havendo o homem que expunha a outras faces, em vozes que não apreendemos porque a visão era o único sentido a nos guiar o entendimento; se as situações em ato, como esta, se exprimem pela só participação dos atores, a força de seu núcleo jamais consentindo que os arredores venham a lhe pertencer, a circunstância de ali estar a rua em vez do salão de L. T..., em nada corrompe a analogia entre os dois episódios; nesse efeito os consideramos em virtude da sucessividade no tempo, se bem que na ordem fisionômica se trate de uma peça única, sucessividade que admite o nosso desempenho em ambas. Por isso, atendendo à conjuntura de ser um só retábulo que se reflete em outro recinto, a figuração dele independe do aspecto individual de nosso vulto, da resolução de havermos ido ao corpo do ajuntamento, porquanto, no seio dos contornos genéricos, um protagonista a menos ou a mais não alui a unidade do envolvimento; em nosso lugar bem poderia ater-se outro semblante, como lá estavam os que víamos, todos eles exercendo os mesmos papéis dos que ainda há pouco se situavam na residência de L. T...; dessa forma, ao aproximarmo-nos do texto em reedição, o fazíamos com o perecimento das coisas que constituem a nossa personalidade, apenas contando com a inclusão do rosto conquanto permutável aparência; no curso das paisagens, os entrechos costumam reproduzir-se como aquele que acabamos de deixar se reproduz, desta vez à pequena distância do precedente cenário; mas nem sempre algum dos participantes se remove de um para o outro, resumindo nessa duplicidade de ser um processo de ubiqüidade que melhor se desenvolveria, ou, antes, que teria sua plenitude, se todos recintos da natureza, sob a motivação de único e universal sentido, se expusessem, com atores diferentes mas iguais mercê da significação de que se encobrem, a nosso miradouro atento ao desenrolar do unívoco percurso. Como o rosto que indo ao teatro, em completo desconhecimento do idioma em que falam os pro-

tagonistas, volta sem nada compreender do teor da peça, ficando-lhe somente o que lhe coube à vista — a cadeia de aparições, ora oferecendo-lhe um começo de apreensibilidade, ora sugerindo-lhe outros que homologam ou contestam o que terminara de presumir — o atento viajor, ao regresso, recorda-se das coisas que lhe surgiram em absoluta dispersão, de sorte a lhe ter parecido a terra um amontoado de feições heterogêneas; a própria maneira de recordar-se ilustra a ausência do abrangedor sentido, porquanto ele o faz à custa de associações que se referem ao corriqueiro de cada uma, ou sejam, a parecença anatômica, o prosseguimento das horas, a sucessão ou simultaneidade de alguém que o acompanhou ao ver determinado vulto; algo qualquer de exterior à sua lupa se estiola na prática da lembrança, por ele ignorar o sentido que, em abreviaturas e explícitos caracteres, permaneceu em desconhecimento, a despeito da simplicidade de interpretação. Em contato com o agrupamento da rua, sentimos a inutilidade de ir além, de ver outras situações de que o logradouro se mostrava tão fértil, diante da crença de que as curtas viagens nos proporcionam, na ordem figurativa, o mesmo grau de proveito que as extensas romarias, tal a convicção de que nas longínquas paisagens as coisas estão, como as de agora, a expor o motivo do ser em virtualidade. A dessemelhança entre os pretextos, muito incisiva nos dois painéis, com a absorvente conversação de L. T. . . não permitindo a nenhum de nós inteirar-se dos sucessos da rua, em nada impede que ambos os episódios se exibam com igual conformação, vindo o segundo a inscrever-se, no esquema facial, no teor já visto pelo intérprete, quando da primeira apresentação; suscitando-nos a idéia de intitulá-los com um nome que não inclua em particular um dos protagonistas de quaisquer dos entrechos, que não faça sobressair um em detrimento do outro, e sim um nome genérico a indicar, de maneira equivalente, o retábulo do salão e o da assembléia ao ar livre; mas, a objetivação dessa idéia de logo nos pareceu inútil, convindo melhor que aplicássemos indistintamente a um dos episódios o nome conferido ao outro, meio que se nos afigura mais íntimo de designar, e que em si mesmo demonstra o idêntico das aparições; inclusive, os dois ambientes se compatibilizavam com os mesmos pensamentos nossos: o pensamento que nos acompanhou ao recinto do grupo externo era o que sem estranheza nos adviria, em consonância com os objetos de nossos olhos, se acaso, havendo-nos despedido de L. T. . . e dos demais convivas, retornássemos a eles em virtude de termos lá deixado uma coisa qualquer de nosso uso; encontraríamos então os vultos a palestrarem ao redor de L. T. . . como as faces que encontramos agora, em posições que são as mesmas, inclusive a nossa que se situou no devido local; de certo sem obedecer ao azar modelador, mas a um gesto consciente, como se nos houvéssemos compelido a tanto, em solicitude à descoberta de que existia uma omissão no quadro, por isso não de todo perfeito; a qual preenchemos por nossa iniciativa e com tal oportunidade que nos expusemos a ser em conivência com o autor fortuito daquela peça; integramo-nos em novo painel, mas como ele era o retábulo anterior, fisionomicamente perseverávamos no domicílio de L. T..., sem escutarmos as suas narrações, nem tampouco irmos aos pormenores das figuras, que estas e aquelas não interviriam no plano do contexto que nos interessava, no domínio da só participação genérica; como se voltássemos à residência de L. T..., em busca da coisa que ali tivéssemos deixado, recompondo com a nossa presença o episódio que alteráramos ao sair, ingressamos no conspecto da rua sem modificarmos o teor da cena primeira; nesse continuar no mesmo painel, libertamo-nos do tempo que, presidindo de ordinário a fatura do cotidiano, se isenta de interferir na ordem facial, quando, expostas em similitude, as aparências conservam o significado oriundo de suas formas; a decorrência temporal exclui-se daqueles territórios em que a sua função de dessemelhar é substituída por um ser em episódica imobilidade, que o efêmero de nossa verificação não impede que seja incisiva; ou antes, o fato de depender de nós, unido à curteza da apreensão, concretiza um escorço da eternidade, de modo ainda mais convincente, em nós, que certas representações da pintura, cuja fixidez também se contamina pelo tempo que as vulnera, à guisa da depauperação dos materiais. Quando alguma dessas obras nos suscita o perseverar em si mesma, tememos que aquele fluxo, que parece estar à espreita de quanto se lhe pretende fugir, não se dispense de intrometer-se na superfície da fatura e nela marcar a rubrica transformadora, desfazendo-se, assim, o contexto. Miniatura da eleática situação fora a nossa ida ao episódio do ajuntamento, em que deambulamos do único ao único, não na qualidade de simples observador, mas na de alguém que se liga aos demais em participação; conjuntura que se dá no instante do Juízo Final, em que a platéia se mostra vazia, com todos os olhares a pertencerem da mesma sorte à peça; os comparecentes adquirindo, perante o Julgamento, as encarnações que ocultaram no decorrer da vida, alcançando, na enorme cena, as formas visuais e integrais. Prosseguindo na ideação, temos que a nossa lente não é suficientemente envolvedora para nos proporcionar agora, antes do Julgamento, a reedição textual de tudo quanto aconteceu, mental e empiricamente, em nossa contemporaneidade. Os rostos que percebemos, as situações em ato que nos apareceram, corresponderão, no imenso entrecho, a uma tela demasiadamente porosa, em cujos vãos se omitiram de nossa lupa os retábulos que teremos de ver; e quando tal coisa se verificar, a nossa participação prenderá ao próprio desempenho esse outro de surpreendermo-nos ante a exigüidade da objetiva que mantivéramos, de não nos haver tocado ao menos a suspeita do que foram capazes protagonistas da convivência, não obstante o muito de nossa acuidade; decepções da derradeira hora que todavia se compensam em face dos acertos de nossos vaticínios, como também em face das interpretações que formuláramos ao longo das presenças. Nos interstícios da tela, observaremos que uma efígie, sob o nosso nome e com a forma de nosso vulto, mas profundamente mais completa que o semblante que hoje presumimos ser, complementará as lacunas de nossa auto-apreensão; nesse momento nos unimos ao coro dos tardios remorsos, como tantas vezes assistimos na terra, tal o de alguém que, na ânsia de obliterar o episódio que o molesta e que no entanto derivou de sua culpa, intenta, por um outro retábulo que abranja os mesmos intérpretes, suprimir do ressentimento destes a mácula que, entornando-se dos rostos atingidos, adere sobretudo a quem a promovera.

7 — Na busca de alcançar, para a imaginativa, uma configuração permanente de nosso ser, utilizamos o processo de indagar de outros, qual o tipo de expressividade que mais toca ao nosso vulto; entretanto, os resultados obtidos não nos fornecem o suficiente de modo a fixarmos o semblante de nossa pessoa a cumprir, na tela do Julgamento Último, a participação que nos compete, porque somos o ator a aguardar, a um canto do proscênio, a hora de vir a expor a respectiva representação. Não a encontramos ainda com a nitidez que a nossa lente consegue quando é outra a figura que ela recolhe, parecendo-nos que a circunstância de sermos a lupa nos impede de sermos também o ocupante de sua visualidade: de algo a permanecer disponível aos olhos de outros como esses se apresentam aos nossos e nos persuadem de suas feições no acontecer do tumultuoso Painel, no qual existe, para cada figurante, variedade enorme de desempenho, desde que a representação inclui todos os episódios de sua vida por se tratar de uma prestação de contas da própria face; assim sendo, cada vulto leva em si mesmo a coletânea de peças, no decorrer da qual muitos pontos de uma coincidem com os de outra, havendo ainda em vários trechos profunda comunidade nos teores dos intérpretes, porquanto o rosto significa o elo mais estreito entre os protagonistas do mundo; ante a presença dessas igualdades, notamos que em nossa estadia na terra, já as coisas da efêmera contemporaneidade, os episódios da rua, os painéis do convívio, nos informavam sobre a maneira com que se desenrolam no Julgamento as peças de tantos atores; de tal sorte que, se sempre contemplássemos o cotidiano sob o prisma daquele Entrecho, mais leve nos seria o sobressalto diante dos réus em plena reprodução de suas condutas. O conhecimento do método nos predispõe a receber as figuras com o seu passado, e em nosso miradouro isento de totais surpresas, há um pouco da posição do profeta que presencia a realização do que vaticinara, tornando-se, entre todos os que a contemplam, o único descurioso de observar, até o fim, a cadeia dos sucessos

que, ele sabe, irá perfazer o antecipado plano que os descrentes não quiseram ouvir. Aos nossos olhos, o desempenho de alguns semblantes não nos trará surpresas, em virtude de nossa extrema vigília ao transcurso de seus passos, com inclusão dos modelamentos que esculpimos na matéria de seus vultos, adequando-os a certos episódios, na convicção de que ao rosto deve ser conferido o ensejo de evitar as participações que não condizem com o ser de sua alma; e o melhor meio de que dispomos para livrá-los de um acanhamento em nós, diante da dificuldade de suprimirmos de vez o nosso olhar de seu conspecto, reside na renúncia de vê-los em disponibilidade; ausência que vem a ser favorável a nós ambos, e que nos conforta se outros protagonistas das situações em que ele estivera, nos declaram que procedera com simplicidade, portanto, de acordo com as linhas de nossa escultura. De posse dos elementos informativos, restauramos o painel em que se demorou a pessoa amada, sucedendo que a tarefa não se executa sem o receio de que um olhar impiedoso, deleitando-se ao constrangê-la, e por conseguinte desfazendo a obra de nossos cuidados, persista em estender, por longos minutos, a maligna perscrutação; daí o pressuroso interesse com que recolhemos, da testemunha que nos relata, o rol das efígies que compareceram à cena da qual nos esquivamos; se na lista dos comparecentes vislumbramos uma figura desprovida das qualidades que desejaríamos sempre houvesse ao contato do rosto de nossas preocupações, sentimos a eficácia do método que nos impossibilitou de ver os perigos a que ele se arriscara, ou antes, o malbaratamento de nosso desvelo, naquela escultura em carne, mais dúctil que as de outra matéria, pois é o instrumento de nossos olhos que milita na confecção de atitudes, de mobilidades, de reações da mímica, dados que estão repletos de penosa delicadeza e nos impõem o árduo controle; se na relação dos que foram presentes, consta um vulto que nos é desconhecido e de quem, entretanto, nos contaram que dissera coisas tocantes sobre o ser de nossa ternura, nos advém a alegria de ir a ele e expressar-lhe a gratidão que merecem os que sentiram e compreenderam a nossa obra. Ausentamo-nos em defesa de criaturas, decidimo-nos a não freqüentar o ambiente em que nos esperam prováveis desolações, tais as ocorridas uma vez em casa de M..., onde nos surpreendêramos com a presença de S..., e as circunstâncias nos desajudavam em demover os olhos do painel; obrigando-nos, ao contrário, a vir em desempenho do mesmo, impelindo-nos a deixar a odiosa platéia a fim de exercermos no palco uma posição ainda descontentadora; assim, o núcleo do divertimento se elasteceu para inserir o nosso corpo, ambos a participarem do episódio da timidez em impiedade. Os atores em função observam-se mutuamente, cada um acreditando que o outro se enquadra no recinto da platéia, certeza que agravou em nós a pena de quanto víamos, exacerbando, em reciprocidade, o temor de sermos em desfavorável papel ante os olhos de S...:

dura cena que nos custou o abandono da escultura que empreendíamos, tanto que a partir do momento fugimos de estar com a companheira de desventura, como os cúmplices se evitam após o doloso acontecimento; não por ela que a nossa emotiva compreensão possuía meios para apagar de entre nós o laivo perturbador, isso na hipótese de não vir o entrecho no que tange à sua parte, a acrescer, com o estímulo da compaixão, o afeto que dentro de nós habitava; mas, o abandono de nossa artisticidade em S... deu-se mais por nosso motivo, que desde então nos vedáramos de recompô-la em consonância com o modelo de nossa preferência, de transferi-la das formas anteriores para o molde ideal, cheio de encantos que ela não alcançaria ao perseverar isenta de nós, se bem que a matéria partisse de seu veio; mas os valores, os gestos, o ser em melhor aparência, provinha de havermos e reavermos os objetos segundo o grau de nosso miradouro.

8 — As situações que surpreendemos libertas da diretiva de nosso vulto, mas detentoras de uma distribuição de personagens que até parece que ali estivemos antes e lhes incluímos as maneiras de nossa preferência, nos persuadem, de modo mais íntimo, da articulação que há entre elas e o respectivo ser em nossa lupa; suscitam-nos a descrença de uma objetividade estranha a nós, dilatando-se a nossa pessoa que dessarte se estende a coisas a ela mais e menos consentâneas; e desobrigam-nos de intentar, através de efígies interpostas ou dos recursos do subentendimento, uma homologação do se localizarem fora de nós e no entanto em nós, no ato de sermos, no qual elas aglutinam, ao fato de sua evidência, a imprescindível e inalienável circunstância de existirem em nós, conosco. Como quê, séria responsabilidade nos força a atender aos oferecimentos do cotidiano, indo nós ao extremo de zelar por eles com inexcedíveis cautelas, lembrando o doente mental que faz depender o mundo de um gesto da mão, da palavra que tem de proferir para que não sobrevenha a universal hecatombe; mas, as coisas visíveis dispõem, via de regra com facilidade, de elementos que surgem à flor da compreensão, termos explícitos do idioma com que nos entendemos; nessas horas, à guisa do empresário que se excede em atenções ao ator que recolhe diariamente os aplausos, esmeramo-nos em que venha a perdurar o mais possível o painel que ilustra a ordem fisionômica, ante o qual nos reconfortamos em descobrir que a natureza, inviolada em suas iniciativas, anui em corresponder aos planos de nossos pensamentos. Diante de tais episódios, sentimo-nos particularmente capacitado à sua recepção, por sermos dotado para a percepção de seu sentido; raro é o comparecente que os olha como se fossem textos, pois o comum dos espectadores anota apenas, à semelhança dos analfabetos, os característicos das letras; por nos competir a

leitura das frases, exercitamo-la com o intuito de maior acerto, menos para o nosso próprio uso que para difundi-la entre os que não a alcançam diretamente; intenção nem sempre concretizada até agora, porque ninguém ao lado nos solicita a interpretação da peça, nem seria natural que resolvêssemos a omissão indo às testemunhas, dizendo-lhes que o retábulo composto de vários homens ao redor de uma figura, não significa somente o banal de uma explicação do que ocorrera ainda há pouco, mas um exemplo da paisagem a distribuir-se em similitudes, com fragmento igual existindo a alguns metros, no salão de L. T..., bastando ao vulto, a quem nos dirigimos, aproximar-se da janela e ver o mesmo das duas situações; contudo, tal pessoa afeita às desarticulações de sua lente, objetar-nos-ia que as uniformidades de conspectos não implicam na presença de uma incógnita revelável a um ser exclusivo, cujas cogitações pretendem abranger toda a escala dos aparecimentos; e que a circunstância de as uniformidades se reproduzirem ilesas da ação do tempo — sem ninguém a atentar na existência de um teor a unir a todas elas, a ponto de o contato de uma conter o das demais — se lhe depara corriqueira e mesmo inferior como atributo à justificação de uma idéia que, afinal, representa ou um capricho da imaginação ou um desejo da alma, não sendo o mundo suficientemente solícito para coonestar a ambos. O momento resultava impropício a respondermos, havendo, para nos calarmos, a timidez de dizer-lhe que as correspondências do exterior não firmam, em absoluto, dualidades a coincidirem, que os acontecimentos expostos ao nosso olhar e fora dele pertencem a nós, lá estão condicionados, em seu ser, ao nosso ser em vigília, que as concordâncias e as discordâncias porventura observáveis, entre as coisas visíveis e o nosso vulto, provêm do ângulo em que se estabelece o nosso miradouro, da maior ou menor graduação de nossa lupa; que os fatos da visão e os que se situam em ausência, na qualidade de efígies a dependerem necessariamente de nós, surdiram conosco e desaparecerão conosco no ato de nossa morte. A ordem fisionômica envolve os seres cuja existência se entorna diante de nosso olhar, à vista de um rosto qualquer; mas a nossa lente, a fim de recolher as manifestações da virtualidade, também se locomove em inúmeros sentidos, obtendo de um mesmo aspecto várias formas de aparência, multiplicando-se uma face em tantas faces quantos são os ângulos de nossos olhos; sob a igual acessibilidade com que apreendemos numa figura o cortejo das que não estão perante nós, a objetiva deambula nos mais diversos panoramas, vendo em cada parte trechos da peça que todos desempenham, como o vulto que se acerca do teatro de feira, e antes de adquirir o ingresso a um assento, vem a espreitar, entre as frestas mal consertadas do pano, as cenas que se desenrolam e lhe dão, à curiosidade simples, fragmentos de fragmentos, mas que vêm a representar trechos inconfundíveis da peça que ele assistirá melhor e inteiramente quando assumir, na repetição do espetáculo, o seu posto no recinto da platéia. Então ele verá novamente as figuras que vislumbrara de maneira clandestina, mas nem uma vez sequer atinará, no correr das seqüências, com o instante preciso em que a personagem reproduz o gesto que já parcialmente presenciara, tanto o seu espírito se concentra na só preocupação dos atores enquanto articulados ao assunto em foco; de regresso do recreio, se porventura ele cogitar de quanto vira, a impressão que lhe resta é a de que os flagrantes alcançados sub-repticiamente poderiam ser de uma peça outra, conquanto que essa apresentasse as figuras com a mesma indumentária; valendo, portanto, a similitude de aspecto como o meio unificador entre os episódios parcelados e os conjuntos a que pertenciam. No curso das viagens, quer vamos em busca das coisas, quer elas venham ao nosso encontro, ao vê-las sem o tema da posse virtual de tudo, mas com o ânimo exclusivo de perscrutar os conspectos, enxergamos pequenas amostras da representação que se processa no tablado da ausência, e cujo teor é o dos objetos distantes que se configuram em nosso olhar; se nos detemos em qualquer, para auscultar-lhe a significação que nos absorve, a idéia não pode ser equivalente àquela de como o vimos nas superficialidades do cotidiano; porém, depois, quando nos aplicamos ao virtual sentido, relacionamos uma à outra, pelo só pretexto de se tratar de objetos de nossa vista; sendo que na fase do rotineiro encontro poderá incidir um desempenho de qualidade diversa, mas, em verdade, tal efígie se situa no elenco da peça em que a virtualização é o assunto exclusivo, e os nossos olhos a sua condição de ser.

9 — Quando, na cidade de I. . ., em que as igrejas compõem em determinadas horas o coro dos sinos, os participantes concluem o dever das práticas, e por demorados instantes permanecem no adro comum aos locais de onde saíram, temos sob os olhos uma aglomeração cujas parcelas, oriundas de diferentes meios, se nos apresentam todavia como originárias de um só logradouro; todas as efígies conduzem tal igualdade fisionômica, uniformidade tão manifesta, que a consideração das distintas proveniências sói apagar-se do nosso espírito, para atendermos apenas à circunstância de que não vieram de qual ou tal templo, mas da cerimônia indivisível que o fato de se haver exposta sob vários tetos não elimina a contingência de ser única; antes a torna o privativo teor de nossa lente, que assim se recusa a descer a efígies desnecessárias ao ângulo em que somente importa a solenidade litúrgica. Com efeito, não nos movemos a indagar de que prédio surgiram as figuras que estão à nossa esquerda, nem tampouco nos acode a idéia de saber a qual dos ambientes compareceu o maior número de protagonistas; estabelecendo-se a nossa lupa, sem outros curiosos misteres que aqueles que dimanam do próprio ser em uniformidade, nas faces

enquanto recém-surdidas do episódio que se achava inteiro, tanto no recinto menor como na soma de todos, ali, no terreno da praça. Os painéis de tal natureza, que se desenvolvem à revelia de nosso consentimento, são mais raros que outros oferecidos pela fortuidade do cotidiano, sendo que as versatilidades de aspecto costumam incontrolavelmente preencher os retábulos que não se ordenam pela rigidez litúrgica; mas, em suprimento dessa falta, o contra-regra de nossas iniciativas, tendo ante os olhos um esquema fisionômico a dispor, sem pleitear para isso a colaboração consciente dos intérpretes, contudo se vale da presença deles como o fizera na rua em que morava L. T..., na noite quando descobrimos aquele texto da similitude. A fim de alcançarmos, defronte da casa de L. T... uma reprodução das cenas domingueiras na cidade de I..., debruçamo-nos da calçada, na janela do salão para surpresa dos que ali eram presentes e que nos supunham já em casa; então, a todos dissemos que o sucesso decorrido na rua fora de excessiva gravidade, revelação que sem dúvida aborrecera a L. T... porquanto a nossa estada a desoras, por estranha ao hábito, justificava a existência de um conto superior aos que relatara, ficando sua verve em inferioridade de condição à do repertório da via pública; e, como quê inconformado com as nossas declarações, compeliu a todos a irem com ele ao estrado do acontecimento; a sua decisão veio a coincidir com o nosso intuito, e entrementes a praça acolheu o tardio porém consentâneo grupo de expectantes, tendo à frente o nosso vulto que os guiava, não para o que presumiam, mas para o painel que, embora vivendo da substância nominal — aquela a que iam os pressurosos — representava um tema diverso, qual fosse o da reunião, após os eventos em similitude, dos atores recém-saídos do espetáculo. Como o escritor que após retocar a novela que vem de escrever, e imaginar, com orgulhosa antecipação, os aplausos do leitor por efeito da originalidade nela contida, e que entretanto, ao ler o jornal, se surpreende, na coluna dos fatos diversos, com uma narrativa que é a mesma da sua engenhosa ficção, maldiz da realidade que se lhe antepõe e ao mesmo tempo o persuade do inútil de quanto redigira, assim L. T., ao saber do sucedido episódio, em vez de impressionar-se pela espontânea homologação ao que o distinguira na ocorrência que, já quando nos retiramos, expusera aos circunstantes, mostrou-se nitidamente indignado, sentindo que as conjunturas daquela ordem se repetissem em tão clara manifestação; e, portanto, as suspeitas de que mentira, quando da anterior narração, de certo se elaboravam agora na mente de seus admiradores; contudo, eram suscetibilidades privativas do autor, sem corresponder a totais decepções dos convidados, porquanto os que nos puseram no conhecimento de sua oral narrativa, apenas ficaram perplexos quanto à proximidade temporal dos dois eventos, facultando ser verídica a histórica contada por L. T.... Em verdade, a natureza significante costuma pôr, entre as suas reproduções, intervalos às vezes extensíssimos, enquanto a natureza facial costuma favorecer com mais freqüência, no capítulo da similitude, os olhos que são alertas às modalidades de quanto vêem. Os ouvintes de L. T... registraram a estranha mas natural coincidência, e nós anotamos da mesma sorte a contigüidade dos dois painéis, sem nos determos no real ou irreal da primeira versão; se bem que, pela informação e experiência que tínhamos da pessoa dele, tudo nos infere a acreditar que o sucesso que confessara haver assistido, não o fora por ele, mas por outrem que talvez escutara de outrem, prevalecendo-se da cadeia do ouvir contar, que geralmente os grandes palestradores reivindicam para o abastecimento de seus repertórios. Como no adro comum das igrejas de I... não sondamos as conversas dos que vêm da missa, interessando-nos apenas pelo ar uniforme que adquiriram no interior das capelas, assim, na rua de L. T..., não nos importavam o espanto de uns e os comentários de outros, mas estritamente o episódio em que todos atuavam segundo o nosso programa: o entrecho das figuras recém-saídas do mesmo retábulo, qual fosse o do salão de L. T... e o do grupo da calçada, uma cena única embora repartida em dois ambientes.

10 — A falibilidade dos testemunhos nos têm dissuadido de confiar neles para aumento da veracidade empírica em nosso repertório; preferimos que ela seja menos variada à condição de se constituir apenas de figuras, requisito que nos conduz a considerar inédita uma cena da visão que nos pareceu similar à que ouvimos de alguém; mesmo porque o narrador, adstrito aos efeitos de ordem nominal, nunca nos oferece o geral figurativo que buscamos com assiduidade e que sempre nos propicia qualquer coisa do ser em virtualização. De ordinário, os depoimentos que nos chegam, se estiolam sobre um e outro protagonista, quando o entrecho os possui diversos, entre eles os vultos inanimados, sempre esquecidos; mas, ainda na hipótese de o relator se deter em todas as faces do conjunto, mesmo assim a versão oral não substitui os nossos olhos; e se a situação ficasse à espera de nosso comparecimento, a fim de subscrevermos o urdume presumidamente exato, a impressão que captaríamos, longe de ratificar o painel da interposta pessoa, seria tão diferente como se os intérpretes, ludibriando a ausência daquele que nos fora contar, subvertessem o esquema das posições, para desapontamento do observador que os fixara; porém este, ao ir conosco ao recinto do episódio, poderia contemplar as figuras em seus lugares e desempenhos, sendo no entanto prerrogativa de nosso miradouro o anotá-las diversamente do que soubéramos. Há alguns anos, R... nos levara a um recolhimento de velhos, sob o pretexto de nos mostrar a arquitetura do recente e ainda não habitado edifício; conjuntura que particularmente nos agradou por compreendermos que

os prédios vazios, de preferência às plantas desenhadas, nos propinam a investidura em outros semblantes, em virtude de, através de circulações e de dependências desertas, comungarmos com o permanecer, o passar e o repassar de vultos, isentos de suas liberdades para só atenderem ao arquiteto, à guisa de detentos em prisões de que não vêm a reclamar, antes bendizer dos muros que lhes orientam os passos, e dos vãos que lhes encaminham os olhos; R... nos falara das dimensões de cada elemento, do custo da mão de obra, e de outras coisas que nos interessavam menos, inclusive a circunstância de o exterior ser revestido de nobre material, enquanto o interior o era de comum alvenaria, indicando-nos que tal divergência continuava o símbolo da homenagem aos olhos, como se estes se limitassem a ver frontões, e a arquitetura fosse uma arte só a eles dirigida. As casas vazias nos informam de presenças que são anônimas, genéricas, obedientes aos corredores que se alongam; mas, o abrigo nos desencantara porque as veias de comunicação eram aposentos estreitos, nenhuma peça se propunha, com naturalidade, a impor o caminho cuja inadequadação se manifestava comicamente por tabuletas com a figura da mão tendo o indicador estendido a nos dizer que era escassa a franqueza do óbvio; a arquitetura, mesmo quando nos oferece uma composição ilegítima, proporciona-nos presságios que sempre se homologam, tais os que elaboramos com respeito às vias de acesso que passaram a ter, e assim o vimos um ano depois, a mesma função dos pátios de igreja, onde os mendigos se albergam em promiscuidade com os transeuntes; o recolhimento, sem as vantagens do ar livre, nos lembrava um recinto de exposição em que os objetos à mostra não são mais do que representantes de coletividades que existem alhures, em normais ambientes; e que nos persuadem de seu ser não obstante a presença deslocada, de vez que o prospecto das coisas algo possui que transcende a parte ora em visualização, em outras palavras, encerra a outorga das similitudes, postas à distância do atual contemplador. Certa vez, ao ocuparmos a cabina que nos ia transportar à cidade de P..., tivemos por companheiro uma figura que, pela indumentária e pelos gestos, se nos revelou imediatamente um habitante da terra a que nos dirigíamos sem outro conhecimento que o da planta cartográfica; muito embora os ruídos do comboio nos dissessem que estávamos ainda em demanda do final do percurso, adveio-nos a confortadora impressão de que ali — na pequena peça, de onde, se olhássemos em sentido oposto ao do trem, veríamos ainda os coruchéus de que nos distanciávamos — viera de repente ao nosso encontro o ignoto lugar; de tal solicitude nos valemos como o vulto que, ansioso por explicar as razões que justificam a gravidade do procedimento, ante a recusa de pessoas que não querem ouvi-lo, estende a coonestação aos seres mais próximos e que todavia não são aqueles para quem formulara as imperiosas desculpas; assim, atônito em de logo estabelecermo-nos na cidade de P..., entendíamo-nos com ela, sob a outorga do ocasional representante que se nos surgisse, não no aposento do carro, mas numa das ruas da vindoura povoação, sem dúvida que o manteríamos à margem; entretanto, na hora de o descobrir, a sua figura pôs-se em relevo aos nossos olhos, e aplicamos a ela o ensejo de demorarmo-nos entre os outros, de sermos no vestíbulo da personagem que nos ia a receber, sob a alegria de pararmos diante do portão com o número a conferir com o do endereço que portávamos no bolso. Não era grande a cidade, e a população se compunha mais de conhecidos que de desconhecidos do semblante que procurávamos; sem inquirir do companheiro sobre as coisas de nossa preocupação, assentamos, de súbito, que ele pertencia ao âmbito da pessoa a vermos no dia seguinte, que fosse talvez um de seus familiares, suposição cujo acerto tememos discernir e que adiamos a fim de que uma negativa resposta não esmaecesse o teor de tão procurada cena e que nos oferecia a ventura de abrandar a nervosa expectação. Os caminhos possuem retábulos que se expõem aos nossos olhos, entretanto, pelo muito que fazemos no sentido de não surpreendermo-nos diante do objeto a assimilarmos, o nosso espírito ansioso não se diverte com as aparições sobrevindas no percurso, por mais atraentes que lhe sejam; a viagem que tem em si tantos pretextos de deleitáveis obtenções, a exemplo das perspectivas que se sucedem, das figuras todas que vêm e que se adiantam no itinerário, se torna vazia de si mesma, para fomento da paisagem posta na derradeira estação; cada metro do trânsito exprime a antecipação, em nós, da parada que nos espera, acontecendo que em vez de nos interessarmos pelas efígies que nos ladeiam, pelos acidentes da pura estrada, nos entregamos aos vultos que não são dela e sim do lugar onde permaneceremos; no extenso da estrada, muitos panoramas eram renomados pela beleza, mas a nenhum movemos a atenção, aparecendo a noite como se lá estivera durante o dia; apenas, o sermos no vestíbulo da cidade de P... impregnava a nossa visão que vislumbrava no interior do compartimento possíveis encenações a haver nos botequins da terra, e se o episódio não se ampliava a ponto de nos conceder a figura a quem íamos, em compensação nos situávamos à beira de seu posto, como se o trem, desde o instante da partida, não fizera mais do que percorrer os subúrbios da localidade, pois que se nos apresentam múltiplas amostras do que será o recinto urbano; se porventura, mercê de intransponível acidente, não chegarmos ao fim do trajeto, restando-nos a periferia da cidade, os nossos olhos saberão escolher, no tumulto das exibições, os exemplares que nos delegam a contextura do denso nódulo. A importância do painel a vir insinua, por entre as coisas da atual presença, o seu significado que se presta à interpretação por díspares atores; em virtude dessa extrema disponibilidade, os nossos olhos inclinam-se para o rosto que está diante de nós, como se fora ele a maior personagem, aquela que o título nos aponta e em que pode consistir todo o elenco, porquanto o contexto não se alterará se recair num único ou em diversos protagonistas; a audiência que nos aguarda será ao ar livre ou em fechado aposento, não o sabemos ao certo, e por isso mesmo o ensaio que nos inculcamos deve firmar-se em ponto neutro de ambos os particulares recintos, e para completo alcance, na figura de nosso companheiro de cabina, isento de todos esses lugares, ali na peça estreita em que passamos as horas. Na condução da palestra que entretivemos, nenhuma curiosidade nossa desceu ao íntimo do interlocutor, a fim de indagar-lhe os segredos de sua nominação, que a tanto importava o nosso intuito de só lhe pretender a face; consideração que, de tão exclusiva, naturalmente lhe pareceu sem humanidade, porém a biografia dos atores, quando em plena representação, não nos interessa nem tampouco inquirimos se se ocultam sob pseudônimos; as palavras que lhe dirigimos eram razões para o fitarmos melhor, e quiséramos que fossem as mesmas a proferirmos perante o rosto a que nos destinávamos; mas as expressões de nossa voz e da voz do acompanhante não formavam os esteios do painel por cujos encontros ansiávamos, o qual dar-se-ia mais no puro silêncio do miradouro.

11 — Chegamos inutilmente à cidade de P... onde não se achava a procurada efígie, o ser para cuja presença o nosso espírito se armara com os mais consentâneos dos apréstos, e residindo a validade do episódio na dependência daquela data, resolvemos o regresso para o mesmo dia; enquanto não vinha o comboio de torna viagem, perambulamos pelas ruas sem nada a nos deter, até que a vivenda da personagem se pôs à mira de nossos olhos à feição de moldura sem tela, de cerimônia a que faltara o sacerdote; do portão de gradil, o nosso olhar divisou a alameda que seguia até o prédio, do chão recolhendo uns vestígios de passos que não eram nossos; a areia revelando recentes e antigos contatos, na qual não se deixariam assinalar os nossos pés, terreno inacessível ao nosso vulto, e, para maior desânimo, exposto lucidamente à vista: painel simbólico da estada em contemplação, que o nosso corpo sempre está à beira das ausências, captando-as por figuras interpostas sem todavia participar, de modo direto, dos enredos que nelas pululam. O edifício deserto, porém cercado de presenças em virtualização, como as roseiras cujo trato nos incutia a certeza de mãos caprichosas que ali vieram antes de nosso rosto; como a árvore que, exibindo os frutos verdes, nos indigitava que alguém colhera os maduros; como as janelas que, fechadas, anteriormente serviram de espiadouros aos canteiros com as rosas em botão porque as abertas haviam sido postas em jarros ou entregues à solicitação de algum preito; enfim, tudo a restar em índice de ilação, exceto a nossa efígie que, indubitavelmente mais do que outra qualquer, se amoldara para o encontro que se não efetivou e que

por isso fez do desencanto uma tristeza particular; dessas que se entornam em mudez quando a personagem humilde recebe o anúncio de que a pessoa, a quem deve gratidão, aproveita a sua passagem a fim de revê-la afetuosamente, e se apronta, com o quase nada que possui, em arranjos que os vizinhos descobrem para orgulho do homenageado; entretanto, pela interferência fortuita de outrem, ou por motivo qualquer mas acima do ser que mantém, na sala de visitas os móveis asseados, as flores e os panos, estes, menos por si mesmos do que para ocultarem o carcomido de alguns aspectos, sente passarem as horas e não vir o semblante ilustre que, também, toda a redondeza aguarda; e vendo ou ouvindo perder-se ao longe o automóvel que leva a efêmera vaidade, procura esconder-se dos belvederes maliciosos, trazendo contudo a dolência que os circunstantes não atinam, qual seja a de medir a densidade da própria modéstia. Nenhum cartão de desculpas surgirá para conforto de seu padecimento, e a dúvida sobre a veracidade do aviso, que as pessoas do bairro imputam a excesso de imaginação, infiltra-se em seu pensamento e expande-se-lhe por todo o ser, em derrota pessoal que se manifesta pela decisão de não retirar dos móveis os panos e as flores que ali ficarão até se enodoarem e caírem as pétalas, a fim de que, por ingênua estratégia, os curiosos não venham a pensar, se ele desfizer tais arranjos àquela mesma noite, que os enfeites tão só se destinavam à espera do pseudovisitante. De volta à nossa casa, compreendemos que a circunstância de não havermos composto, com a determinada figura, o painel que merecera tão ingentes preparativos, se compensara com os esboços de nossas antecipações, na forma do artista que, perdendo a tela final, concentra, nos rascunhos que a precederam, a esperança de recuperá-la melhor, e todavia, sem chegar nunca a refazê-la, observa um dia que os estudos são alguma coisa mais do que auspiciosos, têm em si mesmos o bastante para se susterem no capítulo da arte; o episódio de que participamos em companhia daquele vulto com quem de logo, ao entrarmos no comboio, penetramos na cidade de P. . ., representava fisionomicamente a obra que se não realizou, em nada importando no primeiro a ausência do significado que era privativo do segundo encontro; parecendo-nos que se o coletor de passagens, que nos vira a ambos, nos revisse à puridade com o posterior intérprete, em algum recanto de P. . ., concluiria que os dois alimentávamos ainda o mesmo assunto, por serem idênticos os nossos gestos de agora e aqueles que exteriorizamos no vagão do trem. Muitas vezes, a conformação de atitudes vem a repetir-se sem que se reproduza a motivação que a ocasionava, de onde os equívocos a adulterarem a leitura do observador que, na ciência do primeiro episódio, passa a assistir o segundo e quantos se lhe sucedem, todos impregnados, nele, da mesma significação; enganos que se prendem à natureza nominal porém que, na ordem fisionômica, se transmutam em verdades figurativas; tal diante do retrato de alguma pessoa não nos advém a idéia de indagar qual o pensamento que se lhe antecedera ao posar para o pintor ou o fotógrafo; se o álbum inclui uma seqüência de estampas, o nosso interesse não corre a ponto de sabermos se concomitantemente à escala dos rostos se instalara uma série de distintas conjecturas ou uma só digressão mental, por parte do ser em exibição. Se alguma vez nos coube provocar em alguém uma composição de gestos que tivesse sido novidade para o nosso repertório, e se voltarmos a surpreendê-la, se bem que movida por agente diverso, encontramos reeditado o texto em que nos envolvemos de forma decisiva. Ao contemplar o rosto da cabina, não dispúnhamos dos gestos com que nos acolheria a personagem de P. . .; se o percurso que fizemos fosse o de torna viagem, mesmo perseverando a realidade de não termos visto a procurada figura, o painel do comboio, pelo favorecimento de vir em sucessão, nos ofereceria sem dúvida a oportunidade de, com os olhos e não com a lembrança, construirmos, em plena caminhada, algo do episódio que de tão longe nos locomovera; resulta menor, no plano das coisas visíveis, a incidência das perdas, que remediamos por efeito da disponibilidade das efígies. Mas, o retábulo de agora, revindo à recordação e não ao olhar, existindo a coadjuvação das paredes, dos inanimados vultos que conosco testemunharam a presença do intérprete que ficara em P. . ., impunha-nos o exercício, tantas vezes efetuado ao restabelecermos o painel com a ausência do principal ator: o exercício com que, diante de tal lacuna, resolvemos convocar, senão a pessoa em apreço, o próprio vazio que deixara o seu corpo, como em certas solenidades o vulto que se homenageia, por estar morto, se outorga em uma poltrona desocupada mas que, entretanto, recolhe as vistas de todos os presentes, os gestos de tristeza que se lhe endereçam em particular. A distribuição de episódios, que o tempo organiza, costuma contrariar o planejamento de que somos o autor, e em substituição à ordem que não podemos alterar, que se desenvolveu à nossa revelia, confeccionamos uma outra segundo o nosso interesse: uma peça com atores que antes representaram a de nosso descontentamento, que estão ainda sob as ressonâncias dos gestos anteriores, como se tivessem vivido em permanentes ensaios, perante o contra-regra que, insatisfeito com o escrito que tem nas mãos, ousa modificá-lo à medida que os desempenhos se efetuam. Na cabina do trem, havia conosco as personagens mudas que vão e vêm em todas as viagens, os coristas de variados libretos que no percurso de nosso regresso não deviam fatigar-se com a repetição de seus desempenhos, porque o motivo que manifestavam era o mesmo do dia anterior, apenas sem o vulto de nossa companhia; e a função de agora se assemelhava aos treinamentos privativos dos intérpretes que, mal conduzidos no precedente preparo, se expunham em novo treinamento, à parte do figurante que bem se desincumbira, que ficou talvez em casa pelo inútil de sua presença no recinto.

12 — Cada estação vem a perturbar os painéis que se formaram depois da última partida; atores, como fatigados da cena, interrompem a tarefa que desempenhavam, sem dirigirem ao público de seus gestos — no caso, os nossos olhos — uma palavra ou um aceno a nos dizer que voltarão dentro em pouco ao estrado das observações; numa dessas paragens, surgiu-nos, por entre os intérpretes em folga, o semblante de alguém que se retardara a ponto de perder os atos anteriores; ele nos demonstrava, pelo contentamento do aspecto, que ainda chegara a tempo, senão para tudo quanto lhe cumpria, ao menos para as peças finais que coincidem ser as melhores, as mais cheias de emotividade e que geram nos espectadores a pena de tão cedo se retirarem da platéia; com o olhar a descobrir, através das janelas e portinhola, o rosto do contra-regra a quem devia desculpas, eis que nos escolhe e explica ser ele a pessoa que voltando à residência, e, informado pela vizinhança que ali estivéramos, e como suspeitasse da natureza da missão, decidira vir ao nosso paradeiro; assim, ao teatro ambulante regressou o protagonista que faltava e que, em atenção ao público, fizéramos substituir por outra personagem, aliás, pelo próprio vazio que ele deixara; como o recém-vindo, por explicável gentileza, iniciasse logo o desempenho, mesmo antes de os demais se acomodarem nas poltronas, oferecemos-lhe o pretexto de nossa viagem, que consistiu, surpreendentemente, em insatisfação ao seu desejo, esplêndido motivo para ele mover os gestos da decepção; gestos somente, porque o nosso encargo de simples mensageiro o impedia, dado o orgulho de sua posição, de extravazar em vozes o rancor da alma, de se humanizar conosco nas queixas que não passariam além, como procede o homem soberbo que nessas horas se expande com o mais ínfimo dos domésticos, na certeza de que, se as confidências forem aos proibidos de sabê-las, estes não acreditarão em virtude de tão modesto veículo. A nossa piedade não se dera anteriormente pela informação, que nos adveio, dos males por ele sofrido para a obtenção do posto que administrava; e as prevenções contra alguém muitas vezes se esgarçam ante a presença desse alguém a quem indeferimos a comiseração, presença que, mesmo rápida, supera nossas previsões sobre a sua conduta diante de nós; além disso, os pensamentos que nos assomam ao vê-lo, são diversos dos que nos muníramos, são causados por um elemento que não profetizamos, de comum existente num pormenor do corpo que em si resume toda a fonte de nossa adesiva tristeza: tal o chapéu que não apareceria em nossos vaticínios e que entretanto, amassado e poeirento, era a alegoria de seu dono, que nos comoveu como o não fizera o rosto que

se esforçava por nos obscurecer a íntima desesperação; evitamos que o belvedere recaísse na figura em simulação, a nos dizer, sem que indagássemos, da pressa em recorrer ao automóvel, querendo assim adornar o impulso com que viera ao nosso encontro, fatuidade de espírito que nos expunha à melancolia de tê-lo conosco; mas, em benefício de seu ser em nós, o afastávamos de nosso miradouro e em seu lugar trazíamos o chapéu sobre o banco, ator mais adequado à cena, como às vezes ocorre na véspera da representação, quando, por efeito de desavenças ou de impossibilidades outras, o chefe do teatro humilde se vê na contingência de convocar para o papel o vulto que se encarrega do vestiário, e que, para alegria de todos, menos do intérprete efetivo, se desincumbe sob os aplausos dos assistentes; a figura que se finge diante de nós, e que se constrange por estarmos a percebê-la, pois entre nós ambos dista um espaço social maior que o existente entre o nosso rosto e o chapéu, reúne, à ânsia de nos ter em ausência, o desagrado simultâneo por não aplicarmos todo o interesse no contato de sua pessoa; por isso, ele significava o ator que, em despeito pela vitoriosa estréia do substituto — o chapéu sobre o banco — resolvia retirar-se, sem manifestar sobre nós o mais leve aprazimento; incluindo-nos na relação dos que o venceram na antiga disputa, à semelhança do protagonista que, não se conformando com o belo desempenho de quem o sucedera, envolve, na conspiração que o vitimara, os companheiros de proscênio, a platéia e a cidade inteira. Ao sair, sem a gratuidade de um adeus, dirigiu-se à portinhola a fim de nos confirmar o intento de descer à estação, mas sub-repticiamente volveu ao comboio, indo permanecer bem longe, em outro carro; de tudo, apenas sentimos a perda do ator inanimado mas tão correto no desempenho que, se adivinhara o dono, talvez que o deixara ficar, a pretexto de esquecimento, assim consentindo-se outorgar nele, mas sem testemunhar a melancolia da outorga; transferência de ser que em geral resta na ignorância da pessoa em foco, do rosto que aplaudimos, que nos agradece, sem no entanto desconfiar que a satisfação se prendera a uma parte permanentemente muda; motivo por que recebemos os gestos de gratidão como saídos de quem os não pode pronunciar, o que representa, ainda, uma forma do estar em outrem. Nos painéis em que o nosso olhar busca, de preferência a rosto humano, alguma coisa sem vida que melhor expressa o tema, a nominalidade em exibição, descobrimos, por efeito do inanimado vulto, um valor de perseverança que aquele não nos propiciaria por variarem as notas de seu desempenho; de modo que a circunstância de a personagem, parecendo movida pelo ciúme de se saber em inferioridade ao protagonista de segunda ordem, interromper ou afastar consigo o objeto que, em nós, assumia o seu lugar, pode valer por despeitosa atitude; a qual não se verifica tanto nas cenas em que a piedade é o nome que nos contagia, a ponto de desejarmos que desapareça de nossos olhos a figura que tão bem o recebe, que fomenta, com a sua perduração no quadro, a tristeza de nosso espírito; se acontece a pessoa outorgante retirar-se com a coisa que a substituía, cumpre-nos estabelecer também a interpretação de que o seu gesto, de oportuna e fraterna poupança, veio a desobrigar-nos da conjuntura de assistir, mais demoradamente, ao melancólico espetáculo. No tempo de criança, tivemos que presenciar a luta entre dois companheiros de escola, um dos quais sempre nos parecera odioso, tanto assim que estimamos o bom êxito do contendor em simpatia, o que sucedeu realmente, mas que nos situou em súbito remorso porque, durante a disputa, se desprendera um dos sapatos do colega vencido, e nele observamos a sola bastante desfeita pelo uso; o nosso olhar prendeu nesse pormenor todo o valor da cena que, desde então, em conjunto nos interessou muito menos, porquanto, qualquer que houvesse sido o desfecho, o nosso julgamento, quanto a ambos, firmaria a derrota de quem já se capitulara no tema da humildade, cujo inicial intérprete não fora suficientemente explícito para nos impor a sua prevalência, até que a um apêndice da figura, desmembrando-se dela, coube enfim nos enternecer o sentimento.

Capítulo 6

1 — A escultura em carne. 2 — A dosagem de nossa unificação em nós. 3 — A morte de E.... 4 — Uniformidade de rostos separados no tempo — A contemplação — O gesto e sua autoria indeterminada. 5 — Gradações da realidade em nós — Fundem-se a realidade e a ficção.

1 — Dentre as esculturas em carne, houve a de E... que, no ataúde, mostrava ainda a marca de nosso cinzel no esboçado riso, o mesmo com que nos esperava em certas manhãs; e se fizera assim para corresponder ao aceno que à distância lhe dirigíamos, doce trejeito dos lábios que, recordamo-nos agora, obtivéramos depois de intencionais sugestões; constituindo-se finalmente um toque de identificação conosco, a sua parte na mútua assimilação, tornando-se mais simples a obra sob a insinuação de matéria tão disponível ao nosso intento. Quando a visitávamos, nem sabíamos que na cristalização da morte o gesto, sem o estímulo do costumeiro aceno, iria propiciar-nos a crença de perdermo-nos com ela, como o artista se sente desaparecer ao anúncio de que o trabalho de sua criação se alui por mau cuidado de quem o conserva; algo de nós, a nossa parte que fora tudo na configuração daquele gesto, aderindo ao obscurecimento de seus olhos, jazia também entre velas acesas, e a cena das lágrimas era o velório a abranger a nós ambos. A nossa efígie pode produzir, na pessoa com quem nos entendemos, alterações da face, mas nenhuma aparece particularmente movida pelo confronto com o nosso rosto; por extraordinário que se apresente o pretexto que, partindo de nós, deu causa ao gesto do interlocutor, nunca esse gesto nos convence de seu ineditismo; ele já deve ter sido expressado em ocasiões equivalentes, pois que as fisionomias encerram, como

quê padronizadas, as atitudes com que hão de corresponder às exigências do episódio, sem que ao longo de nossa visibilidade, do cortejo dos painéis, nos advenha a convicção de estarmos em presença de um proceder absolutamente novo. Por mais raro que nos pareça o assunto de um retábulo, sobeja-nos sempre a dúvida de não haver cabido ao nosso miradouro a estréia da participação; pouco valendo as pesquisas que realizássemos sobre se o gesto, supostamente original, não aparecera antes, no mesmo vulto a no-lo mostrar agora, proporcionando-nos o privilégio de um desempenho de que somos o primeiro a suspeitar quanto ao ensejo de inicial manifestação. Diferentemente de nossa rotina de ver, o fúnebre contato com a efígie de E..., que era também o despedimento de atitude a não mais se reproduzir, nem diante de nós nem diante de qualquer outro, restituía-nos a obra de nossos cuidados, a segurança de termos sido o seu autor; se bem que, no tocante à aplicabilidade daquele gesto, desejaríamos que ele o fosse exclusivamente a nós, quando nos aproximávamos do portão; mas, à maneira de todos em relação à morte de E..., outro elemento, um vulto qualquer do convívio, fora, sem dúvida, contemplado com aquele modo afetuoso de receber. Se por acaso houvéssemos surpreendido a figura de E... a destinar a outrem a forma que em verdade nos pertencia, talvez que julgássemos mal dirigido o gesto, desde que nunca pensamos em vê-lo dedicado a ninguém que não ao nosso rosto; tudo demonstra que nos desagradaria semelhante emprego, em virtude de ninguém existir na terra em condições de recolher a substância intrínseca, a delicadeza que somente nós desvendávamos, contida em seu corpo no momento de nos perceber, e que se mantinha perene até lhe sermos ao alcance das mãos. Tal atitude era exclusiva do idioma doméstico, que apenas utilizam os habitantes do mesmo lar, uma expressão diminuta e de acepção entendida por mais ninguém, suave de exibir, e que preferíamos à de quantas se compunha o privativo léxico; mas o constrangimento de agora vê-la dirigida a outrem, nem sequer se esboçava em nós ao compreendermos que E... a endereçava à sonegadora de nosso deleite, à morte que dessarte, sem o consentimento do verdadeiro autor, a usurpava de modo tão natural como se a escultura não tivesse outra sorte que a de atender ao inevitável e derradeiro visitante. Além disso, a permanência final da mímica no rosto de E..., como em certas solenidades em que se procura restabelecer, para contentamento da pessoa a quem se promove a homenagem, a conformação do recinto que ela deixara há muitos anos e assim o recupera tal e qual fora antigamente, estava ali a nos favorecer com a aparência que nós mesmo havíamos composto, a nos devolver os pequenos e belos instantes do passado; sugerindo que muito perdêramos por imaginarmos que o gesto só se efetuaria quando de nosso aparecimento na rua, enquanto que, em outro local, tão diferente, ele se exteriorizaria com o seu teor espontâneo. Liberta do que possuíra sem nós, isenta das atitudes em que não colaboramos, a figura imóvel era a todo momento vista pelos que se avizinhavam do caixão, mas nenhum vinha a atentar sobre a natureza do gesto, para surpresa nossa, porquanto nos parecia absurdo que ninguém, nem mesmo os íntimos da casa, sentisse que o corpo de agora se dessemelhava do corpo de sua convivência, que um comentário em torno do acontecido não agrupasse a todos para o unânime reconhecimento de que a feição, o ar da fisionomia morta, superava os aspectos que entreviram até então; ao contrário, nenhuma voz se fazia ouvir no tocante à escultura, nenhum olhar se dera bastante para colher o inédito da obra, no decorrer de cuja confecção acreditávamos que, vindo à luz de alguém, este o registrasse de súbito como as coisas explicitamente originais impressionam aos menos curiosos. A indiferença dos circunstantes sobre a novidade que somente nós entendíamos, não significava o desengano de nossa crença, não contradizia as nossas intenções; nem tampouco, em nós, o silêncio afirmava que o gesto era restrito à nossa credulidade, que ele não ia além de uma suposição; a mudez dos presentes homologava o acerto da escultura, porque os instrumentos que utilizamos nela, ao atingirem o propósito, não feriram a tez a que os espectadores se habituaram; nem um sulco lhe ficou a revelar a presença do escultor, antes agimos de maneira que a criação se expusesse em transparência, que E... se tornasse conforme conosco, mas sem deixar de ser a intérprete que todos conheciam, que se amoldasse ao modelo que ela própria nos propusera, sem contudo retirar-se de sua pessoa e mostrar-se esquiva ao aceno dos familiares.

2 — A muitas outras efígies, móveis ou imóveis, temos agregado alguma coisa de nós mesmo como na rua da P..., janelas, árvores e lâmpadas nos descerram ainda os pensamentos que lhes confiamos, guaridas até hoje zelosas da hospedagem que tanto encarecemos e que visitamos com assíduo interesse; não são evidentemente esculturas de nosso lavor, mas estão penetradas de nosso ser, como os blocos de pedra que se encontram na oficina do escultor — e que este, por motivo inarredável, embora os tivesse de há muito, jamais intentara a execução de seu projeto — incluem-os planos irrealizados que vão com eles quando, em seguida à morte do detentor, se englobam no monte a inventariar-se, sem nunca levar-se em conta, para efeito da avaliação do espólio, as idéias que o artista lhes consagrava: certamente as de plástica mais difícil, porquanto ele, na esperança de horas condignas à tarefa, procrastinava a ocasião de vencer a forma rústica; nenhum documento se descobre na gaveta para revelar o programa da inventiva, resta contudo ao arrecadador a oportunidade de sentir que às pedras desceram os olhos cheios de ideação e que ao menos

um apreço litúrgico elas devem merecer, a exemplo das estradas percorridas pelo santo que de longa era perderam os vestígios dos passos e no entanto se adoram ainda como se aquele fosse o caminheiro da véspera; igualmente, nenhuma inscrição adere às fisionomias que receberam os nossos pensamentos; e o mais grave de tudo consiste em não ser apenas o olhar estranho quem desconhece a teia em que eles se harmonizaram, mas os nossos próprios olhos que, possivelmente, ao volverem um dia à contemplação dos hospedeiros, não obterão, das lembranças que vinham conosco, as idéias que ali distribuímos; por muito que lhes batamos à porta, ninguém há-de responder, persistindo tão só a crença, em nós, de que pensamentos houve e nada mais; na catalogação de nosso repertório, se não reservamos nenhum lugar a idéias que desapareceram, agora é tarde para irmos em sua busca, tanto mais inutilmente quanto se fazem silenciosas as efígies que participaram delas, restituindo-nos apenas o bojo sem o conteúdo; em certos casos, nem aquele recuperamos, tão remotamente se dera e inumeráveis foram as intrusões postas entre a sua data e a em que se situa o nosso reencontro. Quando reconhecemos numa face o ator de antiga e irremontável urdidura, na qual a idéia não se apresentara com bastante vigor ou era menor a sua qualidade, pronto a nos expor agora apenas o tom do assunto que presenciáramos nós ambos, concluímos, depois de tantas épocas, que a fidelidade, mesmo diminuída, do desempenho que fora simples anteparo a cogitações, perfaz um índice de valor cênico, e portanto, devemos conferir a palma do bom êxito à figura que nos recorda ainda o proscênio da passada e hoje vazia exibição. Acontece todavia que a maior quantidade de episódios, cujo arranjo se procedera em nossa mente e diante de uma efígie sob o nosso olhar, repousa no escurecimento de nossa memória e na mudez com que ela, a efígie, nada informa sobre a idéia que em sua presença se verificou; circunstâncias negativas revestem os nossos passeios por conhecidos lugares, com a expectação que é vã, porque o intuito, ao partir, era o de restaurarmos cenas e pensamentos que pereceram, e ao regressarmos, sentimos o inédito das tessituras que acabamos de compor. No percurso do caminho, jazem figuras que de certo se mostraram concomitantes a nossos pensamentos, todas, no entanto, a nos sonegarem o emprego que elas tiveram, externando-nos unicamente a mudez da face, como o ator a quem nos apresentam, e que, por ignorarmos a natureza do repertório, não podemos ajuizar do mérito das participações nem inseri-lo entre os semblantes de que já sabemos os misteres, permanecendo o novo interlocutor em dimensão difícil de inscrevermos, as instâncias da simpatia afetadas pelo incógnito dos desempenhos alhures. À margem das deambulações, nas ruas cheias de nossos passos, estende-se uma galeria enorme de seres que não nos oferecem nada do que fomos, do que expedimos de nossa mente; por mais que nos previnamos para unir as idéias às figuras de sua presença, a fraqueza da retentiva nos dissuade de que, em época vindoura, venham as efígies atuais a nos devolver, em reconstituição translúcida, os pensamentos ocorridos em nós; se alguma fisionomia nos restitui a cogitação passada, é que a restituição se verificou às custas de seu insinuar-se em nós, da maneira com que ela fortaleceu ou infletiu a corrente de nosso devaneio; se de nenhum modo o rosto descer do testemunho ao tablado em que nos encontramos, será debalde que depois nos aproximemos dele e o interroguemos sobre o texto de nossa monologação; os pensamentos são inumeráveis, e a soma dos corriqueiros se eleva de muito acima da soma dos preciosos; na cidade do R... não possuímos outra rua como a de P..., artéria comunicativa e nossa que, não durará muito, reformar-se-á um dia com a perda das fachadas que nos contêm; então passaremos a ser o habitante que se ausentou sem sair dela, o indivíduo que retorna e não alcança os vultos de sua contemporaneidade, indo a renunciar o intento de novas afeições por saber que longe estariam de igualar as que não mais respondem ao chamamento. A experiência nos ensina que a memória, para nos devolver as idéias passadas, se fomenta das coisas que existiam na vizinhança delas, inclusive de outra personagem humana, como se a monologação em si mesma, a pura monologação mental, unisse, à impossibilidade de ser no conhecimento de outrem, a dificuldade de ver-se novamente na posse da portadora alma; o acervo da vida anterior, com a exclusão de determinadas horas, se reduz à porção dos testemunhos que se calaram, dos semblantes que escondem de nós as reflexões que no momento revelavam absorvente importância; tanto assim que não mais assimilamos as árvores e os muros com o mesmo e atencioso olhar com que os introduzimos em nosso repertório. As absorções da mente, se não se aliam à externa imaginária, enfraquecem as suas reaparições em nós: elas nos suscitam a certeza de que a terra, onde vivemos, resulta escassa às nossas solicitações; e nos entristece por não contarmos com tal auxílio se desejamos que a seqüência de nossas idéias desenrole o seu novelo desde a infância até hoje, nos faculte o manuseio de seu álbum, folha por folha, para no fim de tudo recolhermos aquelas que julgamos convenientes ao proveito de uma obra que, dispondo de remotos e atuais elementos, viesse a promover a dosagem de nossa unificação em nós.

3 — E... era como determinadas pessoas que se fazem melhor entender menos pelas palavras que pelos gestos da figura; compreendendo, desde os primeiros contatos — ela mal saía da infância — a índole de matéria tão dúctil, dedicamo-nos a obter a mais completa das confecções, na qual houvesse o máximo de nós; a tal ponto que alguém, provido de mediana

acuidade, ao surpreendê-la em dialogação facial conosco, sentisse que nos dois seres um aspecto símile imperava, assim como nos textos de peculiar estilo o bom leitor, sem ver o nome, distingue imediatamente o autor das páginas; contudo, nunca expusemos a nossa escultura em carne aos olhos de outrem, por isso ninguém agora, ao vislumbrar o rosto que está no féretro, vem a dizer que lá nos vira a nós, quando, de nossa parte, sabemos que repousamos ali; e conosco repousam as horas dos passados intentos, a série dos esforços com que procurávamos o objeto de nosso desejo, a série constituída pelas delicadezas do mister, pelas experiências sobre o motivo a lhe suscitar a forma de nossa idealização; motivo que não fosse uma nominação impessoal e sim um pretexto de nossa figura, de modo que a confecção do rosto surgisse de meios estritamente fisionômicos. Um dia, depois de muito diligenciarmos sem que as iniciativas nos satisfizessem, ao próprio vulto de E... coube o desígnio de nos fornecer o elemento que então faltava — tanto a matéria guia a mão que a esculpe e soluciona os entraves de sua mesma natureza — deferindo o ato de nossa aparição a seus olhos como o motivo fomentador que procurávamos: à particularidade do painel que a impedia de mostrá-lo a todo público, ela trouxe o espontâneo cuidado de, ao nos aproximarmos com alguns companheiros, externar uma atitude diversa que, embora convindo ao grupo, nos deixou descontente, nada obstante no íntimo vermo-nos recompensado ante o pensamento de que o gesto de nossa autoria era um segredo entre nós ambos; como tal, ascendia a valor, para nós, de incomparável ternura, que por si só nos deleitava por ser o prêmio bastante, ao inverso do artista de outras obras, cuja felicidade reside na mais extensa propagação. No entanto agora, entre círios, o gesto se encontrava ali posto a quantos o quisessem ver, e ela o emitira bem antes de havermos chegado, como se estivera a nos perceber de longe, dizendo-nos que sua morte representava a edição derradeira de nosso trabalho, e o seu vulto perecia nele à semelhança do ator que se fina em pleno palco dentro da roupa que o papel exigira; mercê da indiferença com que os circunstantes a olhavam, sem nenhum descobrir ou suspeitar de nossa atuação no claro gesto, o episódio, tantas vezes repetido em frente de sua casa, reproduzia-se de maneira afirmativamente fisionômica, pois a inconsciência dos contempladores correspondia à falta de testemunhas quando descortinávamos o portão da residência; excluímos da cena em reconstituição as personagens que nela se tornaram inexistentes em virtude de o haverem sido no original modelo; nesse tocante, agradecemos o não terem evidenciado a nossa autoria no gesto de E..., porque assim eles, proporcionando um significado novo, desviariam de nós a recuperação do painel que mais nos interessava: o da permanência, ainda, de nossa criação apesar da morte. A mera presença de um ou mais semblantes não nos obriga a assegurar o seu ser imediato em nós, e a despeito das positivações com que nos acenam, o método de nossa ordem figurativa põe-os à margem, desterra-os para os bastidores da não consideração, de cujo recesso todavia podemos retirá-los, à condição de, com a desenvoltura do entrecho, auferirmos a oportunidade de seu desempenho. Como o painel do instante se bastava a dois protagonistas, um dos quais éramos nós, a ninguém mais fora possível aparecer de sua ausência para a participação em nossa escultura; um painel sem assistentes, um episódio para a nossa vista e a de nenhum outro; nem mesmo a de E... que, sendo morta, nos devolvia a sua modelagem à ocasião de há muito pretérita, quando, sem contarmos com a aquiescência de seu corpo, a fabulávamos com os recursos privativos de nossa mente: sem que ela nos visse, sem a necessidade de o nosso vulto estimular o espontâneo de seu rosto, ela então despercebida de ser em nossa alma, como agora, despercebida de ser em nosso belvedere. Em nós se fez mais triste o momento em que a levaram; ninguém se lembrou de, em piedade, não por ela, mas por nossa vida, gravar, num dos costumeiros processos de perpetuação, a figura que era de nossa autoria, só restando-nos a memória com as suas fragilidades; não se verificou a colaboração dos indivíduos que compareceram ao velório, todos de inúteis depoimentos por não terem compreendido a qualidade do gesto e muito menos conhecido a fonte de sua originalidade, que era repleta de outra melancolia, a de sobreviver à obra que, não imagináramos, fosse tão efêmera. Pareceu-nos preferível, entretanto, que ninguém houvesse desvendado a procedência da fatura que revíamos pela última vez: pois se tal não se desse, se um comparecente arguto, que às escondidas de nós, nos espreitara nas ocasiões de ida à casa de E..., se movesse a declarar a cada um que a morta repetia o ar do semblante ao nos receber, enfrentaríamos uma situação inédita para a sensibilidade, que não sabemos como se comportaria, sem dúvida muito forte em relação à capacidade de resistência, talvez a do pudor sem pecado, a mesma que constrange o tímido adolescente ao revelar a alguém da própria e descaroável família, por descuido da autovigilância, o segredo dos versos iniciais. Todavia, em proveito de nossa extensão além de nossos olhos, agradeceríamos a E... se a escultura vinculada ao seu rosto, e desprendida da estimulação de nosso contato, deambulasse com ela aos distantes recintos; porque desse modo deambularíamos também, sem o risco de acareações conosco, e ainda com a virtualização aumentada pelo dístico de nossa figura autora, que, se anônima aos desconhecidos que a observassem, havia, contudo, a possibilidade de que alguém descobrisse a nossa interferência na confecção, possibilidade que, sendo exígua, poderia no entanto irromper, com a simples denúncia levantada por ele, em ampla divulgação de nossa presença alhures; mas, só raramente assim nos inculcamos no vulto de outrem, e nenhum, como o de E..., merecia de nós o acatamento ao ser de sua própria face; se um dia a recriamos segundo o modelo que a alma delineou, a obra não foi além de nós, e, tudo indica, ela mesma contentou o mistério, não a exibindo senão ao nosso respectivo olhar; acrescentamos a isso o favorecimento dos que nos conheciam a ambos, os quais, em virtude da escassez da lente, nunca desconfiaram que E..., vez por outra, se perdia para obter a pessoa que esculturara o gesto que, sendo o mais adequado a ela mesma, todavia jamais o esboçara por iniciativa própria; a dúctil efígie era a matéria desconsciente da obra, à feição de muitas outras que são, e continuam a ser, figuras carecentes do ar que deviam expor, para completa harmonização com o seu espírito e com o seu vulto, em nós.

4 — Quantas vezes nos sentimos plenamente natural ao perfazermos um gesto cuja origem não nos pertence, como o devia sentir a figura de E...; inclusive parecendo que tais atitudes são, em maior número do que de ordinário supomos, oriundas de outra idade; vindo, na qualidade de valores que se não modificam e que se ostentam comuns a nós e a homens de há pouco e de há milênios, a estabelecer mais um elo de uniformização entre rostos separados no tempo; quanto às possibilidades de inovação, afora restritas, elas resultam inverificáveis ante a circunstância de que o gesto havido como original pode ter sido, em outra era ou em outro ambiente, manifestado por outro vulto, a pretexto de motivo igual ou estranho. Por conseguinte, o que consideramos defeito na pessoa que imita, vem a minorar-se desde que salientemos que o modelo ora plagiado não tem a seu crédito a autoria da atitude que se apresenta como a indumentária que muitos vestiram ou estão vestindo àquela mesma hora; no processo fisionômico, a autoria se desloca em múltiplos sentidos, a passada duração e os setores da atualidade nos impedem de eleger, como iniciadora de configurações, a efígie que está diante de nós e que é apenas inédita ao nosso curto olhar. Essa observação vem a obscurecer a vivacidade que nos atingiu quando da tarefa criadora na figura de E..., e nos apontar que as vias da contemplação se regulam por norma constante e diretora, são percorridas por faces que indistintamente se convertem em protagonistas de vigente nominação, obedientes por inteiro à respectiva norma, inclusive com as ações, que assim se despegam de seres ausentes para congraçar-se na tela de nossos olhos. A contemplação é imanente a nós, o espectador da última fila, que vê o palco e a platéia, ou antes, um palco maior a entornar-se e a tudo conter até onde mira o nosso olhar; e ela, a contemplação, aceita as variações de cenas, ainda as que chegam a obliterar o júbilo, a ferir-nos a sensibilidade que se recusa a certas imunizações, a exemplo da indiferença junto às pessoas mortas; mas, a tudo ela abrange, sem faltar a nossa conduta de desviar os olhos do painel que nos infelicita. Gesticulamos no

seio comum do figurativo, sem poderes para reivindicarmos, em nosso nome, a posse da atitude que surpreendemos como espontânea de nossa personalidade, da mesma forma que a esteira de espuma não pertence ao navio em que viajamos mas a todos os que cortam as águas, os daquele momento e os que o fizeram antes e o farão depois; como não fora peculiar a J... o desempenho de seu vulto na tarde em que nos demoramos no recolhimento de velhos, alguns anos depois de inaugurado, o qual se houve com tanta desenvoltura que parecera, a alguém desconhecido que o tivesse observado, o pobre ancião bem posto em custosas vestes, talvez por generosidade de amigo opulento, mas ali morando desde longa data, de tal maneira ele se conduziu, no plano da resignada espera, com os homens regidos pela nominalidade do ambiente. À similitude do animal que, ausente da floresta, e regressando tempos após, readquire subitamente a intimidade com a vegetação, ao ver as figuras encanecidas, acorreu ao encontro de todas, devassando os aposentos como se já os conhecesse, e por fim, a abraçar um enfermo a cuja respiração ele regulou o ritmo do próprio busto; de quanto assistimos, tivemos a impressão de um ator inútil, por ser redundante o modo de presença ali representado por inúmeros intérpretes, a firmar um assunto que de si não necessitava de acrescer o elenco; se antes supúnhamos, com a ida de nós ambos, revolver um painel estagnado, à procura de enredo que, tendo por cerne a condição de mendigo, nos proporcionasse alguma história em várias seqüências, agora víamos sem proveito o programa, persistindo em nossos olhos a tela da mendicância em recinto fechado. As nossas penetrações em cena visam ou a continuar o texto em foco, ou a dissolvê-lo para surgimento de novo motivo; contudo, prevaleceu, apesar de nós, a situação de meros tipos — forma elementar de todos os enredos — porquanto somente a eles dirigimos a lupa, sem cuidar de infleti-la a redor em busca de complementações, de leitos onde fluíssem as diferentes sucessividades que compõem uma história. Se não fora a disposição de nossa lente que, fortalecida por habitual emprego, alcança de ordinário as peças de que os rostos se desincumbem a despeito do que em realidade desempenham, e que constituem privilégio da ordem facial, deixar-nos-íamos absorver em pura captação de tipos e de caracteres, rotulados de apelidos, oferecendo-nos consecutividades que seriam da iniciativa de vozes, a exigirem a nossa intervenção em diálogos que levam à perda da disponibilidade fisionômica. As atenções a que nos sentimos obrigado, desvirtuam o acontecer figurativo, porém, se deslocarmos a ótica, adotando no movimento o método que nos conduz à face sob a investidura do gênero, anotamos que o interlocutor que nos atrai com anedotas, por efeito de reproduzir uma situação comum ao atual momento, ao passado e ao futuro, ultrapassa, em nós, a significação rotineira, que atesta o cotidiano, e assim a realidade da efígie, com todos os nominais elementos, vem também a incluir-se no processo que reserváramos à ordem fisionômica. Os nossos contatos, a rigor, nunca se extinguem integralmente, e, se se tornam esquecidos, não fazem mais do que preencher uma das condições do genérico, prisão elástica de todos os vultos; de maneira que o nosso belvedere, quando repousa de sua externa visibilidade, cede-nos à imaginação e à memória a vez de utilizar os rostos, em meditação gratuita ou forçosa, nos painéis de urdidura íntima, em geral desmedidamente solta, no entanto entrelaçada em nós como as próprias teias que nos penetram por meio do sentido ocular.

5 — Os atores retirados do episódio não chegam até o camarim, vão com as mesmas vestes a um tablado de outro enredo, senão agora, mais tarde quando no aposento recapitulamos os entrechos ocorridos; tal como sucedeu, ao voltarmos do hospício, em relação à figura de J... que lá não nos dera o que esperávamos, e entretanto vimos a obtê-lo. Persuadimo-nos de que ambas as modalidades se ajustam em nós, existem pela conjuntura de nossa pessoal existência, propiciando-nos a idéia de gradação da realidade, de relevo maior e de relevo menor de um mesmo objeto a ser em virtude de nosso ser. Em termos figurativos, a gradação se ostenta na paisagem sob o nosso belvedere, com os planos mais próximos a nos apresentarem as identificadas minudências, e os mais recuados a no-las demoverem do autenticador conhecimento; escala de aparições que tem, na ordem temporal, o equivalente de nossas visualidades não obscurecidas ou em total obliteração; tudo prestes a extinguir-se perante nós e em nós, confundindo-se no mesmo teor de perdimento a montanha longínqua, a nuvem e os seres de quem até os nomes nos escaparam da memória, e, de perto as árvores que não nos sonegam as folhas, e os acontecimentos em seus devassados pormenores, o horizonte e o pretérito a serem os confins de duas iguais perspectivas. Considerando essas equivalências, a paisagem que ora interceptamos, se dispõe a receber na superfície os sucessos do nosso passado, como no gabinete o curioso, à medida que se informa das ocorrências militares, preenche o mapa de assinalações que convertem o plano estritamente geográfico em texto privativo dos novos acontecimentos; assim, o belo panorama que se localiza diante de nós, se transfere de sua natureza para o advento de nossa personalidade, vindo a ser a ampla amostra do que fomos, dos episódios que nos pertenceram, dentre os quais escolhemos, para a arte de agora, os que a lembrança indigita arbitrariamente; e cuja unidade não é a do tempo nem a dos aspectos, mas a de nossos olhos, objetiva única por onde eles perpassaram. As decorrências de nossa vida podem ser representadas em estampas, e somente a nós compete efetuar a composição de valores se-

gundo a qualificação de nossos desígnios, sem termos em conta as preferências porventura emitidas pelos intérpretes, cuja visibilidade, inerente ao entrecho, não coincide com a nossa que corresponde à platéia; se por acaso um ator, após a descida do pano, nos afirma que, por haver estado mais próximo de outro figurante, descortinou melhor o desempenho dele, e por conseqüência a versão que nos dá é mais verdadeira do que a nossa, respondemos que o olhar desse ator não ultrapassa o painel, antes, se aglutina ao tema em exibição, cabendo a nós o exclusivo privilégio de, como testemunha, estabelecer divisões e subdivisões do retábulo; mas todas elas inseparáveis do episódio, como ficam impregnados da peça os momentos em que os protagonistas, depois de provocarem no público estrondosas manifestações, aguardam que estas silenciem a fim de que possam continuar em seus papéis. No curso do álbum, e diante do belvedere em solidão, todos os seres desempenham as ações não à nossa vista mas em nosso pensamento, e as conjunturas da vida nos induzem a dispor cada vez menos das faces sob a ótica, em proveito de sua estada em nossa imaginação que, de tal sorte nutrida, tece os novos estrados em que hão de permanecer, passando muito do devaneio a se constituir de rememoração de telas que fabricamos; os seus intérpretes participam, dentro de nós, de situações que se afiguram permanentes e nítidas como as das sessões que revemos no teatro. Às vezes nos defrontamos com alguma dessas efígies de pensamento, e ela se volta para a nossa figura como persuadida de reatar uma remota seqüência que se nos oferecera a ambos; no entanto ela não suspeita que outros retábulos, tendo por núcleo a sua participação, se situam em nós, e esse encontro registrado por nossa vista, em lugar de nos remover à cena de que ela se recorda, nos dirige ao contato do entrecho da mente, avivendo-o como presença homologadora. Quando depois da cena externa que nos impressionou, nos avizinhamos de um dos protagonistas que nela exerceu algum desempenho, retornamos de certo modo ao contato do referido painel, e quer nos constranja ou nos alegre a recuperação do empírico episódio, a existência do vulto fora da rampa é a mesma do ator que, havendo cumprido o mister na representação de um tema da atualidade, desce ao recinto em que nos localizamos, e, com os indumentos que vestira durante o espetáculo, palestra conosco e assim confunde fisionomicamente a ficção de há minutos com a realidade de agora; se nós ambos tivemos um retábulo comum, e somos ainda os mesmos pela generalidade dos contornos, a cena de nossos reencontros traduz cada vez o advento daquele painel em que marcantemente se externou o assunto, da nominalidade, que, a partir de então, ao inverso do que anteriormente sucedia, estabeleceu um valor durável em nossas aproximações. No fio do repertório, na série das conjunturas, no transcurso da qual inúmeros figurantes se retiram de nossos olhos e regressam a eles para o desempenho de outros significados, as novas cenas se aliam ao antigo episódio cujo interesse nos obrigou à sua fixação em nossa alma; em virtude desse revivescimento, os enredos todos que aparecem, no quadro do mesmo elenco, se prejudicam na plenitude da restritiva emanação, por não estar esta isenta do contágio que um painel veicula através de recentes ou remotos portadores. A força do motivo, a disponibilidade e a assiduidade dos intérpretes nos facultam a perpetuação de cenas efetuadas; e nos predispõem a ver no entrecho que ora vislumbramos, instituído por vultos em animada conversa, o episódio que exterioriza, como que refazendo-se em seu passado, uma situação que já houve, e à qual os atuais participantes se incorporaram, sem presumirem a vigência dela, que não nos foi dado assistir, mas que testemunhamos agora, em nova edição; surgindo-nos a convicção de que os retábulos de nosso testemunho são versões de episódios acontecidos na ausência, que assim escapam da ocultação para se oferecerem ao nosso olhar, dizendo-nos como eles foram longe de nós.

Capítulo 7

1 — *A disponibilidade figurativa.* 2 — *Os atendimentos ao afeto*

1 — M... despede-se de nós depois de estabelecer o papel que no dia seguinte iria desempenhar diante de nosso miradouro, sem pensar que, por mais diligentes que sejam as atitudes do protagonista e a cumplicidade dos coadjuvantes, bem pode transmutar-se o sentido da esperada representação: tal como realmente aconteceu na hora demarcada, quando, em vez do significado que ele tão amorosamente urdira, sobreveio, para nossa posse, um apanhado muito diverso, o esboço de conto que aquela personagem sem dúvida evitaria se percebera. A caminho do espetáculo, expomos o futuro painel, ou políptico, a danos às vezes fatais, pouco ou nada valendo a vigilância de nosso interesse, as esquivanças e os cuidados com que nos premunimos para a integral recepção do episódio, ou episódios aguardados, prevenindo-nos de tudo que desfaça em nós o programa que nos havíamos traçado; como se viajássemos em veículo estanque, os nossos olhos nada assimilam que venha de encontro à vindoura cena, principalmente o suceder das ruas que tanto conspirará contra o enredo que M... nos delineou; mas a esse mesmo suceder das ruas corresponde em nosso belvedere uma consistência que é feita mais de fragilidades, bastando-nos um pormenor de seu grande currículo para deformar, até em essência, o episódio de que nos aproximamos; por serem freqüentes as intercessões negativas, já nos preparamos, da porta do domicílio, a suportar a perda com que um pretexto qualquer provavelmente vitimar-nos-á dentro em pouco. Se acaso escapamos das malignidades do caminho, o fato mesmo

de nos predispormos à sua contingência, corrompe de algum modo a disponibilidade que tanto desejaríamos manter, de onde concluímos irremediavelmente que uma desventura substancial, em índice maior ou menor, nos acompanha até o local em que o prazer nos convida; o receptáculo de nosso ser difere do vidro que tornamos transparente para efeito de melhor visão, e no caso do painel de M..., o motivo que nos fez deturpar de todo o anunciado desempenho, não nascera ao longo do trajeto que acabamos de percorrer em direção ao estrado; mas das condições desse mesmo estrado que alguns meses antes servira de proscênio à representação de nosso corpo que, reatingido por determinada doença, se dera em espetáculo aos móveis ali existentes, que no lugar permaneciam como cenário que perdura muito além da peça; e cujo ator, lá volvendo por qualquer razão, se sente mais no interior de seu papel do que no de sua respectiva personalidade; postas na posição de antigamente, as cadeiras, ainda na interpretação que conosco tiveram, admitiam a presença de M... como se fôramos nós em total reconstituição do anterior assunto; pretendia M... revelar-nos que aqueles móveis pertenceram a uma personagem ilustre, em cujos assentos se acomodaram, de certa feita, alguns homens de alta qualidade, em busca de resolverem situação reputada transcendente, litigiosa há mais de cem anos e proveniente da instabilidade política no Estado de P...; sem embargo do zelo por quanto se refere ao passado da região, vigorava a circunstância de havermos conhecido, em dolorosa intimidade, os objetos renomados agora mercê da nova descoberta, pois não era a cena da conspiração política que se renovava diante de nós, mas a cena, sem nenhum valor, de nossa enfermidade que se reconstituía, sob as estimulações de M... ali perfazendo as vezes de nosso corpo em sofrimento; de certo a gesticulação de M... não correspondia aos espasmos que então sentíramos, mas também a nossa, quando ali nos atormentamos, não informara, a quem nos vira pela janela, sobre a dose do desespero que assim pôde ocultar-se à observação de outrem; talvez até em detrimento da piedade com que nos acudiriam, desde que suspeitamos haver representado o episódio do maníaco a mudar de cadeira a cadeira; com efeito, tanto M... como nós daquela vez, ofertamos, a quem nos assistia, uma aparência dessemelhante da que acreditávamos desempenhar, atores, que éramos, de motivos alheios a nós ambos naqueles momentos; aparências que podem significar encarnações alegóricas de nominalidades que sucedem diante de nosso olhar, porquanto os painéis, mais ajustados que sejam à consciência dos protagonistas, deixam sempre margem de interpretação passível de estender-se a todo o conjunto, que pertence à visão da platéia. Tal se verificou em relação a nós quando presenciamos a figura de M... que, supondo ocupar um a um os assentos que acomodaram os conspiradores — em vago ensejo de facialmente se tornar ele o cúmplice do antigo conclave —

apenas nos devolvia os gestos que manifestamos ao ritmo de velho padecimento. Em casos dessa natureza, a restauração de nossos próprios desempenhos, por motivos óbvios, particularmente nos interessa, por nos dar, em termos fisionômicos, um indício de nosso semblante virtualizado em outrem, embora de feição imediata, pois que estão ali ainda os remanescentes de nossa atuação, como sustentáculos da efêmera outorga; por assim nos preocuparmos com o nosso corpo sob o nome de M..., relegamos tudo quanto ele dizia a respeito dos entes extraordinários de outra era, para só atendermos ao teor de uma peça comum, tantas vezes representada e a representar-se no decorrer do tempo. A disponibilidade figurativa é de tal modo vária que a nenhum esperto em assuntos de representação cabe esclarecer quais os possíveis papéis de determinado ator; contudo, paira sobre toda efígie uma constante de ser, cujo fato de não nos surgir no transcurso de uma situação não a exclui do repertório a ela inerente, à guisa de objetos nunca utilizados mas postos, juntos aos que o foram, na arca de seu dono.

2 — Se as seqüências de nossa vida nos retornassem aos olhos sob o desempenho de outros vultos, sem dúvida que lhes aprimoraríamos o valor da interpretação; mas, até o momento, jamais o conseguimos, a não ser alguns retalhos do muito que se efetuou, sem a importância dos que nos acodem à mente ao fazermos o auto-exame do passado; como nos emocionaríamos, caso nos reaparecessem os instantes impossíveis hoje de retificar, tanto nos comovemos, em simples leitura, quando descobrimos alguma atuação apenas parecida com a verificada no curso de nosso rosto. Mas também existem as que, pela beleza com que nos tocaram, recebem ainda em nossa memória todos os auxílios de que dispomos, a fim de que elas não sofram rasuras; sobressaindo-se, como processo de nos contentarmos com a sua permanência na lembrança, o de preservarmos o ânimo em relação aos mesmos protagonistas que revemos, esforçando-nos por conservar o fraterno sentimento que lhes havíamos dedicado na ocasião da festa ou da tristeza a que nos solidarizamos. Se resulta inviável a continuidade desse sentimento, por culpa do rosto que tentamos resguardar, o qual geralmente não mais se recorda do amorável instante nem desconfia da persistência de nosso zelo, o painel, isolado de suas sobrevivências, insere-se no plano das coisas amortecidas, e com fragilidade tal que pode se excluir de nossa memória, como verdade que se descora por ter sido efêmera, desalimentada; a sociabilidade não admite o insólito de apelarmos, no interesse da cena sob a ameaça de esvanecer-se, para a figura que está em contaminador delíquio, suplicando-lhe que atente no pretérito retábulo, em cujo transcorrer, se alguém, com fria previsão, lhe dissera que toda aquela bondade cederia

o posto a sentimento diverso, ela haveria jurado a perpetuação do saudável propósito. A convicção sobre esta lei nos encaminha a renunciar a plenitude de ocorridos episódios, e em sua reparação temos que renovar todos os dias a matéria que tanto nos estimula a sensibilidade; tal prática instituímos voluntariamente em nome dessa mesma sensibilidade que não nasceu para as decepções, que se desgasta quando estas surgem como fatalidades impecavelmente assíduas. O treino, que nos impomos às vezes, de perscrutar no remanescente da prezada urdidura o quanto lhe resta do que não está em nós extinto, vale à maneira de corrosão com que nos diluímos a nós mesmo, pois verificamos que fenecemos com o episódio que desejaríamos salvar; e ainda, para que não testemunhemos o próprio luto, deixamo-nos permanecer onde se tornam exíguas as eventualidades de acareação, na qual é patente a indisposição ao regresso, além de muito pobre a argüída fidelidade. Se, apesar de nosso retraimento, nos encontramos em assembléia de uníssona cordialidade, o afeto da simpatia que porventura nos nivela aos demais da reunião, experimenta a intercessão de um outro sentimento que disputa ao primeiro a espontaneidade de nossas atitudes: o sentimento, que nos entristece, ao vermos as faces, estando nós com o ânimo de vir a perdê-las. O ato de nossa presença possui, em percentagem incisiva, as forças do segundo afeto, às quais passa a unir-se a certeza de nossa mesma brevidade de perduração, a de nossa lupa que, ao obscurecer-se, aniquilará consigo o painel que no momento nos agrada; porquanto a memória apenas significa um gesto da visão, cuja voluntariedade com que a dirigimos ao semblante em nossa frente, é a mesma com que recompomos, na tela do espírito, o retábulo que se apresentou, há tempos, diante de nós, ambas perecíveis conosco. Acontece que a nossa natureza busca alentar-se imediatamente quando ferida por qualquer desventura, intentando os alívios que lhe possam enviar as fontes, próximas ou longínquas, as da presença atual e as da iconografia interna: tal no dissabor de não contarmos com a perene liturgia dos intérpretes que vão a outras aras, esquecidos daquela que acolheria o saberem que estão existenciados em virtude de nós. A ordem fisionômica se reveste da prerrogativa de nos alimentar de cenas que supúnhamos desaparecidas de todo, que entretanto retornam, a despeito da indiferença dos intérpretes, ao receptáculo de nosso ser; ora sobrevindo mercê de propositais empenhos, de arranjos sutis de nossa vontade, ora como surpresas que o acaso nos proporciona; umas tão adequadas ao índice de nossos pensamentos, ao ritmo e à estrutura das reflexões naquela hora, que nos atinge a dúvida sobre a veracidade de quanto vemos, de tal maneira nos toca o sortilégio das inesperadas reconstituições. Tal se nos sentíssemos integralmente farto de episódios, como se os vazios de nosso vulto já estivessem de todo preenchidos, quer quanto à passividade de receber, quer quanto à possibilidade de novas peças por parte dos atores que se exercitam alhures, nas assembléias a que comparecemos, o nosso espírito, marginando as figuras que repousam ou se agitam no estrado, demora-se em entrecho de há muito abandonado pelos intérpretes. Quando assistimos a plena restauração do que se passa em nossa memória, as bruscas interrupções com que nos violentam, assemelham-se às suspensões que no teatro surgem em razão de algum defeito de maquinaria. As personagens que reproduziram o texto de nossa lembrança, sem dúvida sentir-se-iam contrafeitas ou magoadas se lhes disséssemos do desempenho com que vinham de nos favorecer; se bem que, quanto a nós, sempre coube uma réstia de agradecimento pela desenvoltura com que se houveram no transcorrer do espetáculo, oferecido ao nosso miradouro e ao de mais ninguém.

Capítulo 8

1 — A aparição anunciadora — A intuição que envolve o ser de todos os vultos. 2 — As ilações figurativas — O retorno a ambiente com o fito de melhor assimilá-lo. 3 — A duplicidade fisionômica.

1 — Especioso acontecimento nos ocorre, às vezes, ao perambularmos pelas ruas, em horas de intensa agitação; o qual se resume em confundirmos uma face com a de alguém de nossas relações ou que sem maior intimidade conhecemos, em engano facilmente explicável pelo domínio dos contornos genéricos; mas, bem depressa corrigido pela insistência com que olhamos o vulto que, assim observado, se distancia até perder-se do nome com que de repente vimos de designá-lo, tão parecido que fora com o semblante já de nosso repertório; porém, o extraordinário da situação consiste em, alguns passos adiante, encontrarmos o verdadeiro portador do nome, a fisionomia que a primeira nos anunciara, e agora, no mental concerto que podemos auferir das duas personagens, a anterior nos aparece não ainda como elemento ilusório e sim como algo detentor de positivo mister: qual seja o de nos preparar a lente para a recepção da figura, desta vez inconfundível. Não são freqüentes essas ratificações da lupa, nem tampouco são muito raras; todavia a obtenção do primeiro momento, isto é, o da face ainda livre da homologação, já nos conduz a aguardar o surgimento da que lhe há-de suceder; se porventura este não acontece, imaginamos que sua ausência deriva das falhas de nosso exame no tumulto de dezenas de efígies; o semblante confirmador com certeza está ao alcance de nosso chamamento, ele roçara talvez as nossas vestes, ali a poder coonestar a qualidade anunciadora do parecido vulto. Na prática desses sucessos, a surpresa de abordarmos o rosto conhecido se dilui e se faz substituir pelo contentamento de

termos, tão ligada ao íntimo de nossa visão, uma partícula do variado jogo com que a realidade se esmera à revelia de nós; ela se permite acolher a temática de nossas previsões, numa contingência um pouco à feição da consubstancialidade dos profetas que tinham em si mesmos, virtualizadas, as ocorrências que lhes vieram depois. Desprovido desses dotes nitidamente fisionômicos, suprimo-nos, contudo, com a pequenez de nossa ótica, diligenciando dela extrair o escasso que nos pode fornecer; porém o bastante para concluirmos que a realidade de nossos objetos é menos estanque do que sói alegar-se; tanto assim que se mostra adaptável às nossas recepções, como feita à nossa medida, cumprindo-nos diafanizar a lente por meio, entre outros, da faculdade de ilação unida a tudo que nos oferece a imagem com os seus contornos genéricos, e mais o atributo de ela, a realidade empírica, ser total em simples trecho de fisionomia, a paisagem inteira convertida em nós pela circunstância de a vermos, e dessarte tornamo-la existente. A ordem fisionômica, que integra em nós a presença de todo o ser, manifesta-se nos curtos e nos grandes passos de nossa vida ótica, requerendo tão só, para efeito litúrgico, que nos dirijamos às coisas com a mente premunida desta verdade; diante dela o corriqueiro de nossas adjacências se ergue ao mais alto grau de representação, como os desempenhos se patenteiam mais claros desde que nos assenhoriamos antecipadamente do assunto que eles passam a urdir; propiciando-nos, em conseqüência, o ensejo de julgá-los com repentina decisão e segundo um critério que levamos conosco, ao penetrarmos no recinto da exibição; as cenas exíguas e comuns se nivelam às maiores e às mais raras no tocante ao sentido, à nominação, que transluz de suas aparências; o sentido de existência em virtude de nossa pessoal existência, se confirma em todo o gênero de vultos, estes compondo o seu ritmo ao módulo de presenças sinônimas, forma de cotidianamente se nos externar o ser da objetividade real. De qualquer recanto em que estivermos, a consideração facial, que infletimos a determinado rosto, nos conduzirá fatalmente ao panorama do ser integral em nós; partindo, inclusive, das coincidências fortuitas, nos acercamos da natureza consubstanciada em nós e dependente das fronteiras de nossa duração, tudo sob o aspecto de certeza a um tempo intuitiva e conceptiva, e que aderirá ao nada do nosso perecimento. Deveras, dentro desse *leitmotiv* de consideração, todo vulto representa uma aparição anunciadora que, como tal, deixamos fugir de oportuna ritualidade, não obstante a cópia inumerável que nos prodigaliza o emprego da visão; ainda assim, não de todo inaproveitado, porque a memória, na prestação de contas das muitas coisas que detivera, nos auspicia mais uma vez a ocasião de servirmo-nos do repertório que nos proporcionaram as ruas, as avenidas, as seqüências dos encontros. Os incidentes visuais, do gênero da aparição que noticia o surgimento do rosto com quem se parece e de quem revestira a identidade, ocupam em nossa lembrança, em nosso álbum, a fixidez que a mente aplica em desvelo de outras ocorrências, prestigiando o nosso imaginar em torno de um universo que se defere ao nosso existir, e que se manifestaria de logo por esse apresentar-se sem nos ferir de surpresa: um mundo que prodigalizasse perante nós a série amenizadora das parecenças, no qual transitaríamos a cômodo e na certeza dos futuros painéis; sobretudo iríamos à cena com os olhos devidamente preparados a acolhê-la, sem o habitual recurso de permutar de lentes no caso de a efígie porvindoura ser daquelas que nos obrigam a graduar a ótica em consonância com o seu aspecto; com efeito, há em determinadas faces a exigência de vermo-las sob certo prospecto, na forma de muitos monumentos que impõem, para serem observados como merecem, que o contemplador se situe à distância precisa; e que não incorramos na falta dos guias que orientam o visitante ao pé do templo, desavisados de que as correções, apostas pelo arquiteto, presumiam a estada desse curioso em outro ponto que o agora ocupado; com que amável condescendência nos demoramos no local que nos insinua ser o mais propício a vermos em beleza o procurado templo, no qual ponto nos sentimos em conluio com o autor; a ancestralidade, por muito remota, nada mais nos oferece deste, nem de seu nome nem de seu rosto, mas é por nós atendido, a passos do templo, o velho e permanente reclamo; vindo de ressuscitar, em nosso gesto de obediência, o artista cuja visualidade não está desaparecida, mas em fusão com a de nosso ser.

2 — As experiências acumuladas por intermédio do miradouro, e que constituem a prática do idioma que, por todos os títulos, é o de maior constância em nossos usos, nos fomentam, no espírito, formas de apreensão só excepcionalmente retificáveis; uma delas são os presságios que emitimos sobre o gesto que no momento divisamos em precisc vulto, sem que este pertença ao círculo de nossa familiaridade; as referidas experiências ressaltam, na espécie, a lei da comunidade fisionômica, na vigência da qual se disciplinam, por contaminações mútuas, os semblantes daqui e de além, a expressarem motivos que por sua vez se repetem no coro de nosso repertório. As profecias de ordem facial resultam facílimas em certos ensejos, mas em outros há necessidade de suprirmo-nos da colaboração de alguns elementos que de longa data exercitamos, a fim de que os objetos não se recusem a adaptar-se aos nossos olhos, que perfazem uma técnica íntima de observar e conduzir à compreensão; desde que alcancemos em elevado grau esse poder de ilação, a tarefa da lupa não mais se incumbirá de ver o máximo possível, de acompanhar até o fim da seqüência os

gestos que a estruturam; mas sim de abdicar, menos por discrição que por convencimento de que tudo correrá como tínhamos previsto, a consecução dos seres posteriores da frase que já nos contenta com as primeiras sílabas. Sonegamos aos olhos a dádiva de umas presenças, como arquitetos góticos escondiam trechos de rosáceas, e também, por efeito ainda de nossa convicção, pouco nos importa de obter, junto a alguém do mesmo painel, a ratificação, em vozes, da mímica que se realizou segundo vaticináramos; havendo, na renúncia a qualquer verificação, o consentimento às faces no sentido de que atuem libertas de nossa vigilância; inversamente, acontece bastante, ao chegarmos em pleno decorrer do episódio, que se faz inútil tentarmos a repetição do que se operou em nossa ausência; assim, pareceria a nossa conduta um desinteresse pelo tema em causa, desinteresse facilmente concluível porquanto desprezáramos os antecedentes do assunto, ela apenas indicando aos olhos, míopes de certo, dos outros participantes da cena, o proveito que usufruímos, a meio, da prática dos respectivos atores. Quando estivemos no hospital de P..., lá nos demoramos diversas horas além do necessário que prescreveu o médico, prendendo-se, a nossa resolução de ficar, ao desejo de sentirmos, em tranqüilidade completa, o ambiente que só nos vira em incomodidades ou na expectativa de mais outras; isto porque o cenário de doridos testemunhos, que naqueles momentos considerávamos como especialmente feito para o retábulo da provação, vinha, com a atenuação dos padecimentos, a assumir uma importância profundamente aliviadora, adequado que nos surgiu para nele desempenharmos o tema do não maldizer das ocasiões tão asperamente sofridas. Há, em alguns, a inclinação a voltar, quando se positiva a cura de grave moléstia, ao meio onde o pior tiveram que suportar, inclinação diferente da do protagonista que repele o simples pensamento de um dia tornar a ver o local em que se houve com moral desventura, como se ao lado das paredes, dos móveis, restassem ainda os comparecentes ao seu fracasso, todos com a lembrança prestes a despertar logo que o receoso vulto assome à porta do vestíbulo; dias após a alta, inscrevemo-nos entre aqueles que de bom grado regressam ao duro logradouro, que nos convidava como o proscênio apto a conter díspares representações, apto a nos sugerir o conspecto dos mesmos atores que lá estiveram quando do primeiro episódio, de maneira a todos virem à participação do tema da serenidade que supúnhamos anteriormente impossível de acontecer. Na situação precedente só existira um intérprete além de nossa pessoa, e foi com ele — se bem que à sua revelia — que aproveitamos, de modo diverso, o cenário das camas e das cadeiras, das caixas de medicamento e da toalha branca posta sobre a mesa, da janela que se abria ao panorama que era o mesmo da outra data, e que ia prestar-se por isso ao nome, ao teor da terna satisfação; o papel resumia-se em vermos silenciosamente e nada mais: por minutos extensos, deixávamo-nos estar com os olhos nas nuvens e nas folhas que, em exclusividade cênica, eram os únicos protagonistas, como o fizeram dantes, a se moverem no ameno retábulo; as peças desse tipo de raro atingem a perduração que seria de estimar, sucedendo que a daquela nossa participação se interrompeu em face do abrupto aparecimento de um enfermo que vinha dividir conosco o prazer da convalescença; como o seu estado requeria constante repouso, sem que lhe propuséssemos a melhor acomodação, deitou-se no leito em que estivemos, a intercalar, nas coisas que dizia, gestos e sons que expressavam agora, em vez dos espasmos, a sua forma de ser contente; ele não imaginava que as deleitosas atitudes recaíam em nossa visão como ao olhar de uma platéia que, ciente do grave pretexto que vem de impedir o comparecimento do principal ator, aceita o substituto que passa a desincumbir-se de maneira satisfatória. Preliminarmente, a conduta do sem-cerimonioso intérprete repetia, a seu modo, o tema que então desempenhávamos, qual fosse o de regressar, pelo processo fisionômico, ao papel de que também ele se recobrira no compartimento ao lado; entrementes a predisposição dele a reconstituir o episódio pretérito, que compensava a sua ignorância a respeito do intento de nos revermos na acontecida situação, facultava-nos a dispensa de zelos para não descobrir-lhe o propósito nele escassamente compreensível, com que buscávamos a cena de antes; a que pretendíamos reaver, tinha sobre as muitas que até o momento retiráramos do sucedido, uma particularidade que não era bem o fato, em si, da reconstituição, e sim a eventualidade de recebermos, em melhores condições da alma, no instante livre das agruras precedentes, o espetáculo que se dera com a nossa efígie. Sem perda de um instante, como querendo estabelecermo-nos em ubiqüidade ante a figura do protagonista, de modo a encerrar nosso miradouro todas as angulações da platéia, para maior ganho do que havíamos representado, circulamos em torno do sósia em significação, com a sutileza requerida, a fim de que ele não perturbasse a própria desenvoltura; tal e qual procederam conosco nas horas em que a tranqüilidade efêmera sugeria o sono que não convinha ser vulnerado. Às intercalações de gemidos e de palavras, sucedera o mutismo que nos tomava quando se extinguiam as dores, e então a figura que nos velava, detinha-se na cadeira em vigília ao nosso descanso; tal como agora, que correspondíamos ao silêncio do intérprete com a imobilidade de nosso corpo; o qual intérprete, sem dúvida, não sentia no ânimo a sinceridade de nosso desempenho nele, nem completava mentalmente o que traduzíamos de seus gestos; como o ator que proporciona ao público, por coincidência, um ato de sua vida doméstica, no qual se há com absoluta espontaneidade, porém sem mérito maior, pois que a cena se precedera de consangüíneo ensaio, o desempenho no leito defronte de nós, investido de óbvias facilidades, obedecia à técnica de não violentarmos o episódio que se compõe à nossa frente, e que assim nos dá o que nele procuramos; e a realidade era ali de tal sorte transigente que parecia a resultante de uma cumplicidade do objeto em relação ao nosso intuito.

3 — No painel da duplicidade fisionômica, vimos de participar não apenas como protagonista, mas também na qualidade de platéia no tocante ao vulto que tinha com o nosso a comunidade do tema; de sua parte nos vira da mesma forma como nos víramos nele, nós ambos a substituirmo-nos um pelo outro, sem nada perdermos, em particular, nos deslocamentos de mira, no arranjo que quiséramos se reproduzisse lá fora, em entrechos em que figurássemos; porque então, o fluxo tão fugitivo da identidade, tornando-se freqüente a nosso redor, fortaleceria o lastro de nossas equivalências com respeito a semblantes em foco, eles e o nosso rosto a se olharem com os mesmos olhos no grande espelho dos contatos. Mas, os intérpretes de uma situação presente de raro dividem conosco o mesmo repertório, sendo que, em geral, a platéia se compõe de seres procedentes de origens diversas, assim como o próprio ator da representação, de quem às vezes sabemos, tão só, que não veio do local onde estivéramos quando nos decidimos a vê-lo em desempenho; pela escassez desses momentos em que nós e o objeto comungamos em visibilidade, detivemos do painel do nosocômio todas as minúcias que sobrevieram enquanto ele nos visitava; ocorrendo que as atitudes restantes, as nossas como as do companheiro, se mediram pela natureza deste atributo: o de estarmos em idêntico teor, cada um de nós igualmente capacitado a ser em outorga de todo o painel; de tal ordem, que nos dispensamos de sorver a conduta de seus gestos posteriores, resumindo-nos a contemplar o que unicamente se referia a nós, e com essa modalidade esquecíamos do visitante que de certo nos espreitava à sua maneira; a exemplo do ator que se desincumbe despreocupado da platéria mas com a atenção voltada ao ensaiador que o fiscaliza de algum ponto, descuramos da presença do hóspede para assimilarmos exclusivamente o trecho que nos competia, isto é, recuarmos à posição do solilóquio, desta vez porém sem a cama deserta de nosso corpo; dado que a preenchia o vulto recém-chegado, composição que, apesar de maravilhosamente episódica, não nos impedia de continuar no devaneio de ainda há pouco; parecendo que deste despertaríamos ao desfazer-se, com a retirada do outro figurante, a cena de tantas ilações; com a sua ausência, retomamos, junto ao leito vazio, o entrecho em que nos reconciliávamos com os móveis que foram testemunhas do desalento e agora

o eram da consolação: tudo no propósito de absorvermos o recinto com a alma neutra de qualquer sofrimento, à semelhança do indivíduo que, para discreta retificação do que se verificou, se vale da coincidência de estarem com ele, algum tempo depois, os mesmos semblantes do desagradável painel, e se conduz então, sob o mesmo pretexto, de forma sensatamente adequada; contudo, diferentemente da face que a tal procede mas que nenhuma alusão pronuncia sobre o episódio anterior, por lhe não ferir o orgulho a admissão do erro que praticara, considerávamos a cena de nossas dores como a preparação do afeto de agora; sem a qual preparação, toda vez que, em visita a algum doente, olhássemos os móveis do recinto, despedir-nos-íamos isento de qualquer aproximação com eles, e também da humana leitura com que passamos a nos ocupar diante deles. As experiências de toda sorte nos predispõem a vincularmo-nos a grande número de painéis, existindo, em cada situação que nos envolve, elementos que nos hão de reaparecer, em grau mais ou menos reduzido; de ângulo determinado, é bem mais acessível do que imaginamos o elenco incumbido de desempenhar as peças do acontecer, em virtude de serem menos os gêneros e muitos os indivíduos; circunstância que se reproduz no hospital, onde os apartamentos e os móveis se revestem de uniformidade que nos leva a reconhecer, nas camas de todos os doentes, a cama que nos acolheu: o que nos desobriga, para tanto, de ir, de uma a uma, estender as fluências do comovido olhar; por isso, a figura que se encontra em nosso belvedere, transcende de si mesma, para se tornar a representação de todas de seu gênero, como o leito e os outros móveis se tornaram os intérpretes do que sucedia à margem dos corredores; em cada compartimento um cenário semelhante que nos dispensávamos de percorrer por já o possuirmos entre os tapumes daquele que nos coubera; tanto assim que, ao prescreverem a necessidade de movimentação para os nossos membros, a exercitávamos, no começo da noite, sem volvermos a vista para qualquer dos lados, cujas portas, na maioria abertas, significavam inúteis convites à curiosidade de nossos olhos; pois que dormia esta ao mesmo tempo que nos poupava de rever, em sucessivas peças, a seqüência da conduta que suficientemente personalizáramos; numa tarde, porém, a pequena caminhada interrompeu-se ao ruído de voz que nos pronunciava o nome; logo percebemos o vulto que na ulterior visitação se deitaria em nosso leito, e com o ar de amargura nos historiou a recidiva da doença, importunado pelo que reviera a suportar de incômodos e pela repetição, a enfrentar, da liturgia da convalescença, como o ator, saturado do papel, se vê compelido a interpretá-lo sem quebra da perfeição que lhe exige o público; a platéia de nossos olhos — nesse particular, sem os rigores das numerosas platéias, antes, mais compreensiva, de vez que as manifestações de aborrecimento, as reputávamos como legítimas do tema de que ele ia a encarregar-se — interessou-se pelo à-vontade do intérprete que, sem dúvida na ignorância do elástico de seu cometimento, cria nos proporcionar um desespero inédito a ele e a nós; quando, em linguagem figurativa, o que ele nos dava era uma edição a mais do mesmo papel, apenas sem a prerrogativa dos aplausos a que tem jus o ingresso do bom ator à cena; à guisa de conforto à sua situação, ainda penosa pela soledade em que vivia, dissemos-lhe que, assim que pudesse, aparecesse em nosso quarto.

Capítulo 9

1 — *Na ordem fisionômica se nivelam, como elementos existenciais, as coisas da visão e as figuras da mente — A intuição da autoria da objetividade.* 2 — *O belvedere vaticinador.* 3 — *A nominação ubíqua da morte.* 4 — *Presença e ausência.* 5 — *O rosto exclusivo de nossa contemplação.*

1 — Às vezes, ao divisarmos uma aparição anunciadora, ocultamo-nos de modo a não vermos o rosto anunciado; com a recusa, a fatalidade do evento se indefere de sua concretização, concomitantemente à idéia que nos acode, no mesmo instante sem dúvida escasso e efêmero, de sermos o autor de nossa objetividade ótica; conseqüentemente disputamos, na contingência das ruas, a escolha das efígies que devem ou não devem aproximar-se de nossa visão, segundo o contra-regra que reside em nós; tal fato presta-se a que reflitamos sobre a existência de anônimos personagens que aquiescessem de logo a assumir na rampa os papéis ordinariamente desempenhados por atores de nosso conhecimento. Comumente, ao extinguir-se uma situação em ato, lamentamos, em face da índole do assunto, que não tenha sido participante do elenco determinado ser, cuja natureza íntima associamos ao painel, de forma a vislumbrarmos na cena um acontecer, perante nós, mais inoculado de nossa atuação, sugerindo-nos o pensamento acerca de um retábulo que se constituiria tão só de figuras já catalogadas em nosso repertório. Pode ocorrer ao escritor de recordações pessoais, como breve retificação à desarmonia do que lhe foi dado ver, o deplorar que certa empresa se haja omitido do vulto de alguém que de nenhum modo, em virtude do espaço e do tempo, aliar-se-ia a ela, e que entretanto era o adequado ao específico papel; o mesmo escritor renunciará, unicamente por

escrúpulo de não mentir na confecção das memórias, ao desejo de pôr as figuras em seus lugares, de obedecer a uma ordem que também favoreceria a vitalidade do próprio acontecimento e, ainda, os recursos de sua estética; mas, a realidade possui momentos de ficção, que vêm a nós por intermédio da ausência, de cujo seio extraímos painéis que, se não os vemos a fim de serem homologados, contudo nada existe em sua composição que possa contradizê-los, se por acaso emergirem, em nossa visão, sob a forma de incontestável presença; os quais o memoralista, ao despegar-se da incisiva testemunhança, vantajosamente usara, sem fugir ao histórico de seu intuito, permitindo-se valer dos processos de subentendimento, que tantas vezes metrificam a realidade em termos de mais justa recepção por intermédio dos olhos. A aplicação mais costumeira dessa técnica reside no podermos dispor das omissões, quer surjam à revelia de nossa vontade, quer ocorram por ardil das diligências; assim como o escritor faz positivas e fecundas à sua arte as arestas das próprias deficiências, acertando em provocar circunlóquios em que se ajustam as exigüidades de seu mister, o nosso olhar aproveita, em painéis do cotidiano, as elipses completas ou entremostradas que se apresentam; e terminamos por afirmar, à medida que o miradouro recolhe e reconstitui mentalmente as passagens invisíveis, que transitamos pelos esconderijos da realidade que em conseqüência nos deu, à guisa de invento, a veracidade que ela havia disposto para a visão de outra efígie. Como a realidade não se molesta com as nossas indiscrições, ao contrário, se alteia ao ritmo da atenção arguta, dos estratagemas, às vezes sem a superioridade de confecção que está a merecer o episódio por nós desnudado das ocultações, como essa mesma realidade é favoravelmente pacífica diante da lupa, que a não incomoda na naturalidade das manifestações, temos a oportunidade de, nesses sucessos, perscrutarmos inclusive a própria desenvoltura de ver, e mais as ilações que derivam deste ato em nós, os efeitos que ele produz no estojo que é a nossa lente. Quando se operam as visitações no território da ausência, à maneira do súbito flagrante em que possuímos o rosto anunciado desde que no-lo avisa o semblante noticiador — que se afasta logo após cumprir a tarefa — em nossa alma repercute a breve situação sob o aspecto de uma ponta de descrença, de uma réstia de dúvida não só em relação à partícula da realidade que vimos de descobrir longe dos olhos, como também no que se refere à realidade inteira, a que nos sonega e a que nos obsequia. As empíricas e comuns coincidências, no caso tanto mais numerosas quanto menos persuasivas, nos incutem, em igual dose, a mesma incredulidade que incidiria sobre a seqüência que acabamos de anotar; sentimo-nos enfermo da mente mercê de dispormos tanto de nossa objetividade, e a afecção algo se assemelha à do doente que se obriga a executar determinado gesto a fim de que ele mesmo ou alguém de seu amor não pereça ou não se infelicite por força de algum dano, definido em seu cérebro; dano que se efetuará se porventura ele eximir-se de erguer a mão ou de abrir a gaveta, e não se tranqüilizará enquanto o não fizer, alimentando assim o caro sentimento com a agravação do mal, por meio do processo simples de o manter às escondidas, não obstante lhe surja o conspecto do mais vivo observador. Se acaso o padecente da enfermidade for o artista de obra em curso, na qual se valorizarão os episódios que de ordinário se perdem, ele não dispensará a contribuição que lhe vêm de oferecer as próprias atitudes de sua face, repletas então de sentido que o ordena a uma intimidade que não lhe constrange o ser; se se der a exacerbação do mal, ele, conduzindo a extremo a responsabilidade de sua autoria, esboçará comovedora ética: enfatizará, por lhe não parecerem suficientes à ventura que aspira para os rostos de sua predileção, os gestos decisivos, desta vez não mais na soledade do aposento, e sim em doloroso espetáculo perante todos quantos se lhe aproximam.

2 — A faculdade anunciativa que a rua nos promove, não com a freqüência de termos em cada efígie um oráculo aberto ao miradouro, a ponto de nos propiciar, mesmo sem solicitação, o futuro posto alguns passos adiante, lembra a daqueles profetas que prediziam apenas em ocasiões de êxtase, assim quando nenhuma consulta lhe era dirigida; de forma idêntica, não indagamos a nós mesmo sobre qual o vulto de nosso repertório que há-de surgir dentro em pouco, tudo se processando à revelia do desejo que a alma encerra, quer pela satisfação de rever certa criatura, quer, como estímulo mais forte, pela necessidade de transmitir, ao adequado em recebê-la, a notícia sôfrega por libertar-se de nosso silêncio. A faculdade anunciadora que se instala em nosso âmago, distingue-se de uma outra que, mais assídua, nos franqueia as suas modalidades de pré-conhecimento, a delineada pelas imposições do recinto. Nos anunciados da rua, as coisas que se intercalam entre nós e o semblante a vir, em nada nos perturbam, antes nos manifestam o ar de protagonistas provenientes de ensaios anteriores e que agora se expõem ao nosso olhar com a mais correta das representações: de tal maneira uma única personagem contagia as outras, figurantes do mero aparecimento, sob o vínculo e a unidade do assunto a decorrer. Na hora em que, da janela, mirávamos diariamente o vulto de Y... dirigir-se à determinada porta, como se de nós partisse o encaminhamento de seus passos, uma sensação oportuna fazia-nos o prazer de observá-la, ao mesmo tempo que os demais ocupantes da rua pareciam suspender os misteres de suas vidas enquanto ela passava, insciente da articulação entre o seu corpo e os nossos olhos; nunca lhe confessamos a espreita de sua ida àquela porta, sobretudo a fim de

que ela, sabedora de nossa lente, não a ferisse, fitando-a em reciprocidade, por ser a essencial condição dessa posse íntima e puramente fisionômica entre nós e o objeto, a conjuntura de este não sentir que o temos conosco. Assim, jamais transmitimos à efígie homologadora o evento de nossa expectação — não acreditaria se lho revelássemos, apontando para o rosto indicador de sua presença — mesmo porque a publicidade de alguns nossos flagrantes, como para o artista a obra inacabada, não deve sair do estanque de nossa posse, dado que pretendemos, por auto-exercício, desenvolvê-los a extremo, no intuito de não acontecer conosco o que sucede com o citado artista que, apresentando a alguém o que é ainda esboço, venha a surpreender em segunda amostra, ao estar completo o seu trabalho, esse mesmo alguém que conservará a impressão de duas coisas distintas. A situação em ato dos anunciamentos nos proporciona a idéia de irmos em busca de seqüências mais longas, e de bom grado ninguém nos acompanha aonde nem sequer nós mesmo sabemos, por ser das injunções da objetividade o programa a esclarecer-se à medida que a ele nos disciplinamos. Bem quiséramos que extensões previstas se descortinassem após o surgimento da primeira aparição que, com o seu ocasional anúncio, nos abrisse a vereda, não apenas de uma sucessão de rostos em si, porém de assuntos, de nominações, a emanarem desses rostos; os quais, por sua vez, nos dessem, com antecedência, a história do futuro que nos terá de acontecer, logo em seguida à leitura que deles fizéssemos, ou um tanto depois do aviso, talvez em lugar distante daquele que expusera os infalíveis pressságios; contudo, a objetividade e o poder da lente conspiram contra a consecução desse propósito que se encontra latente em nossa pessoa, aflorando em nossa alma sob o aspecto de passageiras mas vivas credulidades, pequenas superstições que modificam o estado do sentimento que na hora nos governa. Quando em caminho nos defrontamos, numa série de episódios estimáveis à vista, com situações que externam, coincidentemente, muitas felicidades para um só trecho do cotidiano, temos que esses obséquios do acaso — à maneira das melhoras de saúde que, aliviando o enfermo por alguns momentos, alertam todavia os circunstantes, sabedores do irremediável, sobre a morte que se aproxima, que se acha certamente ali, na soleira da porta — se nos chegam com tanta prodigalidade, assim procedem para, em seguida à preciosa dádiva, impor o seu preço desmedido: o de serem esses painéis os últimos de nossa visão. Os pressentimentos sobrevindos são em si mesmos uma modalidade de assunto, a nominação que passam a desempenhar as figuras que até então nos deleitavam; deleite que, logo ao notarmos a incidência das primeiras aparições, se deixa permutar pelo teor de sermos em despedida de nossa própria ótica; os pressentimentos prevalecerão à medida que o olhar recolhe as belas oferendas, e no término do ato de acolhê-las não é o grato sentir que impera ainda dentro de nós, mas a idéia verificadora de corresponderem tais efígies à absoluta tristeza, agora em prenunciação.

3 — No exercício dos prazeres estésicos, a margem de satisfação comovida, de súbito contentamento diante do objeto, é bem menor do que a da vigência da idéia, que possuímos, de que tal objeto corresponde ao nosso pendor, à natureza de nossa receptividade, ao estojo que nós somos; como quê existindo em nós um agente esclarecedor que nos equilibra no decorrer dos contatos, sem exacerbação da afetividade nossa, suscitando-nos o juizo coincidente com o calor da emotividade, se porventura nos detemos ante uma coisa que de perto nos empolga ou já de longe nos dissera ser da plena dileção; sobretudo quando a coisa, partícipe de gênero bastante representado, portanto a meio inclusa em nosso conhecimento, se permite contemplar por nossa visão; a idéia da natural integração em nós, advinda desde o momento em que penetramos no salão de amostras, vem a assegurar-se, com a dose atenuada de êxtase que então nos inocula a obra ratificadora, da legitimidade de sua permanência em nós, como se os instantes da sensibilidade, da realização do ato estésico, não fossem mais do que meros comprovantes do fato de sermos o estojo. Assim, nos encontros de rua, quiséramos ter seqüências fisionômicas que não nos distraíssem, pelo surgimento de algum ser estranho às linhas de nosso caderno, da atuação do pensamento, que é ágil em unir os comparsas da urdidura; as afecções da alma, isentas de estímulo, delegando, ao só registro em nossa mente, a oportunidade de serem, em nós, os semblantes que a fortuidade nos oferece. Tal fortuidade no-los apresenta como inícios de omissões que o nosso intelecto, partindo deles e dos antecessores na paisagem da rua, virá a suprir, não por arbitrário engenho, mas por insinuação dos próprios conspectos, residindo a nossa arte no mister de pô-los em conexão como na juntura de azulejos; evidenciando, nessa teia, que aprimorar-se-á, depois, em nossas recordações no aposento, uma temporalidade exclusiva do painel em nós, e que se não confunde com a que nos cinge em todo o cotidiano; em verdade, cada episódio, que em si representa uma fragmentação do enorme álbum de nossa vida, conduz um tempo que lhe é particular, um tempo a incutir-se na tessitura da composição, a esta aliado e diverso do tempo de um outro episódio. O que marcaria o compasso dos vaticínios — o das sondagens nos territórios da ausência — dar-nos-ia a impressão de presença a esquivar-se de nós, tal a suspeita que temos de não podermos, no tumulto das situações em ato, atingir a concretização da história que as primeiras efígies nos

sugerem e as nossas deficiências desamparam. Talvez que em outro setor da ordem fisionômica, um dia encontremos fabulação completa e perfeita da realidade conquanto desempenho, exercido para nossa visão privada, do painel que almejaríamos procrastinar o mais possível, mas que às vezes estimamos possuir em frente de nós; há, no recesso dessa curiosidade, o profundo ensejo de preparação ao que terá de vir, a ânsia de desfazermos a irrecorrível e incógnita originalidade do sucesso que pode acontecer a qualquer momento. Se bem que o retábulo da morte encerre o cunho de uniformização facilmente discernível pelo muito que temos testemunhado, além do que nos informa o devaneio da imaginação, resta-nos sempre a persuasiva idéia de que, com o nosso vulto no papel central, o episódio há-de revestir-se de feição absolutamente inédita: não por serem outros os contornos gerais e os gestos em redor de nossa figura, desde que na ocasião os comparecentes se desincumbem como protagonistas de elenco milenário, mas por sermos nós, desta vez, o detentor da cena que não mais consegue continuar-se ou substituir-se, aos nossos olhos, por uma cena posterior. Desde que esta não surgirá, para amenização do evento em nós — sem dúvida que tal atenuação não irá verificar-se, tendo-se em conta a irrepetição do nosso falecimento em nós, embora no curso da vigília testemunhemos como alguns atores representam o papel para o qual somos também indicado, o que nos incentiva a própria desenvoltura quando subimos ao proscênio — ocupamo-nos em acolher os episódios que o cotidiano nos fornece; dentre eles, notadamente os que nos indigitam suplementações que se acham ocultas, merecem o atencioso acatamento de nosso belvedere; todavia, ocorre que de certo ângulo nada existe que não inclua suplementações localizadas em ausência, e se demorarmo-nos nesse miradouro de tanta amplitude, a paisagem que descortinamos, quer por extenso, quer fragmentada em painéis, exibe o retábulo da morte que disputa ao ar a prerrogativa de infiltração por entre os vultos participadores do entrecho. A nominação ubíqua da morte é o fundo perpétuo da paisagem, e a constância de sua presença não se vulnera se porventura, no imenso estrado, se expõem as peças intimamente contrárias ao teor do perecimento; existindo a eventualidade de um espectador, possuído de agudo e envolvente olhar, discernir no auto alegre a perseverança, nunca suficientemente simulada, do assunto maior, de cuja participação a ninguém é reservado omitir-se; mesmo porque — visto daquele ângulo — o auto, ao mesmo tempo que se sonega a expressar o desaparecimento, em cada atitude, em cada situação que sobrevém, o espectador alcança obter o espontâneo da desenvoltura em plena significação do ausentar-se. E ainda mais, surpreendemo-nos a contemplar, em devaneio, o painel da futura morte, singularizada na medida de nosso ser, assim como na prática da arquitetura se isola, para aplicação específica, uma porção do espaço que continua a se estender fora do erguido recipiente, espaço geral que não mais serve às conjecturas artísticas, só prevalecendo o vão que propositadamente fora separado, franco e abrangedor em seu universo estanque.

4 — Com freqüência presenciamos, ao aproximar-se um vulto de nosso conhecimento, mas cuja identificação não foi de logo apreendida, pela distância no-la haver recusado, o percurso que a pessoa transita desde a zona dos contornos genéricos à zona da fisionomia plenamente individualizada; o mecanismo do reconhecimento opera-se, de maneira integral, diante de nossos olhos, verificando-se, na seqüência de tal processo, por empregarmos a lupa na consideração do rosto nominado e inequívoco, o acontecimento que nos esclarece não ser o campo imediato da ótica uma presença completa de todo; no mesmo ato de visão se habilita um elemento que não frui, enquanto ser de contornos genéricos, da homologação por parte de nossa mente; esta, com o seu repertório, encerra um catálogo classificador dos elencos a se exibirem perante o nosso olhar; entre as folhas, não encontramos o verbete que se ajusta ao vago e impreciso, a saber, o nome que deva recair na figura ainda sem identidade. Enquanto ela se não alivia das indecisões e se não inculca na confirmação que, em nós, lhe assegura a particular existência, assemelha-se, na ordem fisionômica, aos vultos que estão no momento desenquadrados de nossa perspectiva, portanto posta em ausência, da qual se liberta logo depois, mas, sem fazê-lo, dizemos dela que constitui, como quê, uma presença de segundo grau. De regresso ao aposento, não conduzimos na lembrança, com a nitidez dos conspectos inconfundíveis, o discriminado cortejo de quantos se recobriram de contornos genéricos, desses que abrangem tanto os que passaram em nossa mira, como os que dela jamais se avizinharam, os de nossa circunscrição e os de impossível visibilidade por nossos olhos; uma das feições com que se manifesta a lacuna, em nossa recordação, de tais entes não identificados, reside numa espécie de fungibilidade, impressa em nossa mente e que atinge os semblantes que a memória restaurou em completa individualidade; sucedendo, quando a memória se enfraquece, diluírem-se as figuras que nela eram em verdade presentes, as quais vêm, então, por causalidade nossa, a nivelar-se na ausência indistinta e perseverante, pois sabemos que tal fato houve, e no entanto nada nos sobra dos que dele participaram, baralhando-se todo o elenco no coro dos vultos destituídos do nome e da fixidez da face. Com o enlanguescimento da memória, expõe-se um sistema de ser que é idêntico ao modo do existir continuado das coisas em frente de nós, porquanto parece que elas maquinam em despegar-se da claridade existencial que lhes demos;

tanto assim que, se aguçamos a lupa da recordação sobre a imagem que no instante nos interessa, por mais familiar que nos seja, ela foge e refoge à evidência ordenada de sua composição. Dessa forma, as presenças de primeiro grau tendem a volver à ausência de onde partiram, sob a conivência do espaço e do tempo que nos impedem de abrir, simultânea e perpetuamente, diante dos olhos, todas as estampas do nosso álbum. Uma face representa em si mesma, livre do contágio de outras também presentes, o anúncio de algo existente além dela; o anúncio nos indica em primeiro lugar — como os avisos nas estradas comunicam, antes do significado das letras, a cor e a disposição dessas mesmas letras — o teor de ausência a que se submetem efígies à similitude de G... que, vindo ao nosso olhar, atendendo à nossa voz que, em apelo, lhe pronuncia o nome, está, entretanto, incorporado a elementos que não nasceram de nós, às atitudes e às vestes obtidas muito longe, no território de tão profunda ausência que desistimos de devassar-lhe a distância; todavia, bem próxima de nós e fixada na efígie de G..., repousa a malquerida ausência, contudo nos recusamos a investigar o sítio que a modelou sem a presença de nosso olhar, bastando-nos conhecer que ele se localiza no plano genérico do remoto, que abraçamos juntamente com o que nos sobeja da fisionomia recém-chegada. Se tentássemos a posição desse remoto, ele se transformaria em presença outorgada no nome, as palavras de G..., como informação cartográfica, nos revelariam o ponto da terra onde ele se encontrara; no entanto consistia o nosso interesse em possuir, vizinha de nosso corpo, a vaga e indistinta ausência em justaposição ao que o rosto nos trazia de identificável. A própria constante figurativa de G..., aquela que sem esforço de nossa parte se fez reconhecível e aderente ao nome, nas datas em que nos escapou à vigília, portanto liberta das modelações emitidas por nós, e sujeita a mil interferências, se tornava de certo, sempre que se expunha a situações que não podíamos ver, mais ausente ainda, porque, na superfície desse *habitat*, há sumidouros que a nossa imaginativa não penetra; no caso especial de G..., tanto mais forte é a certeza dessa incapacidade, quanto houve, em outros casos, muitas ausências que conseguimos, por sutileza de estratagemas, violar e recompor a urdidura na conformidade pretendida.

5 — Ante a expedita alusão a vulto desconhecido, incluímo-lo desde logo em nosso álbum, não através da sonoridade do nome, porém através da efígie que a nossa mente elabora, espécie de face prematura, embora persistente, apesar de não corresponder nunca ao semblante real, àquele que um dia as circunstâncias nos apresentam sob o rótulo de ser o concretamente indicado pela designação. O rosto dessa maneira

sobrevindo, poderá levar a sua constância dentro de nós ao cúmulo de disputar com o outro — o da verificação visual — a página que lhe destinamos em nosso repertório; ocorrendo que, em alguns casos, o primeiro excede o segundo em verdade cênica, e o nome que flutuava entre ambos, vem a recair melhor naquele que se originara imaginadamente. Esse rosto exclusivo de nossa contemplação, contém uma uniformidade de traços de todo inconfundível, e possui, sobre o outro concorrente, a vantagem de haver nascido instantaneamente ao nosso ato de conhecê-lo de nome; é ele ainda que nos assoma à memória se no devaneio nos dirigimos a esse alguém que se encontra ausente, quando a face real cede à nossa criação a prerrogativa de estar em nós; deleitamo-nos na sua estabilidade evocadora que, talvez mais que a do semblante visível, suporta, sem mutilações da unidade, a nervosa perseverança de nossa lupa. Se um dia a pessoa em causa regressa de longínqua distância, com os indumentos que não partiram de nós, nada teríamos que lamentar sobre as intromissões da ausência, porquanto o aspecto empiricamente defrontado não se fizera, antes, presente à nossa mira, que esta, na duração do afastamento, se dedicara a deter a meditada face, a que melhor servia aos nossos ditames. Revindo a nós, a figura recém-chegada pode, em termos fisionômicos, permanecer em ausência por estar preenchido o seu lugar, a despeito de nos proferir os gestos mais afetuosos, persuadindo-nos, em vão, que retornara a um seio onde, a rigor, não estivera: o da familiaridade, que à outra deferimos por jamais sair de nosso repertório, e cuja importância se acentuará se vier a morrer o duplicado vulto, e então ela viverá sem as retificações a que a objetividade nos obriga. Toda vez que Z. M. . . decai de confiança, a efígie prematura que se fixou em nós, vem a assumir, em nossa imaginação, o posto que o vulto propriamente dito não soube dignificar, a despeito de conhecer as formas de nosso acolhimento; com a substituição feita para o nosso adstrito uso, alcançamos um meio de atenuar-lhe o rigor da condenação, ao mesmo tempo que dirimimos a aspereza de nossa intolerância. De fato, a efígie precoce — criação que nos é inteiramente privativa, diante da referência nominadora que escutamos — então surge em proveito de nosso aperfeiçoamento humano e do objeto, cujas faltas, compreensíveis pelas circunstâncias condicionadoras, quando muito fortes para a fragilidade da mente, de raro chegamos a absolver sem reservas, enquanto, mais uma vez, não venha a favor do precito a derrocada de nossa memória: elemento este, por muitos aspectos, positivo no seio da ordem fisionômica, certo que o esquecimento condiz com o ser total que habita em nós e que desaparecerá conosco. No catálogo de nosso repertório — como no da biblioteca, em que figuram anexamente ao original as cópias que do mesmo se extraíram, e cuja documental importância se expressa pelo fato de serem zelosamente conservadas — existe, além do semblante que se aproximou de nossa visibilidade, a versão apócrifa porém de autenticidade consentânea com o nosso desejo e com a idealidade que o próprio objeto recusa a nutrir, se bem que o fazemos de nossa parte, levando a efígie prematura a enredos que a face real desempenhou à revelia de nossos reclamos; assim, como o empresário que experimenta novo artista na peça que lhe pareceu defeituosa por culpa do anterior figurante, conduzimos a personagem do sonho a percorrer os painéis antes devassados que desincumbidos pelo rosto da ilegitimidade cênica; dessas correções tardias, voltamos contente conosco e com o intérprete disciplinado segundo as regras da própria cena, porque o assunto estava mal posto a princípio, e somente agora o tema viveu de sua bela veracidade. De certo ângulo, vários sucessos do dia se nos apresentam deformados, nem sempre vindo, em ajuda ao rótulo que se expõe, uma ou mais personagens disponíveis às retificações por nosso pensamento, e acresce que muitas vezes a faculdade de alteração insiste em sonegar ao assunto as emendas sem dúvida necessárias; por indisposição de momento, o episódio se perde em suas falhas, para depois, quando nos advém a tranqüilidade do devaneio, suprirmo-las com semblantes que indubitavelmente não se incorporaram às acontecidas conjunturas, mas que convocamos, do íntimo da memória, a fim de proporcionarem, ao tema dos ricos efeitos, a investidura que lhe negara o cotidiano. Este, sem dúvida, compreende desmedida plasticidade, mas inferior à que dissipam os atributos da mente, não de forma desconexa e anárquica, muito propícia, aliás, aos seus pendores; porém de maneira fiel e ajustável à nominalidade, ao título em significação, tão corrente e espontânea que vimos a suspeitar da existência, dentro de nós, de uma discursividade a mais, igualmente persuasiva e lógica, a exemplo da que nos oferece o raciocínio. Coonestamos os eventos do caderno como o resultado de constantes exercícios, da adoção, consciente e procurada, das normas da pessoal visualização; de tal modo assimiladas, que o proceder de nosso miradouro em face de maiores e menores acidentes, se articula a estes da mesma forma que o *leitmotiv* no tocante ao texto integral, que a substância com respeito às dispersivas e entretanto exatas aparências de seu prospecto.

Capítulo 10

1 — A face prematura. 2 — A criatividade da ótica. 3 — A repetição do desempenho através de outra figura.

1 — Em verdade, seria inútil esperar de alguém que o seu rosto reincidente em falhas de conduta, como os demais que compõem a enorme peça da humanidade, venha a coincidir com a face prematura que criamos em nós; mesmo se lhe disséssemos do acerto em se transformar em semblante correspondente às maneiras que lhe ditaríamos e que pertencem à figura ideal, de forma que ele, a partir desse momento, se esculturasse sob nossa orientação, recobrindo-se do nome que soa à afetividade de modo bem diverso do que ele, o portador, se esforça por impingir, ainda assim, não trocaria os enganos, em que atua, pela claridade de nosso modelo, nem tampouco o milagre chegaria ao extremo de favorecer, a ele e a nós, com a conversão de seus traços às linhas fisionômicas daquele que nos habita a imaginária interna; mas, a despeito de tantas impossibilidades, não nos rendemos à perda de uma representação na qual, embora sem a concreta presença, como estimaríamos, da personagem prematura, situaríamos a própria e real efígie, à semelhança da peça que um ator inadequado desempenha, à falta do verdadeiro que força maior impediu de estar na rampa, e as circunstâncias proíbem o adiamento do espetáculo; e assim, contando com desajustado intérprete, o assunto se desenvolve e a platéia não lhe recusará aplausos. Queremos que a efígie real imite a face prematura, valendo-nos, para isso, da ordem fisionômica, sem a necessidade de escolhermos, no grande elenco da lembrança, uma pessoa qualquer, disponível ao contato dos olhos e que se assemelhe, em aparência, ao rosto da imaginação; preferimos convocar a colaboração desse mesmo vulto que se nega a vir a

ser o que dele mesmo planejáramos, a fim de que, utilizando-a à sua revelia, ele corresponda, uma vez ao menos, ao desígnio traçado por nossa esperança; tal a profunda afeição com que distinguíamos a pessoa de F... que, ao falecer, legou, com o nosso assentimento, os afetos que lhe dedicávamos, à efígie de B...; de quem só o nome conhecêramos, em conjuntura que propiciara, em nossa imaginativa, uma confecção imediata e aguda da fisionomia referente ao nome pronunciado por F... na data em que morrera. Meses depois, dirigimo-nos à localidade onde residia B..., transportando conosco a leve e prazerosa encomenda do amor em antecipação, seguro que éramos de que o semblante a quem ela se destinava, como o presente de flores a quem quer que seja, teria o acolhimento da espontânea ternura; porém uma generalização dessa natureza costuma encontrar exceções que nos induzem a crer no fantasioso das leis do afeto, assim como no-lo demonstrou a efígie de B..., impermeável ao carinho de nossas atitudes e só atenta à pergunta se trouxéramos a avaliação dos bens que lhe deixara F..., mal reprimindo a irritação por nosso desleixo; tudo em gestos que não condiziam com o rosto prematuro que, segundo nós, jamais se impacientaria, muito menos ao receber a quem nada ia a buscar, senão a conduzir a mais opulenta de todas as fortunas. Humilhada sob o desapontamento de não se refletir no rosto de B..., a sua face precoce pouco a pouco se recolhia ao quase nada de uma ideação, para, em seguida, no isolamento de nosso quarto, volver ao primeiro plano do devaneio, agora, porém, aumentada em seus próprios valores, ante o receio de ela fugir sempre que a lupa se defrontasse com o corpo da visível verificação. A presença de primeiro grau — esta que, à guisa de foco luminoso e absorvente, se perfaz com a exclusiva atração de nossa retina — requer da ótica uma adaptação ao objeto que entretanto se efetua, não raro, sob o constrangimento de nossa índole; sendo, no caso, a fisionomia de B... tão ofuscante que a nossa memória não tinha poderes para aviventar, então, a face prematura, posta em esconderijo diante dos gestos de escura vulgaridade; estes não se entendiam com a nossa recepção porque lhes faltava o sentido que pressupuséramos — como, à deriva dos assistentes, o programa que leram no anúncio e para o qual se haviam preparado, vem a substituir-se por outro cujos atributos, por mais evidentes, não alcançam reerguer o nível da curiosidade, tanto assim que, se lhes alertarem que na vizinhança se exibe a mesma peça, lhes sobrevém o impulso de ir ao próximo teatro — os gestos de B... parecendo anfigúricos em relação ao tema da bondade, da gratidão que, por impossibilidade de dirigir-se à pessoa de F..., caberia fazer-se a quem lhe aparecesse em comunhão de saudades, sub-rogando assim em outro vulto, em nós, o merecimento da terna compensação. De nossa parte, seria imenso o prazer de sentirmo-nos o outorgado da figura de F..., prazer simples e tocante à maneira do que nos anima se alguém, sem averiguar a autoria do que lhe favorecera, corre ao nosso encontro na crença de que nos coubera a iniciativa de sua felicidade; na pressa com que desfazemos o engano, há dois contentamentos reunidos: o da honestidade e o de havermos sido tomado como digno da bela atitude, mas as contingências impediram que o nosso rosto, por um instante ao menos, se abrigasse dentro do nome de F...; sem embargo do malogro, e também como em apreço à memória do extinto — que talvez, se vivo fosse e houvesse doado os bens ao vulto de B..., experimentasse, indo em visita a ele, a repulsão de ver e ouvir o sôfrego interesse — estabelecemos o propósito de trazer fisionomicamente aos ditames da face prematura o ser que a nosso contragosto dela se desajustara. Na sala da residência de B..., já se iniciara o remodelamento a que fazia jus a riqueza em vésperas de embolso, existindo, no plano geral da reacomodação, um pormenor que veio a acrescer a divergência entre a face real e a face prematura: tratava-se de uma fotografia de F..., posta em exuberante moldura, não por sincero zelo ao retratado, mas por satisfação aos hóspedes futuros e sabedores da origem da opulência, fotografia que revelava o defeito, acentuadamente pronunciado, dos olhos de F...: o estrabismo convergente que desagradava ao espírito de B..., este desejoso de que o salão não se desmerecesse com o ornato risível ao ponto de também nos confessar o propósito de, pela interferência de hábil retoquista, modificar o rosto de F... em benefício não só da estimável composição do ambiente, como, sobretudo, da comiseração filial — segundo deixava transparecer — ao próprio F... que, dessa forma, perpetuar-se-ia sob melhor aspecto. O testemunho da pequenez humana vem a nos confundir, menos pela credulidade de sermos exceção da maioria, que por sentirmo-nos um tanto cúmplice da pobre ocorrência, cúmplice em visualidade, por termos de impor ao nosso repertório a miséria de uma folha, que talvez resultará a última a ser esquecida; tanto a quiséramos olvidar, como o colecionador de objetos preciosos não se tranqüiliza até o momento em que se desfaz da peça, que fora de alto preço, mas que era falsa e portanto imprópria ao requintado estojo. Na fatura da ordem fisionômica, a mesquinhez de todas as horas, constrangendo-nos no domínio do nome, pode vir a ausentar-se do tema que desenvolve e assumir uma significação que passa a absorvê-la perante a nossa ótica; isto em virtude da disponibilidade dos atores, conquanto os observemos com a lupa diante da qual os rostos do cotidiano sempre se mostram em dupla significação, e cumpre-nos aproveitar aquela que foge à iniciativa dos intérpretes; dado que, no extenso teatro dos dias, ocupamos o miradouro para ver o programa que redigimos, em completo descaso ao que eles desempenham em conformidade com a agenda empírica. O vazio que a trivialidade produz em nossa alma, às vezes se preenche de valores que não nos surdiriam, na ocasião, sem a tristeza do vulgar acontecimento: misterioso recurso da lente que, à mostra do pesar tido como insolúvel, se movimenta a um ângulo do qual se capacita a ver, com a textura do agrado, e na interpretação dos mesmos atores, o painel meritório de que se enaltece a nossa cumplicidade por visualização.

2 — No aposento que B... nos destinara, de volta dos afazeres que nos impusemos e nos impuseram, sentimos a nenhuma estabilidade exterior do que constitui o cotidiano; ao darmos ao devaneio modulação interrogativa sobre o que em verdade representa o conteúdo de nosso ser, concluímos que ele se efetua com a afirmação do existir de quanto vimos e de quanto vemos, à feição de espelho que determina aos objetos a própria condição de participarem do existente; a percepção valendo como face polida cuja tarefa, pertinente às coisas da natureza, é a de uma presença cósmica, porquanto, sem ela, a nossa percepção, as mesmas coisas que chegaram aos nossos olhos, nunca se transporiam do nada à positivação do ser, do ser em nós, que fora deste nenhum fragmento pode ser considerado. Se dizemos de certa paisagem que ela foi vista por alguém e anotamos a evidência desse existir em sucessividade, não fazemos mais do que formular o esquema da perspectiva de perspectiva em nós; pois que esse alguém, detentor do panorama, deve, por sua vez, a existência à circunstância de haver chegado a nós, através de nosso miradouro, de nosso conhecimento. A repetição dos aspectos e dos episódios, tão insistente na realidade, continua na exposição que deles exprimimos, apenas a repetição costuma salvar-se da inanidade quando se desloca para o nosso texto, graças à unidade única, a unidade que se confunde conosco; esta, em última análise, representa um sentido a infiltrar-se sem estorvos, na cadência dos aspectos, ora equivalentes uns aos outros, ora díspares ao mais elevado grau, com todo o elenco a exercer, em proscênios dispersos, o tema dos olhos que criam os objetos à medida que os vêm a registrar. No caso da noite na residência de B..., em seguida ao escarmento do painel do retrato, a idéia de sabermos reproduzidas, em outros territórios, versões esparsas desse mesmo tema da fecundidade ótica, não resulta do solto predomínio dos aspectos e dos retábulos com respeito à nossa lente: e sim admoesta-nos de que a objetividade, ao promover-se mais extensa e vívida, mais elástico se mostra o nosso ser em recepção, que no entanto se isenta de rigor ao convocar os intérpretes do lema de sua autoria; antes, adota os primeiros atores que passam, porque os da ausência são feitos de iguais recursos, e o nosso ser em receptação se dispensa de incluir toda a realidade no contemplativo mister, nem com tal omissão os vultos separados de nossa vista deixam de figurar em nós; outorgamos a efígies a faculdade de vê-los de perto, mas unicamente nós somos o observador exclusivo da paisagem e que os torna existentes a todos: os que estão em nosso direto

contato e os que se situam no olhar da pessoa a quem delegamos o ato de ver; de nosso miradouro, acompanhamos o estafeta que segue da casa do remetente ao domicílio do destinatário, que vai e volta com as notícias que nos endereçam, e assim concomitante e sucessivamente, no espaço e no tempo. Muitas vezes se acumulam em nós as repetições da realidade, mas essas mesmas, na sua analogia de aparência, nos atestam que a significação de nosso tema também se executa por meio de constâncias, o qual não cessará de exibir-se senão pelo advento de circunstância fatal: a de nossa morte; ao compasso de repetições, a realidade se norteia, e nos cabe deduzir da experiência os lugares em que elas mais se acentuam; acontecendo que muitas nos confrangem a sensibilidade, preferimos conter o impulso de ir em seu descobrimento, abandonando-as em seu virtual recesso, mesmo quando, a alguns metros acessíveis ao testemunho, possam oferecer cadência nova e estimuladora de nossa curiosidade. Os painéis desprezíveis pertencem, da mesma forma, à receptividade de nosso ser, cumprido-nos, por intermédio da lupa e atendendo à inclinação da alma, desfazer a escuridade que nos incomoda, tal como agimos em face da pessoa de B..., a quem elegemos por alegórico de todas as banalidades e ingratidões reunidas; em cuja residência, se nos deleitasse a contemplação do odioso episódio, recusaríamos, por desnecessário, o convite a conhecer os flagrantes do mesmo gênero a se exporem lá fora; a conversão do desagradável entrecho em cena de textura deontológica não se opera à base de nossa interveniência junto aos atores para lhes dizer que interrompam o assunto, que este nos ofende e corrompe a eles próprios; mas sob uma outra regulação da lupa, de maneira a captá-los sob ângulo diverso, enfim, por adstrito procedimento de nosso ser em recepção, perante o qual, cada vulto que ingressa em seu conhecimento, modela-se de conformidade com ele, ao mesmo tempo que corrobora a vigília da lâmpada, que somos nós; ela somente a clarear todas as figuras, as do passado e as do presente, sendo a nossa vida a longa série de criações marcadas com o selo de nossa ótica, umas distantes e esmaecentes, outras próximas e nítidas, como a paisagem que descortinamos e que se gradua em matizes desde o ponto de onde miramos; e cujos componentes, por mais descoloridos que estejam lá no horizonte, são inseparáveis dela e conseqüentemente restritos ao nosso olhar. A começar do dia seguinte, aprontamos os instrumentos da visão, a fim de obter de B..., sem que ele viesse ao menos a supor, a conversão figurativa de sua alma, de modo que na ficha de anotação em nós, houvesse uma referência, destoante das demais e condigna do rosto prematuro, ao seu aspecto verdadeiramente merecedor de perpetuação; tal o nosso desejo, que era um tipo de fidelidade a F..., de, ao encontrar-se morta esta figura em causa, manter, em torno de sua efígie em recordação, um tema que a tocava muito enquanto viveu; se o semblante de F... se alimentara de nobrezas simples e comoventes, levando a credulidade a ver, nos que com ele conviviam, a extensão de suas próprias qualidades, o nosso empenho de trazer o vulto de B... ao teor de uma situação que F... já representara, parecia-nos o mais concernente à póstuma veneração.

3 — F... costumava, no dia de anos, dar esmolas a poucos miseráveis que, cientes da liberalidade em data certa, chegavam pela manhã com sacolas vazias, que voltavam cheias; se não fora a intumescência dos bornais, ninguém saberia do óbulo da comemoração, porque os beneficiários, talvez em virtude da crença de a benesse, além de pontual, ser dirigida à geral pobreza e não a eles em particular — em verdade o gesto significava o cumprimento de um voto a que se impusera, há muitos anos, por se ter salvado de perigosa doença — não manifestavam qualquer atitude de gratidão e de contentamento, antes, regressavam mais cabisbaixos ainda à força do peso com que F... os obsequiara. Lembramo-nos dessa ocorrência ao verificarmos que cinco dias depois seria o de nossos próprios anos, e nenhum presente — segundo o método de F... que preferia dá-los a recebê-los — se revelaria mais oportuno à memória do morto do que o de lhe propiciarmos, por meio de nossa visão que assim dividia com ele uma parte de nosso repertório, a efígie prematura de B...; efígie plenamente realizada à luz do sol, numa cena de acomodação semelhante à que se efetua quando alguém interrompe o propósito da malignidade ao ouvir da testemunha que tal sucesso não seria do agrado do ser, que é falecido, e a quem ele ainda se devota; testemunha esta que, ao vencer com a advertência, vem a sentir-se outorgada do semblante que com os respectivos olhos não observa a sua persuasiva e póstuma dominação. Todos possuímos silenciosos rituais que vedamos ao conhecimento de quem quer que seja, rituais de tão celestes intenções que a conjuntura do segredo que nos determinamos, inclusive ao mais íntimo dos confessores, não resulta em negligência da própria alma ao dever exibir-se, antes, ela se engrandece com as omissões dessa natureza; a quem ora não importa a maneira como o pratica, desde que a prece decorra livre de estranhos pensamentos; assim, a qualidade de nossa consideração pela pessoa de F... traduzia um modo de estarmos puramente nesse vulto de tão extremoso apreço, melhor que se permutássemos o nome pelo nome de F...; ou que, no dia de nossos anos tomássemos as aparências dele, a maneira de falar e de gesticular, ou mesmo reproduzíssemos algumas das atuações mais elevadas de sua existência: tal o religioso que, antes de cumprir a promessa em frente do altar, e à medida que sobrevém o instante do agradecer, se reveste de conduta condizente, evitando a possibilidade de distrair-se e atendendo ao temor de inesperada profanação; circunstâncias que ele se decide a evitar, não obstante o lado inocente que porven-

tura encerrem, indo à reclusão do mosteiro ou ao retiro do aposento a pretexto de súbita porém fictícia necessidade: e aí, a contento de si mesmo, ele pagará a dívida; recolhemo-nos ao quarto a fim de que a presença de B..., com o seu cortejo de insensibilidades geradoras de repulsa, não maculasse o próximo encontro, não enodoasse a consangüinidade figurativa entre o rosto de B..., conforme com a face prematura, e o rosto de F..., reconstituído numa das peças de mais natural representação. O auto das esmolas, queríamos revê-lo sob o desempenho do vulto que nos decepcionara, e não seria absurda a composição desde que se resumia num intérprete e alguns coadjuvantes, pequeno grupo que de nosso miradouro conciliaríamos com a paisagem ao tempo de F...; tanto mais facilmente quanto os dois locais tinham semelhanças de aspecto, se bem que fossem dispensáveis por motivo de o tema independer das circunvizinhanças, nada influindo nele as árvores, o muro e o portão, os quais, dispostos diferentemente, existiam no solar de F... e na pequena granja de B...; como o empresário que antes de escolher o elenco da companhia, mas já portador do texto a montar, estrutura o cenário que mais justo lhe parece, ficávamos no aposento a fitar o sítio da futura exibição em dia predeterminado sem saber se o ambiente e a efeméride se disporiam a conceder a prestimosa cooperação; mas, sem dúvida, é uma experiência notável a de vermos a arena vazia ainda de qualquer episódio, com a alma antecipadamente cheia do sucesso a vir, conjuntura que, além de nos agradar, servia a provermos a lacuna de tantas horas, ali isolado à espera do dia de aniversário. O retábulo muitas vezes se acompanha de promessas insistentes: nem sempre liberal em nos favorecer com a entrega do que almejamos, nutre-nos a expectativa com anunciações continuadas do assunto que, ora nos parece adiantar-se, ora fugir do pertinaz miradouro, em lúcido exercício, como a submeter a provas de aplicada paciência a integridade de nosso desejo; do observatório do aposento descortinávamos a ida e vinda dos trabalhadores da remodelação, que a passos vagarosos devassavam a rampa que escolhêramos para o vindouro auto, sem o protesto de nossas cogitações, por não insurgir-se o ensaiador que, no descanso da tarefa, olha os protagonistas passarem e repassarem ao longo do futuro ambiente, antes os vê com afabilidade em virtude de assim obterem maior convívio com a platéia e o palco; a presença diária dos trabalhadores nos indicava o próximo evento, e com ela a esperança, tênue a princípio, avivava-se em nós — à maneira da evidência que nos assoma, ao descobrirmos nos corredores do teatro os figurantes da peça que, por muito almejada, descríamos de havê-la assim acessivelmente — esperança de que com certeza seriam aqueles os atores da cena das esmolas, tanto mais propícios quanto o salário, que deviam receber, se inseria no gênero da mendicância; para que aproveitássemos o painel do acerto de contas semanais, a ocorrer no aprazado dia, era mister que nos afastássemos do rosto de B... até um ponto em que a lupa lhe registrasse apenas os contornos gerais; o assistente, obrigado a ir à representação na qual um dos atores é alguém a quem dedica invulgar afeto, e por isso mesmo não suportará as falhas que ele teme possa o amigo cometer, procura acomodar-se no mais longe possível da cena e até agradece se durante as passagens do libreto o espectador vizinho lhe muda a atenção para uma conversa em voz baixa; assim, com receio de que B..., o sósia em significação de F..., estragasse o painel em via de acontecer, desistimos do miradouro através da janela; e, como nos preparos ao belo episódio, havíamos, a fim de que ele melhor se efetuasse, imposto a conjuntura de sermos doente, para coonestação de oportuna soledade, não intentaríamos agora o pronto e inacreditável restabelecimento, com o agravante de termos conduzido a moléstia a uma exacerbação a dar-se no mesmo dia do desempenho, tendo em vista a clausura propiciadora ao ritual; o completo insulamento na data de nossos anos, serviu para a fatura do painel, apenas recusamos ao olhar o risco de se estender sobre o episódio, e em lugar dele, deferimos à imaginação a faculdade de recompor, com a figura de B..., o antigo flagrante de F... a distribuir esmolas; reconstituição que obtivemos com absoluto êxito, pois que os recursos da iconografia interna dispensam de nós a distância para que o rosto em mira recaia na programada presença, ou no seio dos contornos genéricos; portanto, do quarto onde nos recolhemos, com a lupa imóvel a qualquer observação, atingimos o retábulo, tão simples de promover, prescindido dos arranjos que a realidade às vezes se obstina em embaraçar.

Capítulo 11

1 — O ato da despedida — A figura de G... em nosso álbum. 2 — O ato da presença. 3 — O nosso quinhão no decorrer dos convívios. 4 — A reconciliação. 5 — A delegação. 6 — A dispersão de nosso vulto. 7 — O painel da vaidade. 8 — A fronteira estética.

1 — No momento de seguir viagem, fixamos o rosto de alguém como o fotógrafo espera que a face brilhe com ar mais doce para assim alcançar o gesto que, por sua aparência, venha a merecer a perpetuação dos álbuns; na hora em que fixamos o rosto desse alguém, a natureza da nominação — o ato do adeus — configura a fisionomia em causa, tal como desejaríamos que ela perdurasse em nossa memória a contar desse instante; a sua tristeza, reveladora do afeto, cremos, será em lembrança toda vez que da efígie nos recordarmos, sem a concorrência de outros aspectos do vulto, que não apresentam relação com o quadro da partida; quando entre nós e o semblante amado se estende a distância, e perquirimos da mente se permanece em claridade o preciso vulto que nos levou a bordo, todavia a alma nos responde que, na extensa galeria dos respectivos retratos, uma estampa singular, à qual jamais conferíramos o valor da perseverança, vencendo a própria seleção da estima, aflora da modéstia para o realce em nossos pensamentos. A página solta e persistente não traduzia a síntese dos demais aspectos com que G... se mostrava no curso da convivência: era o retrato de uma atitude que de certo acontecera entre as inumeráveis do cotidiano, de um desempenho que tivera mas cujo enredo não atinávamos; a procura que instituímos depois, para o seu descobrimento, veio a fortalecer a assiduidade do vulto em nossa memoração; como nas pesquisas que se encetam podem desven-

dar-se segredos não incluídos na agenda da fatura, no decorrer do esclarecimento no tocante ao exemplar da efígie de G..., apareceu-nos a revelação de ser, cada vulto, suscetível de participar, a um tempo, de muitas nominações; sem exceção da nominalidade englobadora de quantos se exercitam no humano e universal elenco: a da condição de todos existirem por efeito de nossa pessoal existência. Se nos fosse permitido à mente fazer desfilar um a um os nomes que abrangeram determinado semblante, no cumprimento de cada um deles a face nos proporcionaria uma versão correspondente ao nome respectivo, embora essa variabilidade de nominação não excluísse a existência envolvedora da nominalidade maior, precisamente aquela que constitui, durante a seqüência dos entrechos, a unidade de suas presenças no seio do existir em nós. Os contornos que se apresentaram para o tema de um instante, obedecem ao desenho enquanto perdura a efígie, e sem embargo dos múltiplos temas por que tivera esta de passar, o ser maior e conciliante se sobrepõe neles e em permanência que é de todas as horas; isto não impede, na elasticidade assumida no ocorrer de certos ângulos, que as linhas da totalizadora continência atraiam a seu âmbito figuras alheias ao ato que esses contornos modelam, de tal maneira se tornam disponíveis para a co-participação no mesmo gênero. A fisionomia de G..., posta na visualidade de nossa imaginação — não podendo nos facultar a nitidez uniforme e simultânea de todos os seus componentes, porque nesse particular perdemos o rosto se cuidamos alcançá-lo por minúcias e parcelas — exibia-se nos contornos com que se incorporara em situação sem dúvida tão efêmera que não mais recordávamos; porém, quiséramos revê-la, porquanto fora a mais significativa das amostras ao nosso belvedere, a que triunfara sobre todas as demais versões na disputa, à revelia de nosso conhecimento, que se dera acerca da prerrogativa de ser conosco, no espaço de nossa ausência. Painéis de profundo sentido e animados por seu desempenho, gravaram-se em nosso repertório, porém nenhum deles, inclusive o do momento de nos separarmos, granjeou da seleção, oculta de todos e de nós mesmo, o privilégio de estar tão densamente em nossa companhia; e de nos pôr alerta sobre a importância, ulteriormente patenteada, dos sucessos humílimos da ótica, dos flagrantes que não trazemos para o devaneio que nos ocupa de volta ao domicílio, no qual nos entregamos à prática de inserir novas folhas em nosso caderno. No domínio da ordem fisionômica, resta-nos sempre a eventualidade de um dia, quer as busquemos, quer de surpresa, as respostas que estiveram mudas a antigas interrogações, cheguem a completar o fio de nosso repertório, abastecendo o intervalo caído em abandono pelas fraquezas da mente; assim aconteceu quanto ao desconhecimento de qual o painel de G... que fixara em nossa imaginativa o rosto de saudável perseverança, o vulto infantil e alegre que ofuscara aquele que reserváramos na hora do despedimento. Apesar da descoberta não nos ter convindo de muito à sensibilidade quando se descerrou a respectiva incógnita — de vez que no instante o nosso estado diferia daquele que se dera ao estabelecermos o problema — contudo, sentimos peculiar satisfação em ver reatada uma das seqüências urdidas pela participação de G..., graças ao fortuito de uma palestra com alguém da intimidade de nós ambos; há muito que se verificara a nossa ausência de G..., quando esse alguém, ao rememorar episódios da juventude — cenas de colégio movidas por significações secularmente usadas mas que nos divertem como se fossem recentes — envolveu o entrecho repetido do fim das aulas, de mais uma repetição, a de nos recontar os gestos de G..., sôfregos em ver concluída a lição para correr ao local das merendas, gestos cuja espontaneidade não desaparecia, antes se tornava mais graciosa, se o professor e os demais alunos riam da inocente inquietação; ao reouvirmos o relato, cuja descrição era agora particularmente sensível ao narrador em virtude de saber das relações existentes entre G... e nós, por intermédio do qual ele correspondia, à delicadeza de o hospedarmos, com a delicadeza inteligente e tocante de nos oferecer, do objeto de nosso amor, o retábulo de fina composição, percebemos a origem da figura que habitara radiosa e insistentemente em nossa iconografia interna; procedência que repousava no semblante primitivo de G..., ressurgido em nós pela faculdade expositiva de quem no-lo desenhava.

2 — Numa das deambulações pela rua da P..., na cidade do R... — estrado a conter, nas varandas dos prédios, nos postes de iluminação, pensamentos vários que tanto nos convidam a voltar a vê-los — defrontamo-nos com o vulto de Z. M. ..., que a efígie de T..., no mesmo segundo aparecida ao nosso olhar, nos predissera. A natureza do referido fato exibia-nos algo de novo: a circunstância de ser a face prematura, a de T..., um rosto de nosso conhecimento, que todavia nunca nos insinuara a menor conexão de aspecto entre ele e a figura de Z. M. ...; ambos sem nenhum parentesco, ou de sangue, ou de convívio, e sem haverem, por contágio de outrem, usufruído da mesma comunidade de atitudes, duas fisionomias incomunicadas como se entre elas existisse uma insuperável distância. Todavia, as similitudes de aspecto não estão a depender, tão só, de condições anotadas por nosso miradouro, havendo, além dos panoramas que nos couberam, no transcurso da vigília, das passagens que se estendem aos nossos olhos ou que nos chegam pelo ouvir contar, trechos outros em cujos cenários se desenham relações figurativas que, se ocorre virem ao nosso encontro, nos aparecem já formuladas em seus dísticos, tal como a proximidade facial e imponderável a unir Z. M. ... e T...; trechos que, longe de nosso belvedere, se

constituíram partes da mesma urdidura, são mosaicos dispersos de um único políptico; isto por haver, de certo ângulo, uma tomada de vista que considera os vultos não mais em seus pendores de encarnar significações que pairam sobre a terra, porém na qualidade de nuanças de uma superfície que jamais poderemos ver integral em sua extensão — salvo se no Julgamento Derradeiro elas desfilem, não segundo a ordem da conduta que tiveram, nem do tempo em que viveram, mas da semelhança de suas aparências — senão em parcelas que muito em raro nos apontam esse território que se veda à presteza da retina, recluso que é à imaginária interior. Como se o espaço entre nós e a matizada superfície fosse de tal maneira imenso que, na viagem do invisível painel ao campo de nossa lupa, os dois semblantes houvessem perdido o elemento comum que os articulava; até então, nunca víramos ou sentíramos a menor semelhança de um a outro, silenciosos ambos em nos revelar a procedência, a estação longínqua de onde se afastaram a caminho de nossos olhos, à feição dos recém-chegados que, ao saírem da plataforma, vêm a ocupar outro veículo sem dizer ao condutor de que cidade são provenientes, nem este lhes indaga o paradeiro último; no entanto, eles têm valises onde se esclarece o nome do logradouro inicial, as quais nos informam se os portadores derivam, ou não, da mesma conterraneidade; bastando que os nossos olhos as vejam, e em seguida, acompanhando as particularidades dos recém-vindos, retenham aquelas que, embora separadas pelo rosto de cada um, se harmonizam em comunidade de ser; no caso de Z. M.... e de T..., a descoberta da convizinhança se patenteara tardiamente, se bem que o fato da tardança não a eximisse da súbita claridade que fez emergir em nossa receptação equivalências de aspecto insuspeitadas até aquela hora; e entretanto legíveis como texto de familiar idioma, parecendo inacreditável que antes não as tivéssemos obtido; súbita claridade que nos recompõe, de outro modo, tudo quanto havia até o momento, que nos leva a retificar o que se instituíra como irremovível e certo, e a reformar, por inteiro, a prevalecente significação em proveito de outra profundamente diversa. Ao tentar a explicação da reforma que, de repente, fomos obrigados a introduzir em velhas folhas do caderno, recorrendo à depositária memoração, convimos que os dois vultos jamais compareceram tão próximos, temporalmente, ao nosso olhar, fazendo-o agora pela primeira vez, e repetindo perante nós um pouco da modalidade de estar no painel contínuo que imaginamos porém não vemos; o depoimento da lembrança nos diz que as duas figuras sempre nos apareceram em retábulos distintos, e tal circunstância induz à afirmação de ser a presença, quadro em que se situam vários atores, o episódio que tem em si mesmo conjunturas que se completam pela natureza da coexibição; teias de desempenho que se esvaem, que se alteram se porventura os mesmos atores passam a entrechos sucessivos, permutando o tempo de nosso olhar pelo tempo da peça em representação. As concomitâncias da presença se articulam em fios que devem a nitidez de significação ao fato de recaírem no panorama atual de nossos olhos, possuindo esse panorama a faculdade de nos oferecer urdiduras e relações que se não dariam em forma de sucessividade cênica e variada: tal a similitude entre Z. M.... e T... que nos foi mostrada no dia em que ambos suscitaram, para nossa lupa, o tema do ser em posição na superfície continuada, nuançada, em que cada rosto representa um tom de vizinhança com outros que se lhe aproximam, no grande episódio que, inteiro, nos sonega o cotidiano. Foge-nos a possibilidade de — na forma do colecionador que recebe, em embalagem confusa, os azulejos retirados de antigo monumento e alcança repô-los na devida ordem — acertar a justaposição das diferentes peças do conjunto confeccionado além; e que nos exibe com alguma freqüência os exemplares que se desuniram dele, vindo ao encontro de nossos olhos para valorização da presença, cujos demais atores se deixam ofuscar por esses prestigiosos intérpretes; todavia, acontece-nos, como agora, merecer o aparecimento de Z. M... e T..., aparecimento que, sob o modo de facial acareação, desvela a contigüidade de suas figuras, em ato que também comporta o inverso dessa manifestação, quando dois seres gêmeos que, vistos em separado, nos parecem de difícil identificação, vistos no mesmo estrado, consentem distingamos os pormenores individualizadores; assim, o ato da presença, que amolda em si compatíveis e incompatíveis conjunturas, possuindo em todas elas elevado grau de solução e de preparativos a posteriores entrechos, nos induz a considerá-la ora em sua natureza de algo que encerra unidade autônoma, ora em seu papel de algo que colabora em uma unidade que a transcende, que se expande nos retábulos anteriores, ulteriores ou simultâneos, mas ausente da enquadração de nosso olhar.

3 — Na qualidade de conspecto independente, o episódio — curto painel, porquanto, com a permanência de atores novos, ou com os mesmos do início, tende a dar ao assunto elasticidades que só condizem com o processo da cênica sucessão — nasce e morre dentro do próprio conspecto, com os recursos monologais e dialogais das fisionomias em desempenho, mero haver da ordem figurativa; entretanto repleto de significado, de cujo tema inúmeras ilações se derivam para maior fixação do entrecho em nossa memória. Mercê da raridade das semelhanças, o repertório todos os dias se alimenta das disparidades de aspecto, de onde a imensa temática que as efígies nos propõem sempre que nelas repousa nosso olhar: temática tumultuosa e exuberante como aquela acaso existente momentos antes de operar-se o Julgamento Último, quando então os seres, até o instante dispersos, se arranjam nos devidos lugares, as fisionomias dispon-

do-se de acordo com as nominações da fidelidade religiosa, que são poucas, mas o bastante para abranger o enorme inquérito; todas as atitudes são alusivas aos nomes que uns souberam venerar, enquanto outros denegriram não obstante as advertências, inclusive as que surgem através dos próprios retábulos da contemplação, vários dos quais têm por veículo do anúncio, em vez dos sons que convencionalmente profere o pregoeiro, as figurações endereçadas à lupa. A similitude nos abandona o miradouro na ocasião em que os intérpretes tornam discerníveis, identificáveis, os seus vultos; entanto, ela, em conseqüência da mobilidade de nosso rosto, vem a ser mais assídua, desde que façamos recair neles o só predomínio dos contornos genéricos, ângulo do qual todas as figuras, perdendo as distintivas particularidades, obtêm a faculdade de expor-se à expressiva equivocação, isentas dos rótulos que costumam preservar, tudo para melhor plenitude da semelhança. Mostradas, porém, em simultaneidade com os respectivos nomes, os rostos de Z. M... e de T... nos conduziram a verificar se, de futuro, a paridade fisionômica passaria a reger, em nós, as relações entre os dois atores; ou se, valendo como a ilusão de um segundo, não mais volveria ao elenco das aparições análogas, prevalecendo portanto a diferençada maneira com que até agora se submetiam à nossa consideração. Sem tentarmos vê-los em distância generalizadora, dado que não fora esta a que nos revelou a consangüinidade de aparência, adotamos o critério da presença com a lupa avizinhada de ambas as fisionomias, de acordo com as oportunidades de nossos encontros; sendo que, a fim de pô-las no mesmo quadro do painel, tivemos de utilizar a iniciativa, fazendo-as companheiras uma da outra, convidando-as a virem à nossa residência, tentativas inúteis, pois que, nem isoladas nem em conjunto, repetiram diante de nós a prevalência da paridade, da similitude que nos parecera, na cena antiga, tão evidente, que as haveríamos por sinônimas em quaisquer dos desempenhos que lhes delineássemos. A convicção de que a analogia registrada pertencera ao mero engano, compeliu-nos a subestimar muitas situações já fixas em nosso catálogo, e cuja verificação em posteriores experiências descuramos de conseguir; as quais, se cometêssemos, chegaríamos à conclusão de não serem mais que painéis fantasmagóricos, resultados menos da perspectiva, que descortinamos, que do estado passageiro da lente, como se nos fosse reservado o arbítrio de termos as figuras conforme os ditames de nossa pessoa, esta mesma inexplicável em muitas de suas manifestações; tal se deu no momento em que os dois vultos, comprovadamente dessemelhantes, vieram a ser parecidos, sem na hora nos acudir o pensamento da aproximação de aspectos, diante do qual eles, por obsequiosa coincidência, surdissem para o homologar. As projeções de nosso ser na objetividade que nos cerca, efetua-se em longos passos de nosso procedimento, sendo elas de tal sorte dominantes, que dirigem e acentuam grande parte dos entrechos; no convívio fisionômico, se quisermos esclarecer a autoria dos entendimentos com o mundo, um quinhão menor caberia a este, a plasticidade dos acertos e desacertos competindo a nós que estendemos nas coisas a nossa pessoal modelação. Certas atitudes que assumimos no intuito de promover a decisão de alguém, certas interrupções da fatura a fim de que ela não prossiga em gestos por nós condenados, a escassez de interferências com que nos omitimos de muitas assembléias, a constância do devotamento junto a rostos que diferem de nossa alma e que todavia amamos, enfim, quase todo o cortejo das práticas, são formas que nos pertencem e que procuram a adesão de outrem ao ser de nossa personalidade. Quando, após levar a efeito uma dessas aliciadoras tentativas, compreendemos o malogro do propósito, a sensação que nos afeta, em virtude de termos a consciência de nossa intercessão no decorrer dos convívios, é a de quem sofre a contingência de se limitar à sua pequena concha; contingência tanto mais penosa e de mais difícil acomodamento quanto a imaginativa que, aliada à ânsia, produz certezas, dera ao encaminhamento dos atos ou das renúncias uma perspectiva similar à que vislumbramos da janela ao vermos o panorama solidarizar-se conosco, parecendo que se modelara, aqui, do interior do quarto; imaginativa que nos proporciona, inclusive, o atributo de adivinhar, de abrir todas as portas convicto de que, além, tudo procede segundo a qualidade de nosso acolhimento; tão seguro nos temos quanto a essa reciprocidade, que nos dispensamos de abrir as portas: queremo-las fechadas como o ente afetivo que se recusa a expor as efusões, sonegando-se à presença dos amados seres, privando-se de que estes manifestem as atitudes do grato reconhecimento, as quais ele conhece sem as testemunhar, todas corretas sob as formas do devaneio, ele isento de ir à sua busca e de abraçá-los.

4 — A assiduidade das visitas à residência de P..., que antes nunca merecera igual dedicação, explicava-se pelo interesse, quase sôfrego, de conseguirmos, por sua intervenção, o reatamento da amizade de C...; como a interposta figura nos alegasse havermos somente agora, a despeito de suas costumeiras solicitações, atendido ao apelo de ficarmos, com ele, em palestra na sala, cujas obras de pintura — que ele tinha por excelentes quando eram em verdade medíocres — ele impingia a quem pudesse propalar o seu desamor ao dinheiro, que consistia em acrescer a coleção de telas, respondemos-lhe que a circunstância do oportunismo, ponto censurável em virtude da concorrência de pretextos a unirem-nos, dentre eles a comum inclinação pelas coisas da arte, se bem que os gostos diferissem, se atenuava ante a índole da motivação, qual fosse a de contarmos com a sua ajuda para a missão de volvermos à antiga camaradagem de C.... A resistência de P..., sobre mal dissi-

mulada, constrangia-nos antipaticamente por nascer do descaso que mantinha com respeito ao comércio da afetividade, tocante e confortador lazer cujo descuramento vinha a corroborar a conclusão de ser P... um mau cultivador de assuntos artísticos; sem mentir, revelamos-lhe que C... conhecia alguém que, por quantia módica, por simples oferta, certamente lhe cederia um quadro de autor que ele poria em especial relevo; tal sugestão, aceitada imediatamente, fez-se acompanhar, logo depois, de reservas pouco esclarecidas mas que compreendemos tratar-se de completa ausência de desenvoltura para a função de reconciliador, para a empresa fácil de reunir dois semblantes que nasceram para não se desunirem nunca. A falta de treinos dessa ordem e a nenhuma vocação para os eventos da cordialidade, persuadiam-nos de que, se porventura atendesse à nossa insinuação, o painel vindouro se danificaria por força de inadequado desempenho; já nos arrependíamos da esperteza da proposta, quando, removendo a necessidade do auxílio tão duvidoso de P..., lembramo-nos de lhe utilizar a figura, não mais de maneira direta, porém sob fórmula que nos conduziria ao pleno êxito, como também nos desobrigaria de dever ao desfavorável intérprete a autoria de nossa restauração na amizade de C...; a fórmula a adotar consistiria no aproveitamento do mesmo P..., apenas o seu papel, ignorado por quantos comparecessem ao episódio do reatamento, inclusive P..., apesar de lhe competir o importante desempenho, seria de cunho fisionômico, à maneira dos que se sucedem nas situações que assistimos nas ruas, nas praças, nas assembléias, em qualquer parte onde o urdume das efígies nos mostra o enredo de sua exterioridade. No aposento, que é a oficina de tantas modelações, traçamos o esboço do grupo escultural e móvel, no interior do qual haveria de aparecer o semblante de C..., alegre por dali em diante colaborar conosco na recomposição de antigos painéis, todos de comum participação, de há muito interrompida, e posta somente nas práticas de nossa memória; o preliminar desenho constava de linhas ardilosamente sinuosas, não obstante desculpáveis à vista do magnânimo propósito — a rearticulação da amizade que traria a C... conseqüências tão materialmente benfazejas como espiritualmente salutares à abolição de nosso remorso — as quais a ninguém prejudicariam, no final todas se estruturando em convergência à irreclamável recondução do afeto. Usamos, sem a precisa licença, do nome de P... junto a terceiros rostos e de modo a não transparecer que tínhamos a incumbência de um recado, deixando cair gratuitamente no meio da palestra a notícia de que, no próximo aniversário do colecionador de telas seria de muito agrado, para P..., a exposição, em sua residência, do maior número possível de quadros dispersos, exatamente do pintor que ele dizia admirar e do qual um amigo de C... possuía uma paisagem de outono; P... era um indivíduo que, embora parco em demonstrações fraternas, gozava de apreço quase unânime entre os da localidade, tudo por efeito da prodigiosa fortuna, sendo portanto potencialmente em liberalidade, posto nunca a houvesse espargido, nem mesmo nos pintores pobres, vítimas sempre de peculiar regateio; de forma que estávamos certo da contribuição, em alguns casos fervorosa, dos ouvintes que, se não dispusessem de obras, iriam fatalmente aos colecionadores da terra e a quem de qualquer sorte alguma conservasse, entre estes o amigo de C..., o dono da vista cinzenta e sem folhas; poderíamo-nos valer de um dos prestimosos veneradores de P..., e, talvez por mais curto caminho, alcançarmos a reacolhida por parte de C...; mas, acontece que muitas obtenções não nos satisfazem se não forem trazidas pelas mãos de determinada figura, quando a interposta pessoa transcende de si mesma, de sua função de intermediária para, vinculadamente ao objeto em foco, constituir o corpo vestibular, a extensão já acessível da meta de nosso desejo; assim, por motivo de propriedade cênica, escolhêramos o único rosto capacitado à plenitude de termos o que pretendíamos; com efeito, sentiríamos uma ventura incompleta se nos reconciliássemos com C... por interferência de outro vulto, dado que P... era exatamente o protagonista, sem sósias, a dever recompor a cena que se desfizera, há alguns anos, numa tarde em que se via presente o próprio P...; a modo do ensaiador que retoma o entrecho tal como o suspendera na véspera, da mesma forma, tentando diluir o tempo da separação, tempo estranho à peça de nossa cordialidade, íamos religar, não só o tema do precioso afeto, como a duração que, especificamente dele, do tema, também se interrompera; no dia aprazado, a festa quase que se resumiu em discussões acerca das telas expostas, entre as quais perto de uma dúzia fora cedida em homenagem à efeméride, tudo para o regozijo de P... que, ciente da qualidade da manifestação, se mantivera como se, em verdade, partira dele a iniciativa de transformar-se a residência em salão de amostra; todavia, entre os quadros da ansiosa arrecadação, faltava o do amigo de C... que, estando presente ao grupo, se desculpava por não haver contribuído, adiantando não dever a obra sair da parede, onde se encontrava, na moldura não condigna em que se encaixilhava; cremos que além de nós, que o conhecíamos bem mais que ninguém, a nenhum vulto ressoou a ironia velada na justificação, tipicamente de sua maneira de ser nos concílios da veleidade, ironia que expressava o desdém pelo descabido encômio ao pintor e uma forma de não aderir aos aplausos, evidentemente insinceros, à fisionomia de P...; se unicamente a nós coube a decifração de suas palavras, de nenhum modo semblante algum habilitar-se-ia a acolher a conseqüência da coonestação de C..., no tocante ao favor que pretendíamos do homenageado; este, bifurcando a vaidade em dois sentidos, num, aceitava a reserva de se não trazer o quadro sem a adequação da moldura, no outro, punha restrições em absolver o proprietário da negligência de não haver, com a aposição da tela, correspondido à distinção de seu gosto e de sua hospitalidade; do segundo aspecto da presunção, resultou a frieza com que se dirigia à pessoa de C..., e de nosso lado tínhamos que ela ia envolver o esquema da reconciliação, a trama arquitetada, mas cujo êxito só se efetivaria se na pessoa intermediária houvesse o equivalente aspecto de ser útil assim a nós como à efígie do outro comparsa; em virtude do acontecido, aproveitamo-nos da nova experiência para não mais contarmos com as adequações do interposto vulto, dada a sua insuficiência de ternuras plásticas, com o que ele redundava de nenhum valor às esculturações do afeto: resolvemos, agora mais do que nunca, dispensar a sua consciente colaboração, e atermo-nos só àquilo que de P... ainda restava como elemento positivo ao nosso intuito: a adoção pura e simples do processo fisionômico, e sobretudo — à maneira da pequena vingança que não atinge o conhecimento da pessoa visada por ela, mas nutre a alma tímida e desencaminhada — a utilização dessa mesma figura, não em intacta presença, e sim representada por um semblante qualquer.

5 — Uma das modalidades mais comuns com que nos projetamos além de nós e em direção de alguém, consiste em localizarmos aos olhos deste, quando neles não estamos, um objeto impregnado de nosso rosto; o qual nos substitui fisionomicamente e portanto nos tranqüiliza por não sermos em ausência no olhar que tanto estimaríamos nos contivesse em horas longas; o objeto, que presenteamos, irá repor a nossa presença na tela, senão ininterrupta, ao menos mais durável que as vezes permitidas ao nosso particular semblante; por nos vermos assim outorgado numa coisa cujo nome é o de seu gênero e não o de nossa individualidade, nem por isso nos cremos em inferior delegação; pois que na ordem facial os atores, pelo fato único de serem visíveis, se nivelam no mesmo plano de representação, prestáveis sempre aos motivos que os incorporam como vultos animados ou inanimados, à semelhança do livro que, em mãos de terceiro, ora subentende o autor, ora o conspecto de quem o ofereceu em dádiva. Com efeito, C... publicara, há uns anos, em tiragem reduzida, um opúsculo que não fora além dos companheiros, dentre os quais nós que dispúnhamos de dois exemplares, um deles sem dedicatória, avaramente preservado à espera de alguma aplicação, o que veio a acontecer no restabelecimento do buscado convívio; opúsculo que — à feição do ator que, nunca aproveitado no elenco, é a desoras insistido a reparar a falta do intérprete enfermo, e, sem razões para a recusa, livra de cancelamento a peça programada — adquiriu subitamente o papel que nos obrigou a retirá-lo da gaveta, e, atendendo aos novos reclamos, a propiciar-lhe os caminhos da desenvoltura, entre esses o de apormos, dirigida à face de P..., a dedicatória que a um só tempo agradaria ao destinatário e comoveria de certo a alma de quem o escrevera: porque sabía-

mos que a dura sensibilidade de C... tinha, pelo menos em páginas do pequeno volume, vãos abertos a afetivas intimidades; se bem que o livro em posse de P... graças à nossa iniciativa, longe de prestigiar o autor aos olhos de quem o aceitava, o dispunha a mais ressentimentos contra a pessoa de C..., por considerar-se diminuído em não conhecer o tomo por intermédio do próprio escritor, valemo-nos da circunstância dessa mágoa, que o portador não deixaria de transparecer ao vulto que o olvidara na ocasião das oferendas, para que viesse ao entendimento de C... a nossa admiração pela atividade intelectual de sua juventude. Como o empresário que, na certeza de possuir alguém de sua vizinhança belos dotes para o exercício da ribalta, o acompanha nos mais diferentes conluios para o fim de experimentar os recursos da boa descoberta, assim, estréitando a assiduidade à residência de P..., nos pusemos a inspecionar o roteiro do livro de C..., as mudanças de local a que se submetia, demorando-se ora na cadeira, ora no canapé, com intervalos fora de nosso miradouro, tal na hora em que soubemos estar no arquivo da estante, o que nos levou sutilmente a afastá-lo e fazê-lo mais próximo de P..., situando-o no móvel à cabeceira da cama. A interferência no itinerário do opúsculo se aprofundou mais ainda, quando, em frente do mau leitor, abrimos com a espátula, uma a uma, as folhas que assim o convidavam a conceder ao objeto o trânsito que nos interessava, o mais curto a percorrer entre nós e a efígie de C...; porém os dísticos orientadores de tal forma escapavam à argúcia de P..., no caso, à sua iniciativa de apreciar o volume, que, se porventura desacreditássemos da estratégia, mal confeccionada ao cúmulo de ele nos pressentir o intento, concluiríamos estar o interlocutor a contrariar conscientemente o intuito de nossos atos, a comprazer-se com os inúteis jogos de mímica, o que seria um processo de replicar, negativa e fisionomicamente, ao anseio que lhe não agradava; contudo, a notícia da oferta a P... chegara aos ouvidos do autor da obra, menos por nossa intromissão do que pela de terceiros, tanto mais depressa conduzida quanto pequena era a cidade, em cujo interior a teia das situações se entrelaçara favoravelmente ao nosso desígnio, mercê da cooperação de intérpretes secundários, entrados e saídos não sabemos por que bastidores; os quais descuramos sempre de incluir na formulada urdidura, mas que têm franca a porta ao recinto da representação, modestos protagonistas que, servido que somos de socorros, não descemos ao seu encontro para agradecer-lhes a surprendente ajuda, nem sequer procuramos conhecer-lhes a face e o nome; tal sucedeu no final da história, quando, a par da atitude de enviar a P... o tomo dos iniciais devaneios, fato aliás difundido na mesma noite em que o brindamos, o autor, seriamente agravado com o gesto, por lhe parecer que este devia condicionar-se à prévia consulta, porquanto o livro não estivera à venda e assim a ele competia a seleção dos leitores, concebera existir de nossa parte a preocupação de diminuir-lhe o crédito;

desconfiança tanto mais fortalecida quanto o trabalho da adolescência, sem mais lhe corresponder ao pensamento e ao gosto de agora, vinha à sua lembrança de mistura com insuportável sensação de pejo; enquanto C... padecia de pseudoafronta, cuidávamos de ver o livro estacionar de móvel em móvel, mudo sempre às direções que lhe traçávamos, e na interesseira contemplação o púnhamos como suscetível de atender ao nosso propósito; no entanto, depois de verificarmos que por outro meio chegara ao escritor a notícia da dedicatória, o livro, como principal intérprete da urdidura, passou a mostrar-se à maneira do protagonista que, supondo ficar ainda a assisti-lo o último dos espectadores, continua a exercer o papel no palco, desta vez para a recepção de ninguém, travosa inutilidade que haverá de pungi-lo enquanto ele viver; melancólico ser em gesto, igual àquele de que há tempos nos coube participar, quando, alegre pela qualidade de conviva ao almoço em casa de M..., aprazado para o domingo vindouro, gozamos do apreço em que éramos tido, da honra de brevemente acompanharmo-nos de vultos de intelectual distinção; e dessarte, cheio da melhor ventura, penetramos na residência vazia dos demais, e ante a constrangedora surpresa do anfitrião: ele esquecera de nos avisar do adiamento.

6 — A fim de salvar a M... do acabrunhamento de nos ter olvidado, revestimo-nos com a alegação de sermos em intimidade suficiente para usufruir de sua mesa sempre que no-lo apetecesse; insincera e frágil alusão, mas conveniente a ele e inclusive a nós, visto que o embaraço era de ambos, composto da tristeza em duplicidade, a de M... por nos haver conduzido à vexatória conjuntura, a nossa por sentirmos, em plenitude, o teor do nome indiferença. Em casa de P..., o livro, já então de envolta com jornais e bandejas servidas — assemelhando-se à efígie que, sob o golpe de inesperado logro, se inclina da importância orgulhosa, vindo a palestrar com os fâmulos em painel de mais cômodo sentido, e a merecer de quantos o observem, e à custa do desapontamento em que se vira há pouco, os encômios pela virtuosa humildade — inculcava em todas as figuras presentes a idéia de ele ser a obra de sua particular estima, porém a nós que lhe seguimos os passos, e no intuito de mantê-lo ainda no desempenho da frustração, coube o gesto de recobri-lo totalmente com um dos guardanapos; era a cena final do pequeno conto e a nossa ingerência na confecção do desfecho resultava sobremodo legítima, porque em fusão com a brochura estava, em processo de outorga, o nosso ser em busca da rearticulação com a pessoa de C...; se o objeto escondemos dos olhos, é que não mais o queríamos sob outra participação, da mesma forma que fugimos do painel sempre que o ator, mal informado do que lhe cumpre exercer, profana o sentido em

foco por meio de gestos deturpadores da unidade até então corrente; para não nos condoermos a contemplar o objeto ausente do assunto que lhe delegáramos, o nosso impulso constou de sua imediata supressão como se nos parecesse inconcebível a sua permanência em nós, quando nada mais possuía de interesse; equiparando-se, a contar dessa hora, aos demais volumes da mesma cor e tamanho, cada um deles inserindo, indistintamente, a faculdade de trazer de nossa lembrança o significado que um livro obtivera no decorrer de nosso repertório. O olhar interrompe-se comumente e procura ao redor uma efígie qualquer onde venha a apoiar-se, efígie que é apenas o pretexto para a ocupação da ótica, intérprete cujo desempenho logo passamos a esquecer; experimentamos, quando tal acontece, a precariedade de sua duração em nossa retentiva, como nos contatos que mantivemos com certas figuras que, no dia seguinte ao sucesso, não nos obsequiaram com o menor cumprimento, nem revelaram a outrem a existência de nosso semblante no grupo em que estivemos todos; torna-se então razoável a suspeita de havermos sido, perante o olhar desatento, como a fisionomia que continua anônima apesar de ter sido, num momento de absorção, o recheio da necessitada ótica. Por tudo isso, por não reduzirmos os semblantes dos breves contatos ao não-ser que sofremos quando eles no-lo aplicam, esforçamo-nos em gravar o aspecto desses vultos que nos distraem de anteriores desconcertos: como no momento em que, deleitado com os gestos de D... ao nos relatar, fazendo-os graciosos, os costumeiros acidentes de seu cotidiano, vimos entrar no recinto a face inoportuna de E... que, ao surgir nessas ocasiões, desatava, à guisa de bom humor e invariavelmente, trejeitos e palavras que não correspondiam ao teor do episódio em desenvolvimento; sobreveio-nos o recurso de abandonar os olhos sobre os pés do recém-chegado, parte única do corpo legível ao tom que empregávamos em relação a D..., o melhor que dele nos resta ainda, tanto por nos agasalhar a constrangida visão, como por termos descoberto que entre eles e os nossos havia a similitude de aparência, de tal forma estreita que era como se olhássemos para algo que nos pertencia, identidade fisionômica a nos induzir a avocar para o nosso nome o objeto a que recorrêramos. A semântica figurativa consente a incorporação, ao nosso rosto, daqueles aspectos que embora na propriedade de outro alguém, podem confundir-se com os de nossa congênita legitimidade; assim como os sapatos de E..., parcelas outras existem que nos tornam esparso em terrenos onde não estamos, em sítios que jamais haveremos de percorrer, mas discerníveis não obstante a dificultosa verificação: quando, por exemplo, o itinerante, ao descer a escada de bordo, nos comunica, antes mesmo dos abraços, ter conhecido em cidade outra, distante muitas e muitas milhas, um vulto que lhe parecera tratar-se do nosso; imediatamente simpatizamos com esse vulto, que deteve, em efêmero painel, o nome com que se nos designam. Os protagonistas humildemente secundários assumem, para quem deseja conservá-los a despeito da insignificância, relevos que até bendizemos a inoportunidade da aparição; tal a permanente plasticidade do que é visível, do nosso intelecto que nos compensa do espetáculo insatisfatório com outro de efeitos também consideráveis, sendo toda a vida ótica a homologadora série do ser conosco, do estar, sem exceção, em nosso vulto; conseqüentemente, a condição única de serem em nós, processa-se, afora outros meios, pelo intermediário da similitude, sistema que se sobressai por comprovações simples de obter, quer as surgidas diante do próprio olhar, quer as provenientes da observação de terceiros; na casa de S..., ao recusarmos a vista à seqüência que nos incomodava, promovemos, de modo fisionômico, o corte diluidor do desfecho a avizinhar-se, e da suja exibição nada mais vimos, em verdade; porém, no dia seguinte, uma testemunha da reunião nos revelou que procedêramos acertadamente ao desviar os olhos, pois que o painel era contrário ao nosso gosto e ao dela ainda, e ao de quantos a ladeavam; contudo, ela não se persuadira de que a nossa visão, ao afastar-se da cena imprópria, se movera em todas as direções, recaindo em cada um dos figurantes, excluídos os do desaire, e que o seu depoimento confirmara o que concluíramos no tocante aos vultos dos apanhados efêmeros: revestirem-se todos estes de algo que nos pertencia, e que na hora mais importava: o unânime consenso de não ser aquele o retábulo de nossa expectativa.

7 — Omitimo-nos de muitas assembléias porque sabemos, de antemão, de que são capazes os atores; omitimo-nos por efeito das inoportunidades que insistem em prevalecer em detrimento do que formulamos na medida dos gestos em vigor; são protagonistas variáveis, inconstantes no desempenho, como se se sentissem molestados na peça que executam para nós e para ninguém mais, que eles, por explícita que seja a ficção das atitudes, perseveram em revelar apenas as conjunturas nos termos da agenda real. Para os observadores da realidade, só interessa a nominal pessoa, cujos aspectos e movimentos eles articulam ao motivo para o qual se convocara o sinédrio, o motivo indicado previamente, que muitas vezes vale menos como significação que o tema ocasionalmente surgido no transcurso do simpósio, que nos merece mais e nos ocupa em todo o desenrolar da sessão. Se conhecemos os intérpretes que participarão do conclave, se entre eles algum excessivamente cônscio de seu valor, tem por hábito atrair a todos para a saliência de suas palavras, esquivamo-nos de lá comparecer por não suportarmos a repetição do painel da procurada saliência, por não sentirmo-nos bastante neutro para deixar o ator em expansões e irmos, focalizando os demais trechos do episódio, buscar, em torno de personagens segundas, retábulos mais condizentes com a nossa

recepção. Sem embargo das mutações que o protagonista obtém nos painéis da vaidade, nome que se estende sem perder-se, por infinitos corolários, preferimos, após o encerramento da sessão, o relato feito por uma testemunha; neste, o rosto da saliência é mencionado a cada instante, tal como havíamos profetizado, bem podendo sermos nós o autor da ata que o pobre participante, insuprido de melhores méritos, fomenta no intuito de imortalizar-se, à maneira da ocorrência que, sem querer, assistimos no hospital de P. S..., na cidade do R..., há alguns anos. N..., que jamais cedia a peanha ao busto de quem quer que fosse, se bem que alimentasse, no íntimo, a profunda tristeza de, apesar das promessas de talento com que enchera a juventude, não ter ainda realizado uma obra que lhe ratificasse a fama, possuía contudo a faculdade de unir-se a semblantes de muito superiores a ele, quer por prometerem ainda mais, quer por haverem ultrapassado o período dos prometimentos, com positivações em forma de láureas e de livros reeditados; avistamo-lo no corredor do hospital, junto a outras efígies que se apressaram em visitação a A... que a ninguém podia ver, tal a gravidade do acidente sobrevindo naquela manhã; segundo soubemos, encontrava-se ali o inédito escritor há mais de duas horas, com manifestações de impaciência que muito o elevaram de conceito entre os familiares do agonizante, os quais relacionavam a persistência de N... com o seu afeto pela vida em ameaça de interromper-se. O vulto em proeminência social, não obstante o legítimo e honesto sentimento que a poucos inspira quando a desventura lhe chega à porta, no entanto, à maneira de castigo pela atmosfera pouco humana dessa mesma proeminência, vê-se na circunstância de não acreditar na dor dos que o ladeiam, caindo em desconfiança o comportamento dos que, em solicitude que não teriam para um companheiro modesto, correm — com a indumentária com que se encontram, perfeitamente ilustrativa da amizade que esperam seja, sem demora, perceptível ao olhor de terceiros — à procura da personagem que, se já houver falecido, se sub-roga nos testemunhantes, tudo enfim exercendo-se em termos de presunção e vaidade. A nossa presença no nosocômio ativara a satisfação de N..., por sermos não somente mais um a certificar-se da fidelidade ao ilustre enfermo, porém, sobretudo, mais uma voz a depor, dali em diante, sobre a presteza de seu cometimento; como o advogado de discutíveis escrúpulos que, não contente com o que irá proferir, na sala das audiências, a testemunha conhecedora do sucesso, por ele mesmo arrolada, se impele a instruí-la a seu modo, assim a figura de N..., acercando-se de nós, e sem que nada lhe indagássemos, confessou-nos que tinha em seu poder vários autógrafos de A..., cartas extensas e de terna camaradagem; em seguida, notando que num grupo circulava uma notícia referente à situação de A..., precipitou-se sem nos pedir licença, indo-nos trazer a confortadora nova de que as lesões não tinham a gravidade que a princípio supuséramos; ao receber o atenuador prognóstico, lemos, na fisionomia que no-lo comunicava, um texto que não era o da alegria unânime, porém o da página que destoa, a intromissão visivelmente apócrifa que nos constrange e aniquila o painel; dizia a leitura do rosto de N... que a possibilidade de salvação do doente nenhum prazer lhe dava, que ele o sentiria se porventura A... nunca despertasse da coma, se tivesse morrido naquele minuto, desde que a segurança de restabelecer-se excluía o aproveitamento das cartas no meio do necrológio a sair, sem tardança, no jornal da terra que inumeráveis leitores recortariam, e ainda as reproduções na imprensa de outras cidades, ocasião oportuna de transmitir-se o acervo, liberto das retificações que o continuado convívio muitas vezes ordena, obrigando, inclusive, que o destinatário devolva o que recebera. Tememos a injustiça dessa interpretação, tanto mais que as efígies, diferentemente dos volumes na estante, a nosso dispor, não se permitem reexaminar, quando, à vista de revelador impulso, pretendemos desfazer equívocos, como o que infelizmente se solucionava em afirmativa do que quiséramos fosse ilusão; realmente, buscávamos um meio que nos positivasse o engano, mas o ator, em lugar de vir em ajuda do cordial empenho, proporcionando-nos melhor sensibilidade em gestos de todo condignos, associando-se, embora tardiamente, ao teor dos demais participantes, ofereceu-nos a irrefutável prova da mesquinha e dura alma, ao inquirir, de alguém da família de A..., onde se achava a lista que os presentes deveriam assinar por lhes não ser possível o encontro com o enfermo; acontecendo que nenhum rol havia, nem ninguém se lembrara em virtude das perturbações, o próprio N..., alegre pela inexistência de nomes que o precedessem, prontificou-se a organizá-lo, numa atitude de gentileza, que foi imediatamente compensada ao escrever na primeira linha o seu nome.

8 — Todavia, se nos escusamos, sem prejuízo de ninguém, nem mesmo do rosto cujos deméritos fisionômicos já se arquivaram em nosso repertório, a comparecer a pressagiáveis situações, partimos de bom grado para as assembléias onde se reúnem seres do mesmo plano de procedimento; nas quais nenhum vulto, procurando emergir-se dentre os demais, vem a impor-se de tal sorte que a nossa visão ou se deixaria ocupar pelo insulador objeto, em aperto de nossa sensibilidade, ou se desviaria dele, indo abrigar-se numa figura qualquer; conduta esta que, em última análise, beneficia ao próprio desajustado semblante porque, em nós, ele não regravará toda a exposição dos intoleráveis gestos; nos conclaves dos atores perfeitamente disponíveis e que não impõem à nossa ótica maior duração que a conveniente à urdidura que tecemos à medida que a captamos, a presença do intérprete que a ela não se acomoda, mas que não busca salientar-se a qualquer pretexto ou a pretexto nenhum, parti-

cularmente nos apraz; o uso que lhe fazemos da mímica, é uma forma de negar-lhe a indiferença com que, no cotidiano de nossas ojerizas, costumamos, na mais favorável das hipóteses, tratar o rosto que se não compadece com o nosso ser receptivo. Nos sinédrios desse tipo, a antipatia cede a vez ao grato mister de preenchermos mais uma folha do álbum mediante a virtuosa aparência; positivando-se o simples fato de aproveitarmos o incorreto vulto, como o dirigente de serviço, verificando que um dos auxiliares, na ausência do que fazer, provocará no público impressão desprimorosa, inventa qualquer tarefa com que ele se preocupe, qualquer coisa de inutilidade perfeita, mas que o integra fisionomicamente nas características de funcionário; ao mesmo tempo que o autor da adequação, sem que o beneficiado desconfie do sub-repticiamento, sentir-se-á melhor ao ver de seu posto a cena em desenvoltura, inclusive aceitando, com uma condescendência superior à do hábito, a circunstância de nada produzir o ser materialmente sem préstimo. Os desentendimentos pessoais são, via de regra, menos insolúveis do que em geral supomos, existindo, além das atenuações que a sucessividade costuma promover, mil oportunidades oferecidas pela trama da convivência, como se, em redor de nós, tudo conspirasse ao reatamento das boas harmonias, não por meio de intervenção direta e intencional de vozes e de atitudes, porque ordinariamente as testemunhas da inimizade respeitam a conjuntura das separações, mas por intermédio de nonadas que se entornam da teia humana, tal o episódio em que se efetua a comunidade de sofrimento ou de alegria, a fortuidade com que um dos desafetos pronuncia o nome do outro e este, vindo a saber quer por interposto vulto, quer por seus próprios ouvidos, que lábios adversos o articularam com neutra inflexão, embora sob esse aspecto nenhuma diligência de reconciliação houvesse da parte do proferidor, um matiz de reaproximamento desponta do entranhado rancor ou da gratuita antipatia. Nos comuns entrechos em que o laço de união se opera figurativamente, por ser a objetiva, mais do que a escuta, inclinada a percebimentos intencionais por parte de nós — isto em virtude de assentarmos o sentido da visão quando e onde bem o queremos — a aliança acaso estabelecida entre o nosso rosto e o do semblante em foco, é menos calorosa que a fomentada pela surpresa de ouvirmos, sem tendenciosa sonoridade, a pronúncia de nosso nome; ademais, a aliança visual significa um modo de tal face se sobrepor à indiferença, à lacuna de ser fora de nosso álbum, por consistir nesta a penalidade que habitualmente sentenciamos às efígies que nos desgostam, como se a contingência de as vermos danificasse o cristalino de nosso miradouro; há, ainda, para mais completa adoção do recurso figurativo, nesses exemplos em que o ator não conta com a benevolência, o fato de evitarmos, quer pela posição de nosso corpo, quer pela vigilância que exercemos sobre o seu belvedere, o contato ótico entre a lente do protagonista e a nossa lente; processo de contemplação que nos conduz ao registro neutro, pois que a fugaz incidência do olhar no olhar traz muitas vezes consigo um mundo de repercussões a que não podemos escapar. O perigo de ver o olhar, perigo mais conseqüente que o de ouvir o nome, paira sobre o entrecho, ameaçando-o de desfigurá-lo pela maneira mais aluidora possível, qual seja a de lançar entre a cena e a platéia a inadmissível subversão de uma se envolver no domínio da outra: como nos espetáculos de magia o saltimbanco a solicitar de alguém do público o comparecimento ao estrado, a fim de, com ele, expor as habilidades; convite que por mais necessário que pareça à boa execução da mágica, deixa sempre nos circunstantes o travor de algo desconexo e desnatural, acrescido do receio de que sejamos nós, na seguinte exibição, o escolhido comparsa e simultaneamente o corpo que em si reúne, de forma anômala, os papéis de ver e de ser visto. A personagem que, após o encerramento da sessão, segue em companhia dos que com ela debateram e convencionaram sobre os assuntos da agenda, nem ao menos se recorda de nosso rosto, em quem o seu olhar não recaiu; mesmo que o tivesse feito, dele nos desviáramos, tudo porque, com os mesmos atores e de posse dos temas da convocação, uma peça distinta era também ao alcance de nossa visibilidade; e a fantasiosa recriação, posto que não inserida na ata dos acontecimentos, equivalera a uma página a mais no repertório, talvez que superiormente duradoura à que correspondera à rememoração dos que, pela rua afora, levam a dita personagem até o ponto das despedidas; hão de esquecer-se do episódio empírico e recuado no tempo: quanto a nós, já esquecidos fomos, e nessa posteridade, revendo atas antigas, só então, uma das figuras que não atinaram com a nossa presença, ou indagará sobre a efígie a quem a assinatura de nosso nome se refere, ou, conhecendo-nos de maneira precisa, e confiante na memória, duvidará do comparecimento de nosso vulto, tanto mais inadmissível quanto no relatório do conciliábulo nenhuma alusão se prende ao uso de nossa voz, nem de nosso nome, para efeito de qualquer atividade; lá estivemos à semelhança do espectador que, estreitamente ligado à pessoa do intérprete — e por escrúpulo que a ninguém, todavia, é dado entender por ignorar o índice de suas relações — sonega a si próprio a mímica de bater palmas, aparentando aos demais da platéia a confissão de que não apreciara o desempenho; mas, como nenhum, ele assimilou na receptiva todas as expressões do aplaudido ator, ainda os rumorosos encômios, tudo enfim a encher-lhe de satisfação a alma, sem ressentir-se do julgamento por acaso feito, em torno de sua imobilidade, pelos assistentes em redor da poltrona em que se mantivera.

Capítulo 12

1 — O arbítrio. 2 — A necessidade da ordem fisionômica — As nominalidades que passamos — A cidade em nós.

1 — Estando há algum tempo em outra cidade, o fenômeno das faces anunciadoras não mais ressurgiu diante de nossos olhos, no decorrer das perambulações que diariamente realizávamos em ruas ainda bastante inéditas para a respectiva impregnação em nós, em contraste com certa freqüência daquelas aparições na cidade do R...; sem dúvida, a falta de efígies anunciadoras, na terra em que agora nos encontramos, resulta da ausência de conexões intrínsecas entre ela e a receptividade de nosso ser, tais como as havidas à época de nossa morada no R..., onde os contatos eram garantidos por interferência da misteriosa sensibilidade; durante os quais, tornando-se dócil à vizinhança de nosso rosto, a cidade parecia querer que dispuséssemos de seu tumulto como dispomos de nossos pensamentos; as comunicações entre nós ambos estabelecidas, estruturavam-se pela participação dos elementos que constituem o nome da cidade, nos quais o nosso ser, reurbanizando-a em conformidade conosco, inoculava as maneiras de nosso estilo: sob a feição, entre outras, de nem sempre ela nos proporcionar surpresas quando, ao surgimento de um vulto, a visão se preparasse a acolher a face inconfundível que, dentro em pouco, despontava a caminho de sua identificação em nós; assim, a paisagem de então se compunha de reciprocidades que faziam de um episódio algo de comum entre ela e o nosso corpo. Na localidade de alguns meses apenas, sentimo-nos um estranho apesar de muitas figuras conhecermos, de até orientarmos aos recém-vindos que temem perder-se no traçado das ruas, o que praticamos sem o prazer interno com que, mais exímio que o profissional cice-

rone, indicávamos, no R..., o sítio objeto da consulta, dando aos termos da resposta alguns valores informativos que não só outro qualquer entendedor os não podia ofertar, como induziam o forasteiro, isento de enganos, à artéria para onde se endereçava; bem quiséramos contar com alguém que nos servisse — no tocante aos trechos ainda desconhecidos, pois os não trouxéramos à assimilação — alguém repleto de dons coincidentes com os de nossa alma, e acudindo à urgência dos reclamos, nos desse a cidade inteira para que, inclusive, minorasse ou aluísse a saudade, existente ainda dentro de nós, da terra do R...; mas, o desejado guia se recusa a aparecer e certas comunicações entre nós e a recente cidade permanecem obstruídas, nenhuma parcela de nosso ser se alonga pelas fachadas, o que nos impossibilita o encontro com figuras ratificadoras, provenientes de antigas alianças. Na cidade do R..., durante as horas de intimidade, os nossos passos se estendiam como os de quem voltava, eram passos do regresso, em caminhos que não nos obrigavam a retê-los porque já os conhecíamos de há muito em nós; se porventura a visão se infletia para alguma janela, era que algo de nosso ser ali se debruçava, como na rua da P... várias idéias saídas de cogitações se deixavam reapreender por nosso olhar e o de mais ninguém. Agora, esperamos que o tempo demova as obstruções que nos separam, cometendo a empresa a um reajuste de nossa receptiva, reajuste que será, de certo, extremamente zeloso de seus segredos, de sua fatura, nada empecendo que, por si mesmo, ou movido por agente exterior, faça confundir o nosso gesto de ir à cidade, com o gesto de a cidade vir ao nosso encontro; assim, a nossa presença, integrando-se das coisas que nos deleitam, nos livra do cansaço de vê-las como quem as descobre: esforço tanto mais infrutífero quanto a durabilidade das coisas em nós não deriva da satisfação da curiosidade mas de sua incorporação, por indizível processo, no álbum que se constitui das situações mais representativas da ordem fisionômica, de nossa existencialidade criadora e única; a fim de que os semblantes venham a inserir-se nesse álbum, têm que inicialmente, no preâmbulo da investidura em nós, adotar o rito de corresponder ao nosso modo de recepção; o qual, uma vez cumprido, nada os impede de converterem-se ao nosso nome, desde que na ordem figurativa, a nominalidade absorve, em grau de similitude e identificação, os vultos que recaem dentro dela; e com respeito à cidade que assimilamos, o casario e os demais elementos de sua órbita, se parecem conosco no mesmo índice com que o conteúdo se parece com o continente. Na soma de tudo quanto enxergamos e à guisa de coisas da cidade em que ora residimos, há parcelas que, embora nos aparecendo ao olhar e sendo, portanto, conosco e sob tal forma aglutinada à nossa posse, pois dela está a depender a sua existência, não se infiltram na profundidade de nossa lembrança: lacuna que as torna menos perpetuáveis, a despeito da preocupação em lhes promover, à revelia delas, um realce, como, por exemplo, em muitos painéis do convívio, o de transpô-las, do assunto em que de ordinário se empenham, ao assunto que os seus rostos nos sugerem, ou à significação que no momento nos acode. Nas arbitrariedades do artista, geralmente se perdoam aquelas que, fugindo à cotidiana realidade, se harmonizam entretanto com os largos termos da ambiência, fruindo o máximo das possibilidades que esta proporciona; com respeito aos painéis do convívio, as arbitrariedades que empregamos, resultam revogadoras dessa lei da admissão por parte do ambiente; excedem a lógica íntima do retábulo, entornando-se por muito além de sua moldura em proveito da situação em ato que os nossos olhos nele decifram; talvez por tratar-se da derrogação de princípio que nos cimenta sobre a terra, a participação das figuras dentro do motivo ou da pequena história que emerge para nós somente, adquire mais duradoura estada em nossa lembrança do que se elas nos viessem aos olhos com o exclusivo desempenho de sua realidade, com a desenvoltura prevista na agenda da convocação a que se submeteram conscientemente, sem desconfiarem que uma nova significação era extraída dos mesmos gestos.

2 — Os espetáculos que assistimos independentemente de nosso querer, os entrechos que se arquitetaram sem a regulamentação de nossa objetiva, o abundante museu da realidade que quase todo se nos dilui na memória, sofrendo, antes do total perecer, equívocos e mutilações que o faria irreconhecível a nós se porventura retornasse com a nitidez da primitiva exibição, os espetáculos não urdidos por nosso querer, nos deixam melancólico, em virtude de se achar ausente de cada protagonista, no decorrer de suas participações reais, a unidade de conduta; unidade que tanto se prende ao âmago do espírito como ao exterior aspecto, unidade que, inclusive, servirá como o estímulo que acompanha o rosto depois da bela exibição, e de tal modo possa cultivá-la a fim de que os desempenhos vindouros não lhe maculem a seqüência do currículo. A insensibilidade do cotidiano nos sobrecarrega de episódios nos quais nunca, ou bem pouco, a personagem intenta repromover a nominação de um painel que merecera estar em devoção; ordinariamente, ela opera como se este não existira ou fora de nenhum apreço, restando-nos, se acaso pertencer o protagonista ao nosso amor, reconduzi-lo à ordem fisionômica e assim restaurar o seu comportamento segundo os ditames do inolvidável entrecho. Na tentativa de alcançarmos de E..., como interrupção de desvarios diante da fortuna que lhe chegara, a recomposição de cena antiga, que desejávamos constituísse o ângulo pelo qual o tivéssemos por toda a existência, levamo-lo ao local onde acontecera o episódio de desinteressada renúncia, e com ele os

mesmos protagonistas do retábulo, inclusive a figura que recebera de suas mãos a dádiva obsequiosa; todavia, antes de procedermos à fiel reurdidura da cena, o próprio E... percebera a coincidência de estarem ali os atores do velho entrecho, e deixando-se silenciar juntamente com o favorecido de outrora, propiciou-nos a esperança de ver que, embora se situassem em posições distintas do primeiro desempenho, o assunto, pela vitalidade interna, podia externar-se, não obstante o novo acomodamento das fisionomias; mas, a cena tal como queríamos, esta não nos foi apresentada; a edição segunda, que nos propomos, se impossibilitara com a circunstância de os atores saberem de seus papéis; portanto, em vez do revivido painel, obtínhamos uma versão contrafeita, e em índice de realidade, do sucesso que assim fugia do empenho fisionômico. Nas formulações faciais, nos arranjos à revelia dos corpos, a realidade costuma intervir contrariamente aos planos da lupa, ocorrendo que os desacertos podem solucionar-se de modo fisionômico se, desistindo do teor que mantemos em mira, adotamos algum outro que venha a envolver os incidentes da contrafação; mas, de comum, não possuímos alento para substituir o texto, que comoventemente nos interessa, por outro oriundo de fortuidade da conjuntura, redundando sempre escusarmo-nos à vista do primeiro despropósito. Como a generalidade do assunto se apresta melhor à obtenção da correspondência facial, munimo-nos, de preferência, nas vésperas das sessões, de temas que, pela plasticidade, não pode o neutro cotidiano indeferir-lhes os atores de seu enorme elenco, todos eles dispostos às confecções que iremos apresentar ao nosso miradouro; as quais vão formar alegorias, tão disseminadas sobre a terra que acreditamos não serem os vultos, quer os de nosso tempo, quer os dos episódios passados, mais que os habitantes dos vários títulos que pertencem ao nosso repertório, como o da piedade, do arrependimento, do orgulho, da modéstia, nomes abrangedores que havemos de passar ou já passamos; e que, se nos advém o gosto de assisti-los da platéia, os seres da convivência no-los expõem com facilidade tanto mais generosa quanto nada sonegam ao emprego de simples ou complexos estratagemas. Na cidade recente, enquanto outras formas de contemplação não nos atraíam ao interior de certos conclaves, a nossa preocupação, liberta de muitos contatos com a mente afetiva, e entregue à docilidade menos profunda dos textos em primeira ótica, recaía nas peças em que o nome geral da solidão se mostrava em cada esquina, em cada banco da praça; havia em nós, a exemplo do espectador que só se contenta com o espetáculo consangüíneo de sua pessoal situação, o zelo de verificar se os semblantes entrevistos desempenhavam o papel com a mesma desenvoltura de nosso próprio corpo. São inumeráveis os recursos que possuímos para efeito de abreviar o tempo de adaptação, ou melhor, de assimilação das coisas que, na atual cidade, não revelam comum acordo com o nosso sentimento; sobressaindo-se, entre aqueles recursos, a prática das confecções alegóricas, o ato de vermos as efígies tão constantes em fazeres e afazeres que, de certo, na mesma hora, também se efetuam nos mais aproximados e nos mais distantes logradouros. À guisa do espectador que acaba de presenciar a exibição de tema que, na vida, lhe é costumeiro, e ao sair do teatro conduz, mais do que os encômios, o conforto de não sofrer com exclusividade o que lhe parecia dele e de mais ninguém, dessarte, de regresso ao domicílio, a cidade que antes nos aparecera autônoma, inicia conosco uma familiaridade prestes a acrescer-se conquanto lhe fomentemos as possibilidades de aderir à nossa recepção. No uso do método figurativo, haveremos, pouco a pouco, de ungir os contatos de rua, não apenas de nomes das entidades alegóricas, mas de categorias outras, de dimensões mais íntimas e adequadas ao sistema de serem todos os vultos em nós. Se removermos a consideração de nossa efígie para o território da cidade, registramos que esta, além dos marcos limitadores de sua superfície, vem a portar, desde o instante em que nela descemos, um farol novo que lhe descreve os recantos e as particularidades segundo os nossos olhos, e que lhe repõe a baliza do aparecimento desde a data em que a vimos pela primeira vez; assim como certas cidades tiveram fundadores, que para tanto se fizeram acompanhar dos meios e providências necessárias à construção, nada existindo com o caráter de ambiente urbano anteriormente à vinda dos expedicionários, e a partir da inicial pedra, a cidade e os construtores desfrutam da comunidade de ser do mesmo tempo, também a cidade para a qual nos transferimos, então começa a viver uma existência que não experimentara antes, uma existência que não houvera porque lá não fôramos; podíamos, ao retirarmo-nos de bordo, e aproveitando o ensejo da presença de circunstantes, entre eles inúmeros da própria localidade, promover solenemente o ato da fundação, conferindo-lhe o prospecto, em nós, de sua topografia e de seus acidentes urbanos e suburbanos.

Capítulo 13

1 — A assimilação das efígies. — A nossa morte é a morte absoluta. 2 — A duplicidade da efígie em nós. 3 — O nome da caridade incógnita. 4 — As modificações dos vultos na ausência de nosso miradouro. 5 — O nosso empenho em ser em outrem — A comunidade nominativa. 6 — A salva de cartões. 7 — A morte fisionômica. 8 — A morte real em coincidência com a morte fisionômica.

1 — A efígie, quando do primeiro contato de nossos olhos, inculca-se como a face distante que se não exibiu completamente, deixando-nos a impressão de uma interinidade que nos escapou à vigília e que, se voltar ao acesso da ótica, sem dúvida que teremos de proceder a retificações que a tornariam bem diversa do que fora; a presença liminar de um vulto desfavorece, por efeito de estarmos desprevenido quanto ao seu aparecimento, o nosso miradouro que, se não se demora o inesperado conteúdo, possivelmente desconhecê-lo-á no reencontro alguns dias após. No surgimento do primeiro contato, o rosto se expõe sem cuidar que a entrega se efetiva em nós através de síntese feita, não com paridade de aproveitamento de todas as parcelas visíveis, mas com o predomínio de umas e o descaso de outras; o qual, sem atingir a ênfase que leva à caricatura, bem pouco vem corresponder à constante da personalidade; daí o arquivamento, na memória, de muitas faces que, não regressando ao continente de nossa ótica, lá persistem longe de sua identidade; tornando-se, com a passagem do tempo, cada vez mais difícil a complementação de seu teor individual, por diluírem-se na lembrança os dados de referência que nos auxiliariam, se porventura revemos o semblante em causa, a destituir o evanescente da primeira

impressão com as tintas fortes da habilitada releitura. Constam de muitas folhas os seres que aguardavam e os que aguardam ainda, dentro de nosso repertório, o momento de se integrarem nos respectivos nomes; entre eles houve R...: por vários anos, pairou, em nós, a possibilidade de jamais ele preencher a posição agora deferida no caderno, sucedendo que o risco de perdê-la era tanto mais presumível quanto restava do anterior encontro a presença de uma chuva certamente não igual às outras; mas, a razão desta diferença nos escapara não obstante as pesquisas, entre elas a de indagarmos da própria figura que respondeu não se recordar de coisa nenhuma atinente ao inicial contato; a dedução da réplica era bem melancólica, menos pela incomunidade entre nós ambos naquele momento, que tanto estimaríamos não houvesse, e que já então se tecessem os laços do convívio futuro, do que pela inexistência de nosso semblante na memória de R..., perante a qual fomos, até a segunda e muito posterior entrevista, um anônimo, um desconhecido completo, de nada valendo a ingenuidade da pretensão em supor ocupar uma folha de sua lembrança; a página mais humilde se fixaria ao lado da mais intensa de agora, porque a visão do primitivo aspecto, sem embargo de ter cedido o posto à segunda aparência, continua a perseverar na primeira; e, cremos, nunca se retirará de nossa memória, por estar nutrida permanentemente pelo confronto com a que se permitiu demorar no exame a cargo da ótica. A cidade primeira perseverá junto à sua posterior versão; ela também, com a duplicidade de ser em nós, oferece aos nossos passos os caminhos de hoje e os de antigamente, em obsequiosidade simples de atender em virtude de os passeantes, como solícitos em não perturbar a coexistência de dois aspectos e com uma pontualidade pronta a comover, serem os da passada época a nos repetirem, na concha de seus gerais contornos, as seqüências do acontecer visual; contudo, antes que se opere a conquista da segunda versão, se tivermos de abandoná-la e não mais revê-la, correrá ela o risco de ser perpetuamente a curta promessa da cidade em processo de identificação conosco; mas, embora haja o receio dessa eventualidade, inere-se nas construções cênicas de seus habitadores, gravadas para efeito do apressamento do convívio entre nós ambos, o dom que as faz específicas aos nossos olhos, qual seja o de consistirem os painéis na aliança de dúplice precariedade: a dos atores que dificilmente nos surgirão fora de suas linhas genéricas, e a da cidade que talvez deixaremos amanhã. Sem confiar na perduração do domicílio, nem na intimidade de algum dos intérpretes, entretanto promovemos a rotina da comodidade desde que aceleramos, com a prática da ótica, o aglutinamento sentimental que nos há-de impedir a tristeza da solidão; com tal propósito, reproduzimos nada mais nada menos que o processo geral de nossa conduta na existência, o de procedermos de manhã à noite como se nunca houvéssemos de perecer um dia.

A idéia da morte é menos corrosiva que a morte mesma, nem é mortal o pensamento da morte; por mais abatido que nos apresentemos ante a convicção de termos de desaparecer, não nos eximimos de efetuar a mais fútil das ações, de exercer hoje a mesma inutilidade que ontem exercemos; entrementes, a possibilidade de perdermos as ruas apenas entremostradas, não nos inibia de percorrê-las com o ânimo de incorporá-las no recanto mais precioso do repertório, nele existindo, até o instante dessa conjectura, uma cidade somente; se bem que, nesse particular, não há porque possuir muitas cidades, sabido que a maior parte dos homens, que se demoraram em algumas, se conduziu como se os ambientes não fossem objetos de sua posse, antes incidindo nos logradouros como se se debruçam nas plantas cartográficas. Apesar do acerto em concluirmos como inviável a completa reprodução em outrem das afecções que nos excitam, atemo-nos com assiduidade, a ver, em figuras de nossos painéis, segundas e gratas versões do que palpita dentro de nós; porém, não ao extremo de supormos que os habitantes, arraigados ou não ao recinto onde moram, creiam que, morrendo, ele os acompanha no mesmo ato da morte; se erguermos o ângulo de mira, afirmaremos que uma idéia mais grave envolve a de alguém, que não o nosso vulto, conter, depois de nossa morte, o mundo que nos preencheu a existência; trata-se da idéia de que na ordem fisionômica ninguém sobejará para o nosso velório, indo conosco ao túmulo todo o cortejo da contemporaneidade, com as suas gradações, diferenças e analogias.

2 — As primeiras impressões costumam ser retificadas, mas as definitivas não são eficientemente dominadoras a ponto de excluí-las de nossa lembrança; ao contrário, algumas vezes, além de coexistirem no transcurso do repertório, as últimas cedem às iniciais o relevo de nossa preferência, tal como no dia seguinte ao enterro de Z..., ao dedicarmos os pensamentos ao semblante recém-findo; aquele que em verdade veio a merecer as elegias da meditação, foi a imagem de quando nem sequer o tínhamos visto, o rosto confeccionado pelas ressonâncias do ouvir dizer, e que, estabelecendo-se sozinho, em nós, por vários anos, com o outro competiu e competirá vantajosamente. As seqüências do convívio com a figura real, equivaleram ao esforço constante e como quê intencional de suprimir da predileção o belo rosto da fantasia; entretanto, resultaram inúteis as deformações impostas à sua integridade, e se pretendêssemos conferir ao morto a homenagem póstuma de uma lápide, o dístico a gravarmos teria o seu nome, porém as datas limitadoras da vida, o prazo do nascimento à morte, este reduziríamos aos poucos anos em que o conhecêramos de nomeada, apenas; quanto ao resto, dispensaríamos, porque, não obstante a presença real fazer sentir-se quando a outra lhe vedava os passos, era

contudo uma presença sob humilhação, que melhor fora estivesse ausente dos constrangedores episódios; hoje, a estimada efígie, vem a discorrer desenvolta, sem o concurso da que a tentava corromper, sem o risco de ensombrar-se repentinamente nas ocasiões em que, surgindo à porta, ele se punha a percorrer o aposento, externando o riso motejador para os objetos da intimidade, confundindo um eventual desarranjo com a idéia de negligência que ele fixara a nosso propósito; inclusive, divulgando-a a terceiros, com a agilidade de mentir comum nas pessoas de curta sensibilidade, atuando desembaraçadamente como jamais o cometeria a versão reclusa dentro de nós e incapaz também de lhe destruir o prazer da malignidade. À nobre fraqueza de calar, o visitante respondia, sem a entender nem a julgar passível de existência, por meio de provocações diretas que mais tarde, entre companheiros, iriam amplificar a fama, em que era tido, de fértil e bem humorado observador; no entanto, de nossa parte, podíamos com antecipação descrever o painel a efetuar-se dali a poucas horas, quando ele, prescindindo de preparadoras introduções, relataria, sob os costumeiros aplausos, a anedota que nos dizia respeito; a qual, por sabermos do gênero e das possibilidades de sua inventiva, nos recreava singularmente quando, no dia posterior, alguém no-la trazia de volta, de vez que a prevíramos, senão na totalidade, em muitos dos pormenores e sobretudo na forma da composição, sempre a mesma que outra lhe não suscitava o engenho. Mais humana do que nós, a efígie criada e nutrida na imaginação não ria conosco da circunstância do presságio, que era superior à dele porquanto extraída da pura realidade, mas, antes, nos parecia enrubecer-se pelo testemunho a que se obrigara, como na platéia sofre o espectador ao ver o mau desempenho da amada fisionomia, no desamor dos que a apupam; foram dessa natureza os contatos entre as duas feições de Z..., mas, afinal, a resistência de uma se prolongara enquanto a outra vivera, e doravante nenhum esforço teria ela que empregar para manter-se em nós; a própria lembrança das infidelidades saberíamos demover de sua presença com o exclusivo proveito nosso e do ícono interno de quem nem o mesmo Z... ouvira falar; mas, existe o remorso de havermos antipatizado com alguém, remorso que se agrava se nos defrontamos com outrem que autenticamente venerara a quem nos parecera indigno de veneração, bastando avistarmos um ser infeliz pela morte de Z..., para sentirmo-nos também infeliz, porém de infelicidade diversa, a de termos maltratado em mente ou por omissões do afeto, a pessoa que tantas lágrimas recebe agora; contudo, é a efígie da impressão primeira, é a existência, em nós, do vulto que fora uma ficção, que nos redime, embora em parte, da tristeza de não havermos, por incúria nossa, ido mais profundamente na pessoa de Z..., em busca da fonte que faz sofrer os rostos que por ela choram; o arrependimento, assim mais forte quanto irrevogável pela ausência do corpo que somente ele nos auxiliaria, em retificações patentes, a recompor a versão segunda, suaviza-se quando trazemos à nossa visão interior os anos em que o não vislumbrávamos; e, para maior recuperação de nossa virtude, ou pelo simples e tocante impulso de consolar, flui o desejo de irmos ao encontro das figuras em melancolia, e dizer-lhes que em época remota convivemos com a face de Z..., que a sua individualidade sempre se ativera uniforme sob o tema da dedicação pelos mais retraídos, que depois não mais o avistamos, engodo este que desculpam as razões do enternecimento. Se parcialmente se atenua o remorso, nem por isso nos isentamos da inquietude, já agora irremediável, de havermos consentido que Z... permanecesse com os desempenhos de sua naturalidade, sem que assumíssemos a diligência de condicionar-lhes os gestos de acordo com o modelo da primeira versão em nós; providência fácil de cumprir em virtude de ele, desprovido quase inteiramente de auto-observação, dever reagir muito pouco diante dos estratagemas, que armaríamos, em defesa de suas restritas positivações em nós; ocorrendo ainda que, se se verificasse a suspeita, em que o tínhamos, de os ademanes resultarem da influência de determinado ator que ele vira em comédia de teatro, usaríamos de meios pertinentes para a exclusão do contágio desprimoroso, entre alguns o de dizer-lhe, de viva voz, que a sua mímica era tal e qual a do intérprete que há anos transitou em nossa localidade.

3 — A ausência de unidade em nossa conduta, que reconhecemos ser uma qualidade que figurativamente manifestamos conquanto protagonista aos olhos de outrem, fomenta copiosa variedade de painéis; contudo, à riqueza formal das aparições, preferiríamos o breve teor de algumas nominalidades, embora nos sentíssemos monótono à autovisualização; mas, a perseverança no desempenho de raras peças traz contentamentos íntimos que diluem os enfados dos mesmos gestos ou da mesma significação sob atitudes diferentes; assim, longe dos muros do claustro queríamos ser como os vultos que lá estão a reproduzir hoje o que há anos fizeram; estimaríamos assentar o procedimento à base de uma só inspiração, de maneira a afirmarmos, de nossos gestos, que eles são o ritual da conduta sem inconstâncias, a alegoria da genérica perpetuidade. A impossibilidade de atingir a perfeição completa, não nos inibe de tentar os fragmentos da perfeição, aqui e ali alcançados em episódios que não nos diminuem, como nos atores, realmente imbuídos de sua arte, não é a versatilidade de papéis que lhes excita o prazer da profissão, e sim a fidelidade a um único gênero para o qual o encaminhou a decisão da vontade ou o ânimo incontido da vocação. Com um pouco de ambas as causas, constituímos o repositório de nossas atuações ou de nossa mera presença, evitan-

do os contatos que tudo nos tiram sem nada nos oferecerem em compensação, escolhendo as assembléias no decorrer das quais possamos exercer o tema, a nominação que muito nos agrada; todavia sucede às vezes que o colegiado a que não comparecemos, por antevermos a inferioridade de significação, vem a transmutar-se em alegoria de belo nome; bem como o conclave que em agenda nos promete os mais nobres desígnios, para o qual nos guiamos com a mente despreocupada e, portanto, disposta a preencher-se do assunto que a si mesma reservou, se converte em insuportável conjuntura, sem contar o constrangimento de a tudo assistirmos e conseqüentemente participarmos por efeito de conspecto, mercê de não acrescentarmos ao danoso episódio o relevo de nossa atitude em abandonar o recinto. Por isso, as nominalidades do cotidiano como que se divertem em medir o zelo de fidelidade, de obediência ao papel em si mesmo tão simples de representar, mas que nem sempre encontra solícitos e adequados atores; e ainda, na exibição de alguns de nossos temas o que mais importa não é a solidariedade do público, no sentido de compreender os retábulos, e sim a colaboração consciente dos que nos coadjuvam no tablado, os quais, portanto, participam do nome que, elástico, reclama um sem-número de protagonistas. Em caso especial, a fim de que ele se realize, impõe-se a necessidade de a platéia não ler na fisionomia das personagens o dístico do que acabam de proceder: o tema, o nome da caridade incógnita, é um nome a consagrar quem o pratica, precisamente por não haver testemunhas que o transmitam para a nutrição da vaidade; afora exigir do doador a esquivança do gesto, de tal sorte extremada às vezes, que, temeroso de a gratidão impelir o beneficiado a dizer a toda a gente o favor que vem de receber, lhe oculta a autoria do obséquio, quando não sutilmente lhe deixa entender que se originara das mãos de outro alguém, que assim ganha, por a isso fazer jus, o devotamento do ser aquinhoado; avivando-se, dessa forma, sentimentos quase extintos, relações de amizade que se atenuam por ausência de excitantes, como o da mentira coonestada pelo desinteresse. Tema de fácil interpretação, a caridade incógnita possui seqüências de variados matizes, nas quais a ordem fisionômica se discerna por meio de veniais estratagemas, como o da pessoa a esconder o próprio vulto, a outorgar a outrem a autoria que lhe pertence. Grandioso espetáculo que assistimos na convivência com C..., a despeito de seu propósito em não se deixar pressentir, contudo a nossa acuidade devassou-lhe o segredo, mas a ninguém o veiculamos, para o completo êxito da liturgia. Por mais discreta que se afigure a intenção de alguém, há interstícios por onde escapam os recônditos propósitos, de começo apenas anotáveis, no entanto, ao insistirem, acordam as antenas de nossa receptação, tal como se verificou no momento em que, remanuseando o álbum da família de C..., por ele organizado segundo o critério das afeições, descobrimos, junto ao retrato de sua mãe, o de alguém que só atenções recolhia dele; esse alguém, o sobrinho, ocupava um emprego na casa de N... que a C... devia considerável soma, ainda não cobrada porquanto, se ele o fizesse, acarretaria a dispensa do sobrinho que para outro lugar não sugeria aptidões e, obviamente, percebia gentilezas incomuns em assalariados. Com efeito, a posição dos vultos no álbum atendia a normas de legítima sentimentalidade, existindo entre a primeira e a página última toda a gradação de afeto, muitas vezes preenchendo a mesma folha várias fotografias que se justapunham comprimidamente, como se da parte do colecionador houvesse a incerteza de qual das efígies devera tomar o melhor relevo, quando muitos eram ainda os trechos em branco, mas que aproveitá-los significaria cometer ofensa à niveladora ternura; a exemplo de painéis de igreja, em torno da figura da primeira página, a da velha mãe, havia alguns seres que eram os anjos do encarecimento, com eles a face do sobrinho de C..., todo o arranjo disposto com claridade expressiva e de incontroversa leitura; a contar desse momento, quando sabíamos ser generosa a pessoa de C..., mas não ao cúmulo de difundir a fama da liberalidade, ao contrário, condicionando o valor e a pureza dos gestos à circunstância de serem à puridade de alheias perscrutações, como se o vê-los os maculasse, demos início à nova modalidade da lente, que até então se aplicava em C... da mesma forma que se aplicava noutros, inclusive permitindo-nos perder muitos episódios que a lupa de pequeno alcance, impossibilitada de atingir, deixara para sempre desaparecer. Os textos que ela nos apresentara, quando, descuidoso da correta validade, os líamos sem maior interesse, deviam agora, diante do miradouro ajustado, oferecer, em lugar de situações dispersas, cada uma esgotando-se em curta nominalidade, o cursivo de uma nominalidade mais longa, tendo por articulador o assunto das escondidas manifestações: a caridade incógnita. Intentamos o restabelecimento do pretérito por meio da lembrança, mas esta nos impedia de transformar inteiramente as coisas segundo o grau da recente lupa, sem embargo de, em fortes demonstrações, nos garantir do acerto com que outrora as captávamos; como os nossos poderes redundam insuficientes para de todo restaurar, com a tradução de hoje, o retábulo extinto e de ultrapassada motivação, e sendo a história, em continuidade, propiciadora de painéis congêneres, consolamo-nos de tudo quanto se passara e não obtivéramos, mercê do muito que haveríamos de granjear, doravante.

4 — A renovação da mira, afora retificar o sentido dos aparecimentos e desaparecimentos do ator em causa, obriga-nos a proceder emendas nos intérpretes coadjuvantes, em tudo, enfim, que está sob o observatório; mas, em relação ao vulto de C..., houve mais do que a remodelação dos componentes do retábulo,

houve a nossa própria modificação em conformidade com o desempenho daquele protagonista; a nossa ótica, despindo-se de neutro mister, veio a integrar-se nas cenas em exibição, aluindo-se a fronteira que separa a lente do objeto, predominando um palco maior e envolvedor; contudo, sem existir alguém que o contemplasse, como o assistente da última fila que reúne em um só campo visual as ocorrências da platéia e as da rampa, e que, de volta ao domicílio tanto narra as de uma como as de outra; assim, a um hipotético assistente expunhamo-nos em espetáculo por sermos da mesma peça que C... e os demais participantes; o fato de nos incluirmos e merecer, da parte do presumido espectador, a juntada de nosso nome ao rol do elenco, agradar-nos-ia sobremodo, em virtude da grandeza inerente ao desenrolar do assunto; ao qual aderimos, se bem que não como a pessoa favorecida dos mesmos dotes de C..., nem tampouco a perfilhar os idênticos processos de vir a ser caritativo — sendo inúteis os processos se falta o constante sentimento — mas à maneira de alguém que, ao testemunhar um episódio edificante, se desarma dos intuitos grosseiros que pretendia efetivar alguns instantes depois. Nesse ato de regeneração, embora efêmero, o vulto alia-se fisionomicamente ao entrecho que presenciara, tanto assim que, se um observador houvera e lera toda a extensão da seqüência, filiaria o ocasional passeante e o módulo motivador como elementos de um grupo alegórico sob o tema do virtuoso contágio. Certo de que a prática das boas aptidões por si só não satisfaz ao espírito realmente zeloso de sua nobreza, mas urge que a ele adicione o espetáculo de ver em outrem a magnanimidade que ele exercitaria por natural inclinação — coincidência de afetos que se registra para enternecer a quem se situa no miradouro — desde a descoberta do álbum de retratos, fomos a medir a nossa conduta consoante o olhar de C...; isto, numa troca de atitudes em que havia, de um lado, a aceitação do hospedeiro, e do outro, a figura cautelosa a inserir naquele estojo o objeto adequado, o comportamento, sem deslustres, de seu hóspede. As personalidades vigorosas compõem as cenas que divisam, entendendo-se por esta afirmação a harmonia que os intérpretes procuram tecer em concordância com a qualidade da ótica em vigília; como tais personalidades, seria de estimar que tivéssemos o poder de urdir os episódios da contemporaneidade, evitando que os atores insistam em manter, de costume em desapontamento de nossa recepção, a autonomia de atitudes de todo isentas de nosso querer, como se lá não estivéssemos, ou, se lá estando, primassem em desobedecer ao programa que estatuíramos para o buscado deleite. Se nos reconhecemos assaz desprovido de certos gêneros episódicos, sobretudo daqueles que venham a corresponder ao índice moral e sentimental de nosso belvedere, todavia nos consideramos o protagonista obsequioso a atender aos reclamos do olhar humanamente descido a nós como a solicitar uma das peças de sua predileção; desempenho que em última análise se capitula na ciência de viver, tão discernível em mútua compreensão dos gestos como em recíproco entendimento das palavras; ciência que, no tocante à pessoa de C. . . , era de logo distinguida pela simplicidade das vestes e pelo modo de ouvir o interlocutor até o final, embora se localizassem na cena muitos indivíduos a se entreterem à parte, nenhum tumulto sendo suficiente para distraí-lo da conversação, por mais modesto que fosse o indivíduo a falar. Diferentemente do que em geral acontece, o rosto de C. . . , nas ocasiões de auscultar, regia-se pela ritmação das vozes, imobilizando-se de súbito se se detinham os lábios, a ponto de um comparecente, colocando-se de sorte a vê-lo dialogar com outrem, e fechando a escuta a qualquer ruído, atendo-se, portanto, à mera visibilidade da efígie de C. . . , assimilaria, não só o gênero do colóquio, mas também as alternativas, as doses de afeto pertencentes à sonoridade. A fim de pormo-nos em coordenação com o olhar de C. . . , antes de envolvermo-nos em assunto de seu pleno agrado, o nosso vulto, em experiência preparatória à vindoura participação, procurava reproduzir de certa forma a técnica de expressar-se equivalente à dele, na convicção milenarmente consagrada de que o semelhante atrai o semelhante; a conduta preliminar fazia-se tanto mais preciosa quanto, sem ela, tornar-se-ia de menor convencimento, aos olhos de C. . . , a naturalidade de nossa futura representação, quando nos dispuséssemos, no estrado e em sua presença, a obter a simpatia verdadeiramente fraterna. Com efeito, a versatilidade do ator, se bem o prestigie sob determinados ângulos, gera, entre os assistentes compenetrados da importância do libreto, a apreensão de não ser aquele o adequado intérprete, pois que no dia anterior o viram a incorporar magnificamente um papel desigual; e não obstante merecer os elogios que lhe propinaram na véspera, no fundo sobra, no meio dos referidos espectadores, a ressalva de que, no proscênio como na vida cotidiana, os vultos se devem exibir sem interromperem a unidade de comportamento, a constância de teor que se clareia em inumeráveis atitudes sem no entanto perder-se de seu gênero. À medida que o tempo transcorre e as mudanças de recinto nos afastam dos seres do devotamento, a visão se nos enluta da melancolia, de ver, nos que foram da intimidade, os desencontros entre os gestos de agora e os de antigamente, os primeiros a se regularem por normas a que os segundos não se articulariam, de tal modo são inacomodáveis uns aos outros; a impressão sob os novos contatos, acresce, à tristeza ante a decadência do semblante amigo, o pesar de não haver este, ao longo da ausência, dos percalços tidos fora de nosso testemunho, imaginado que existíamos, que em nós se albergava o seu rosto de conformidade com o velho texto, que a personalidade que ora manifesta se contrapõe à que possuímos; que, com o pensamento em nós, ele deveria recusar as recentes atitudes, e, em vez de dispersar-se à revelia, ser fiel ao ritual com que o pusemos em nosso repertório. Há também melancolia em verificarmos que a figura em deformação — mesmo que relembre, em palestra conosco, os episódios ocorridos ao tempo em que ela reagiria à alegação, que se lhe fizesse, de ter que modificar o conteúdo da personalidade e, conseqüentemente, o aspecto fisionômico — se conduz como se nada houvera de divergente em sua individualidade, convicta, sem dúvida, de permanecer consoante a fixáramos antes de partir, crença tão arraigada que a ignorância de si mesma se continha em todos os elementos de exteriorização; inclusive nas cartas, repletas da maneira e da essência antigas, e que alimentavam o nosso desejo de ir ao conspecto do amigo ausente, as quais, relidas agora sob a lupa da decepção, nos parecem desoladamente apócrifas. Aos sentimentos que no ato da despedida tumultuam em nossa alma que de terra acena ao viajante, pela experiência alcançada em relação a outros analogamente saídos para absoluta ou extensa demora, podemos acrescentar a nova tristeza: a do fatal abandono da qualidade de ser como sempre fora no campo de nosso olhar, com os complementos das falsas missivas, dos protestos de continuar o mesmo, encarecimentos que não olvida de nos enviar por alguém que nos conhece a nós ambos.

5 — No intuito de preservar o rosto, que se despede de nós, de influências transformadoras no local para onde se endereça, o escudamos com empenhos junto a faces que lá residem e que são de nosso relacionamento; entanto, de nada valem as recomendações escritas nem a insistência de ele privar dessas pessoas distantes, desde que se demovera da comunidade em que éramos ambos, tênue comunidade, porém bastante para ter fortalecido, outrora, os laços do afeto. Com certeza, a contar do instante de nos afastarmos da casa de C. . ., o nosso aspecto viria a contrariar a ótica do generoso anfitrião, mas, enquanto ali permanecemos, a lealdade a seus olhos foi o dístico de nossas preocupações; sem dúvida aliava-se a esse propósito a virtude por ele estendida sobre quantos o visitavam, nenhuma expressão acerba ou maledicência a terceiros, contudo, nas vésperas de irmos, já nos inquietava o pensamento de perdermo-nos em outras formas; com o fito de assegurar a perseverança do habitual conspecto, graças a uma luz mais viva sobre a lembrança que, ordinariamente falha, desperta se ao nome do realçado vulto se aglutina um acontecimento que o abrangera em conexão conosco, dando-lhe ainda maior relevo, oferecemos-lhe o nosso retrato que, na hipótese de se tornar inútil ao revivescimento da recordação, de logo servira como desfecho homologador de nosso desempenho; no mesmo dia do embarque, C. . . estando ausente por algumas horas, dirigimo-nos ao álbum de suas afeições, e, precisamente na página da niveladora ternura,

vimos o que lhe dedicamos, comprimido entre dois, parecendo exteriorizar, no mudo idioma de sua ritualística, a equivalência de teor entre os seres reais e os da simples estampa. Não mais existe a pessoa de C..., mas freqüentemente o seu olhar se debruça em nós, toda vez que, por sugestão de algum painel, assistimos desenvolver-se o tema da caridade incógnita, no entanto bem raro de ocorrer, em toda plenitude, por ausência de protagonistas em realidade de ações; mas, a visualidade costuma preencher-se, em pura ordem facial, com episódios que se destituem de corriqueiros motivos para nos propiciar a versão da espórtula sem vaidade e oculta. A despeito do contentamento à vista de tais situações, sentimo-nos possuidor de alegria maior quando, em lugar de intérpretes a nos representarem o tema, somos nós o ator do incomparável papel, em circunstâncias incomuns, certamente; todavia, bastante transportadoras para dizermos que nessas horas, onde quer nos situemos, estamos ainda na casa de C... e diante de seu olhar, porque, do ângulo fisionômico, as lonjuras não interceptam a participação na nominalidade, no motivo que, dispondo de uma presença peculiar e elástica, se insinua em elencos dispersos, formando um universal episódio, cujo tempo significa uma contemporaneidade liberta da normal perduração. Em verdade, há nomes, temas disponíveis, que são eternos, e de dentro de nosso cotidiano emergimos ao enorme estrado, em juntura com figurantes de nossa simultaneidade ou que nos antecederam, todos a nos integrarmos no assunto imóvel, eleático, às vezes tão vivificante e belo que de lá retrocedemos com o ânimo de a ele voltar; o que, inclusive, nos torna de menos asperezas os bastidores da rotina, à similitude dos intérpretes que, saudosos do recente êxito, se retiram em grupo depois do espetáculo, preferindo continuar a ver-se uns aos outros como partes ainda na peça entretanto acabada; longe do proscênio, eles abordam assuntos que em nada se relacionam com o desempenho de há poucos instantes, contudo, aprazem-se no mútuo resquício da situação que, dessa forma, se obstina em não despegar-se do que fora anteriormente; de igual modo, rejubilamo-nos se, ao descermos da caridade incógnita, nos vimos a defrontar com alguém que tenha estado conosco, embora, na ignorância do papel que interpretara, esse alguém não comungue, conscientemente, do ato que ainda resta sob o matiz dos figurantes que sobram; muitos anos depois, se nos achávamos em presença do vulto que C... protegera, através de interposta efígie, era-nos proveitoso à alma tê-lo ao nosso encontro; e para melhor estímulo da virtude contraída ao contato de C..., convidávamos o sobrevivente dos velhos episódios — o sobrinho, em torno do qual se teciam as urdiduras do hospedeiro — a ir conosco a algum recanto onde ninguém houvesse, a fim de que estranhas interferências não adulterassam o painel de sermos em ressonância daquela história já extinta e entretanto perdurável pelo reaparecimento de um dos atores. Como se ninguém se libertasse do vivido enredo, o surgimento daquele rosto punha em realce o tema da representação de C... que nós, na impossibilidade de repetir textualmente, reconstituímos de alguma sorte, sem o testemunho de quem quer que fosse, ao permanecermos na escuta de suas lamentações, opostas ao teor de nossa visibilidade; desde que elas se prendiam, de desfavorável maneira, ao benfeitor de toda a sua existência, sem de nossa iniciativa tentarmos desfazer as injúrias, menos pela timidez de afrontar-lhe as convicções do que por fidelidade ao encoberto zelosamente pelo próprio C...; assim, nos conciliábulos entre o nosso vulto e o do remanescente da caridade incógnita, as palavras se dirigiam em contraposição ao desempenho diante de nosso olhar; a circunstância de elas decepcionarem o conteúdo de nossa visão, em nada aluía o entrecho daquele tema; porquanto, era o simples ato de vermos um dos atores — o que em última instância importava — o que nos expunha o desenrolar da significação, desenrolar insinuador, a ponto de nos atrair à sua plena atualidade, sob a forma de mantermos, oculta, a ação generosa de C..., a qual, depois de desaparecida a fonte, obedecia, ainda, à sua modulagem. Em verdade, a revelação, que fizéssemos, do comportamento de C..., aumentaria o renome desta personagem, mas, em relação ao sobrinho, em vez da regeneração da alma, os germes do despeito se aliariam aos da humilhação; de nada servindo à conjuntura o denunciarmos a grandeza de quem, antes da morte, se empenhara em destruir os encômios à própria posteridade, quer nos favorecidos com as atitudes, quer nos espectadores da magnanimidade.

6 — Quantas vezes temos sido, na convivência social, o semblante inoportuno a ferir o significado que se estampa ou se desenvolve na cena, onde os atores legítimos, sem reclamarem a intromissão, consentem que se interrompa o quadro ou o enredo que se promovia antes de chegarmos; o qual, todavia, ideamos, caso os vultos do painel nos indigitem que há, em todos, uma comunidade de pretérito; então, o nosso conhecimento, vedado ao assunto, que fluía neles no instante em que surdimos, nutre-se tão só dessa suspeição, rica em si mesma de urdiduras que a imaginativa costuma fomentar; induzindo-nos, em conseqüência, a abandonar o episódio, não pela possibilidade de, no decorrer dos minutos, sentirmos desfeita a suposição, mas pelo convencimento de serem os dados singelos, e claramente explícitos em nos confirmar o havido pensamento, portanto, dignos de merecer o silêncio e o disfarce com que fingimos não os haver observado; assim, nos templos, o nosso respeito se traduz em desviarmos os olhos das pessoas em oração, que, se bem se exibam em público, é para outro olhar que dirigem o gesto, e de comum esse olhar não se sub-roga na pequenez de nossa visibilidade. Nos painéis do intrometimento,

por não podermos substituir os olhos do espectador que recebeu a plenitude do significado, deixamos que o enredo se estenda longe de nossa vista, numa renúncia de ver que tem o mérito de consentir no estar das coisas imediatamente alheio a nós; sobretudo no caso das coisas que habitam além de qualquer probabilidade de nosso testemunho, parecendo consistir a sua essência na própria circunstância de nos escaparem à lupa, de vez que existem sob a condição de sermos receptor de virtualidades: zonas imensas, que se destinam à nossa ótica, sem que a lente desça a elas, e que entretanto recolhemos por interpostas figuras. Compete-nos, durante o repertório da vigília, evitar os semblantes que maculem o ritual de vermos em virtualização; cumpre-nos fazer com que os rostos do convívio, cuidadosamente selecionados, venham a corresponder ao valor que lhe tributamos, ao escolhê-los para o empreendimento da outorga, preferindo-os aos que nos fornece a costumeira linguagem do cotidiano; com efeito, na hora em que estivemos na Igreja de ..., por ocasião da missa fúnebre em memória de certo amigo, a nave continha poucas figuras, apesar das extensas relações que o cercaram quando de sua vida; no entanto, em bandeja posta na entrada, muitos cartões havia e diversas pessoas, em vez de se demorarem na cerimônia, apenas depositavam as insígnias, ocorrendo que deitavam, além de seus cartões, outros de vultos que nem sequer se abalançaram a vir às exéquias; pequena história que findou no dia seguinte, ao divulgarem uns jornais, para sincero conforto dos parentes, a relação dos que compareceram ao ato: dezenas de seres que se em verdade lá houvessem ido, fora diminuta a nave para caber a todos. Apreciamos o subterfúgio das presenças, porque se expusera em termos fisionômicos, porém a enodoá-lo aparecia o teor hipócrita do aproveitamento, a impudência de apresentar-se o engano que na data posterior achar-se-ia acrescentado da impostura de motivar os agradecimentos da família; o uso desprimoroso daquele idioma nos incomoda tanto quanto o do artista de páginas obscenas, e em particular no episódio da Igreja de ..., ele assumia o aspecto de uma fraude, em virtude de a cena inteira manifestar-se não apenas figurativa, mas incorporada a uma significação cuja decorrência descobria os bastidores perante olhos que se não deixam iludir. A nossa presença pode completar o sentido de um episódio; antes de tudo ela deve, em lugar do entrecho novo a exibir-se com o surgimento de nosso vulto, aderir ao enredo em estampa ou em desenvolvimento, conquanto que o assunto em causa esteja inserido em tema da probidade humana, assim como a face de C... aderia à história que lhe narrava o interlocutor; e ao praticarmos o desempenho que traduz o nome, pela ausência de visão a nos incluir no elenco, damo-nos em espetáculo aos nossos olhos, vindo a sermos, a um tempo só, platéia e rampa do mesmo acontecimento. À feição de cenas de teatro em que o ensaiador figura como um dos protagonistas, encarnando o papel sem descurar de medir o acerto dos demais atores, no exercício do cotidiano a nossa presença costuma realizar-se nos dois termos da contemplação; os quais, sem extinguirmos a divisória que delimita do espectador o retábulo tão cheio de atributos contagiantes, representam o rotineiro da vigília, o emolduramento onde se processa o pulular dos episódios, a teia das ocorrências fisionômicas. A sensibilidade nos impede que sejamos neutro no enriquecimento do repertório, e ainda nas ocasiões em que o sucesso não se ajusta aos nossos sentimentos, ao teor da alma que, receptiva de há muitos anos, tem inclusive no acumular de painéis, a fonte de seu próprio estado de ser, com as simpatias que se tornam concretas pela constância da convivência, pela assiduidade de ver, sem que para tanto haja contribuído o objeto dessa forma adaptado a nossas inclinações. O uso de método caroável às tendências de nosso ser, nos faz agradáveis ao gosto os elementos a que ele se aplica, sendo esse o mesmo fenômeno que sucede entre os analistas da dissecação, cuja frieza da sensibilidade, nutrindo a vocação pelo estudo dos tecidos, recebe, com peculiar contentamento e total desinteresse pela vida que se fora, o vulto exânime que se lhe vem de entregar; o recurso figurativo que atende desde a simples modalidade de leitura — capítulo importante sob vários aspectos, por ele incidir no próprio conteúdo do texto que se mostra ou se esconde segundo a tonalidade da ótica, e por esse fato podemos dizer de certos livros que ora se lêem de mais, ora de menos, sem coincidirem a lente do leitor e a lente do escritor — à posse, em nossa visibilidade, de todo o universo por meio de sua outorga na efígie de nossa vizinhança, distrai-nos muitas vezes de angústias que doutra forma nos absorveriam completamente; e a tal extremo, que não só continuaríamos a sofrer as suas flutuações, como quase nada extrairíamos da cena, para efeito da modulada preservação em nosso repertório. Acresce que resulta lícito à alma eximir-se dos excedentes da motivação, sem a perda da solidariedade ao painel da agrura; tal nas horas em que nos esquivamos de assistir ao penoso das lágrimas em desfecho, por antecipadamente já as havermos subentendido, e já as conhecermos através de episódio análogo que se nos fixou, a título de cena padrão, no álbum da memória; da dispensa de testemunhar mais de uma vez o mesmo auto, se beneficia a fragilidade de nosso ser em recepção, que, assim abrigado de cortantes e profundos golpes, preencher-se-á, todavia, de menor número de figurações.

7 — Chamaram-nos de desagradecido porque não fomos ao sepultamento de S..., mas esqueceram-se de considerar que a ausência exprimia a qualidade do luto: sincero como o das pessoas que lá compareceram com a prova imediata do pranto, e espesso com o ritual que cumprimos aos olhos de ninguém,

com a litúrgica ritmada pela recordação das boas obras de S. . .; de algumas faces conhecíamos os gestos em circunstâncias equivalentes, por ter havido outros enterros na pequena localidade e aquelas efígies demonstraram neles o teor de suas manifestações, por conseqüência nada de novo iríamos alcançar quando sobreveio a ocasião de S. . .; quanto ao preito que devíamos à criatura morta, vimos a praticá-lo em nosso próprio domicílio, ausentando-nos dos vultos lá fora existentes, porque morto éramos no tocante a S. . . que nos levara consigo no ato de seu falecimento; assim escusando-nos de compor o velório e as seqüências do cemitério, colaborávamos numa confecção intimamente simbólica do fato de havermos perecido ambos; como dois indivíduos que, comungando do mesmo propósito de se afastarem de certa conjuntura, sem que hajam combinado a comum decisão, não se apresentam na hora e no local do concílio, o nosso olhar e o de S. . . possuíam de idêntico, no decorrer daquela tarde, o não se proverem das figuras postas em torno do féretro; dessarte, em nossa residência cumpríamos, de maneira fisionômica, a nossa parte na morte que nos atingira a ambos, sem nos importarmos com as interpretações emitidas pelos demais atores, que estas não adulteravam o nosso desempenho, válido ainda ante essas reservas supostamente aluidoras, porquanto, se naquele instante eles se achavam seguros de nossa sobrevivência, da mesma forma os amigos de S. . ., que não se informaram do triste sucesso, tinham-no por vivo e a surpresa que os aguardava quando se lhes dessem a notícia do perecimento, seria a mesma se se lhe comunicassem o aviso de nossa real extinção. Poucos olhos nos tinham observado com tanta agudeza e compreensão como os de S. . ., e por isso mesmo, por acreditarmos no afeto de sua receptiva, a bem raros temos exposto o nosso ser em exibição, tal como o fazíamos a seus olhos, para os quais exaurimos as atitudes do mais espontâneo desempenho; de modo que, se eles se fecharam para sempre, essas atitudes que encerram o nosso rosto, imergiram irrevogavelmente em sua morte; à evocação de suas boas obras, aglutinávamos, na liturgia em nossa residência, a lembrança dos gestos que oferecêramos ao seu olhar, ambas as recordações revestidas da mesma tarja da morte, sublinhadas do mesmo luto, dado que o pranto se divide em lágrimas que vão ao morto que está no túmulo, e em lágrimas que vêm a nós, fisionomicamente coberto pela mesma campa. Durante a convivência, esquecido da morte, externamos os gestos como se não passassem por esse ensejo, senão intentaríamos o desempenho de melhores nomes, considerando que o último momento ser-nos-ia mais leve se toda a conduta, no correr da vida, correspondera aos reclamos do final episódio; no qual impera, no olhar de quantos se debruçam sobre a pessoa extinta, um sincero respeito que ordinariamente se aplica só a esse instante, não se tendo alongado nos painéis de quando ela existia e atuava. Admiramos aqueles que apenas desempenharam nominações da virtude e que, por conseguinte, se achavam permanentemente à disposição da morte, ao contrário de nós outro que, por mais que vivamos, perecemos de modo prematuro, porquanto não nos foi proporcionado ainda o tecer as limpas urdiduras, nas quais devemos recebê-la como a hóspede de nosso devotamento nos aprestamos com o mais atraente e saudável dos recursos; o afeto que envolve a alma do recém-vindo, não lhe consente especular se os arranjos da sala foram feitos para aquele único momento, antes intui que sempre houve os arranjos, enleado na pura e condizente amostra; assim sentiria a visão da morte, se porventura esta consistisse numa entidade que tivesse miradouro, bastando-lhe ver a cena que coincidira com a sua aparição, para prescindir de computar como o hospedeiro se houvera do transcurso de sua ausência. Essa personagem de uma só visitação, conforme pensam todos, que não estabelece data de bater à porta, sugere, em proveito de quem a espera e de quem a não aguarda, o entrecho que venha a ser propício ao olhar do rosto na ocasião de morrer, como o vulto que ao abraçar o visitante de sua preferência, se rejubila ao verificar que este se impressiona agradavelmente com as ornamentações escolhidas em homenagem a ele, e se alegra mais ainda se, não contando com o prazeroso conspecto, o recém-chegado se certifica de que o ambiente se lhe ajusta à personalidade. Na ocasião do enterramento de S..., se a morte real viera a reunir-se à morte fisionômica, nos encontrara adequadamente posto ao seu contato, porque éramos só, se bem que o protagonista solitário muitas vezes se prevalece da solidão para macular o próprio silêncio; mas, quanto a nós, revíamos as páginas do texto de S..., as cenas todas que se gravaram no repertório de nossa lembrança, e, para realce da litúrgica, ao revivescimento delas juntávamos, espontaneamente, a caridosa seleção de querermos apenas os retábulos da virtude, preterindo os que fossem em desabono de sua alma; dessa maneira, ao olhar a morte exibiríamos os brancos painéis que S... desempenhara, acudindo em favor deste se por acaso, ao falecer, não o fizera em acomodada conjuntura: tal a efígie que, repentinamente informada de próxima visitação, não julgando a sua residência propícia à importância do esperado, e a fim de que a cortesia não se deslustre, recorre à colaboração de amigo, em cujos salões prestantemente abertos a rigorosas solenidades, ela se abrigue contente de ver que a sua alta condição se homologara, mesmo reconhecendo o visitador não ser aquele prédio o domicílio do hospedeiro; e talvez por isto se lhe repercuta melhor a maneira da recepção, com a sua vaidade nutrida pelo travestimento da almejada solicitude; ou, se tiver o visitante mais elevado espírito, no temor de constranger quem o esperara, manifestando-lhe que preferiria o mediano conforto de sua residência, decide calar a observação, e aquiesce em fingir que fora aquele o melhor sistema de hospedagem, e logo, tanto o de inferior como o de superior espírito se confundem no mesmo regime de procedimento.

8 — Em ambos os casos, quer se revista da pequenez, quer da excelsitude humanas, o olhar presumido da morte, ao recair em nosso vulto, contemplaria, em concomitância com ele, a presença do que fora, em nós, a face de S...: distribuída num cortejo de aparições que, entre outras coisas, denotava o legítimo aspecto de sua conduta em relação aos temas que incorporava, servido por delicadezas de compreensão muito além das que, de ordinário, vislumbramos nas assembléias de nosso testemunho; protagonista perfeito de todas as ocasiões, ele há-de faltar quando um assunto mais difícil de ser levado a termo, vier a pôr em confusão os demais intérpretes da pequena localidade, desde que S... era ao mesmo tempo ator e regedor dos episódios que lá se desenvolviam, alguns dos quais tiveram por pretexto o surgimento abrupto da morte. Por três ou quatro vezes ela surdiu sem se fazer esperar, escolhendo, para transportar consigo, pessoas que nada ultimaram, antes iam a meio de seus empreendimentos; enquanto se afirmava que o sucesso se produzira por efeito de torva desnaturalidade, dando-se assim à morte uma feição de intencional malefício, S..., contrariando o parecer comum, dizia que o perecimento possui razões para atender ao prazo que ele próprio determina, e que em final instância favorece a pessoa em quem ele recai; sendo, portanto, as várias formas de traduzir o fúnebre acontecimento, o resultado das diversas posições em que se situa o olhar, semelhantemente verdadeiro em cada ângulo de mira; mas, devemos considerar a existência de um observatório mais distante do objeto que, por esse motivo, alcança trechos do panorama que representam, não rostos e condições isolados, e sim extensões daquele mesmo objeto; com a vista na lente desse miradouro, descortinaremos, então, a paisagem que nos permite ver que, anteriormente à morte, pulsava, na urdidura da face extinta, um desarmônico tecer, só agora, com o perdimento da vida, reposto em rítmica estabilidade; idéia, sem dúvida, de avara consolação, porém válida com respeito ao modo de S... conduzir-se entre as curtas e as grandes coisas; implícita a esse processo de ser na terra, o qual inseria a resignação e o contentamento, ao ajuizar do equilíbrio dos fatos humanos, ele trazia, ao ato do conhecimento, a contribuição de um fator de distinta ordem, entretanto conciliável com os produtos da mente: qual seja o teor de bondade a enobrecer-lhe o entendimento, sem obliterá-lo, antes a compeli-lo ao acerto. Se ele se investisse do papel do homem tímido que atrai o visitante à residência de outrem como se fora a sua própria, a razão da atitude estaria, não no envergonhar-se de seu aposento perante a cerimoniosa lupa, mas no desejo de melhor acomodá-la tanto assim que, no instante da despedida, ele a convidara a

inteirar-se do humilde albergue; se acaso S... sentisse nas mesuras do hóspede a vaidade de ater-se em luxuosas poltronas, interpretaria o gesto como o ensejo de mostrar que a providência era correspondida pelo prazer que desse modo demonstrava, e a decisão de partir sem indagar-lhe o autêntico endereço, ele a traduziria como o amável subterfúgio de não surpreender-lhe a pobreza, que preferia ocultada. Dirigindo os pensamentos para o painel do enterro que se efetuava naquela hora, lembramo-nos de que S... assistira a muitos enterros e em todos procedera como quisera que agissem os acompanhantes de sua vez, plano de impossível cumprimento por ele ser o mais estimado dos conterrâneos, e inevitavelmente as lágrimas haveriam de correr; ninguém recuaria ao observatório de onde a sua perda pareceria justificável, porque nenhum outro tinha acesso ao cristal daquela ótica: além disso, o recuo a fazer-se nunca seria bastante para apanhar-se o imenso panorama, no qual, nos mais longínquos recessos, ele possuía extensões de sua figura. Todavia, o estrado de seus desempenhos, durante a época em que nos víamos com assiduidade, compunha-se do logradouro de algumas dezenas de habitantes; contudo, a densidade dos painéis e a faculdade de virtualização das efígies, não estando a depender da elasticidade da rampa, conseguiam naquele meio uma desenvoltura de manifestação talvez mais fixável do que se a obtivéssemos nos grandes centros de população, visto que lá ocorriam, sem o estorvo das surdas contigüidades, os entrechos fundamentalmente sérios da vida humana. Como a singeleza do cotidiano regia a tessitura dos contatos, podíamos, com a mesma quietude, participar da formação de cenas e, na qualidade de espectador, registrá-las para enriquecimento de nosso repertório; uma das singularidades da vila que mais nos acendeu a atenção, esta desafeita à exigüidade dos elencos, se perfazia em testemunharmos, na interpretação de poucos assuntos, os mesmos atores de sempre, cujas funções representativas diversificavam entre ser um dos coadjuvantes e ser o núcleo para o qual tendiam os restantes intérpretes. Nos retábulos posteriores à morte de algum dos protagonistas, a triste impressão fisionomicamente se prolongava quando o nódulo da motivação passava a exercer-se por alguma coisa que sobejara do perecido vulto; e então se estabilizava a tristeza, porquanto se tratava de alguém do rotineiro convívio, o episódio se estendendo como se tivera a mesma plenitude que se exibira com a pessoa ora morta, episódio obediente à contextura que se patenteara na outra vez; esses painéis do falecimento, que portamos um a um em nosso caderno, eram espetáculos sublimatórios que se cometiam na condição de alguém encerrar, com o prodigioso papel, e irrevogavelmente, a carreira de sua própria vida. O tema da morte, à medida que se efetivava, reduzia o número dos participantes; gradativamente os eliminava, tão absorvedor era aquele texto que assim impunha, para a materialização, o holocausto do respectivo intérprete, alçando a extremo a faculdade de ser ator, numa exigência de perfeição bem mais excessiva que a intentada por nossos recursos óticos. Não saímos incólume do teatro onde várias vezes morremos em outrem, sendo que no modesto lugar a força das afeições, obrigando-nos a atender quase estritamente ao teor da empírica realidade, nos impedia de desviar os olhos para alguma situação em ato de distinto enredo, cabendo-nos concluir que a gratuidade contemplativa se desfavorece ali onde atuam as imposições da alma; além da absorção afetiva com que víamos os gestos dos interlocutores, havia ainda a substância do assunto que nessas horas nos impossibilita, dada a nossa adesão ao tema, de transmutar o episódio a segundo texto, sob pena de desamoroso e frio testemunho. Na exibição da pura realidade, acontecem entrechos dos quais os atores se retiram escarmentados do desempenho, com a deliberação de nunca retornarem a ele; de nossa parte, mesmo que tais painéis nos tenham oferecido intensidades superiores às da mais vívida ficção, eximimo-nos de promover ou aconselhar-lhes a volta aos retábulos que os puseram em inquietude ou arrependimento.

Capítulo 14

1 — Os painéis independentes de nós. 2 — O real e o fisionômico. 3 — A história da cesta. 4 — A realidade fisionômica. 5 — A intervisualidade dos que se defrontam. 6 — Os retábulos isentos de nossa participação. 7 — A auto-observação — A indiferença.

1 — A realidade mostrou-se figurativamente — como se mostra com assiduidade, e então dizemos que nada existe a acrescentar ao seu papel — na tarde em que presenciamos, na residência de B..., o desenrolar de comovente nome; ou seja, o da reconciliação, em retábulo tecido pelos desempenhos de N... e do próprio B... que, despertado de seu canto, passou a ouvir daquele as razões por que ali estava e lhe dirigia desculpas, em humildade que o engrandecia, acenando que ficássemos e fôssemos a testemunha da desopressão da consciência; não chegou a completar o preâmbulo das escusas, porque B... o interrompera com abraços e olhos umedecidos, e assim, a circunstância única da presença de N..., feita de gestos humildes, fora bastante para que o interlocutor complementasse o entrecho, e o tema em causa nos sobreviesse pela exclusiva recepção da lupa. De nenhum estratagema nos servimos, nenhuma providência adotamos a fim de que o painel se desenvolvesse conforme a nossa preferência, nem tampouco nos acudira àquela hora o pensamento de obter uma situação em ato; no entanto, da iniciativa da objetividade nascera a nominação de acordo com o nosso costumeiro método, parecendo que a realidade condescendera conosco ao nos proporcionar o que quiserámos. Há seqüências da realidade que, sem a ajuda atuante dos olhos, dispõem de si mesmas para os mais diversos urdumes, tanto mais livres quanto poderão ater-se a formas autônomas, a modelagens que nos sur-

gem perfeitamente acabadas, contando para tudo isso com a ausência de nossas alterações; à revelia de nós, tais seqüências da realidade encerram, para o estabelecimento de uma unidade íntima, vários recursos; entre eles, o desembaraço dos intérpretes que, emancipados de bastidores, pertencem ao mesmo plano de visibilidade, quer entrem no episódio, quer se retirem dele, postos linearmente num só ângulo de consideração, o da realidade; tal como de comum eles são observados: protagonistas de um só estrado que se elastece à medida que historiadores, memorialistas, ficcionistas, ou os que vêem sem muito anotar, seguem reconstituindo e amontoando os eventos exarados pelos referidos atores. Sem embargo de tantos aparelhamentos, de instante a instante nos persuadimos de que os espetáculos independentes de nós nem sempre correspondem ao beneplácito de nossa receptiva: então lhes falta a aplicação de normas que nos são consangüíneas e como tais irremovíveis de nossa ótica; a esta não agrada, entre outras coisas, a rudeza de comportamentos, a ilógica de certas condutas não escassas, mas freqüentes no transcorrer do cotidiano; a cena da reconciliação em casa de B. . . nos expunha um exemplo desse transtorno que pretendíamos não houvesse, transtorno que consistia na impossibilidade de ligarmos ao mesmo teor de aceitação, ao mesmo texto de ser em visibilidade, o painel da discórdia e o do reatamento dos vultos de B. . . e de N. . . . A unidade de conduta firma a personalidade, porém desdenham-na ainda os mais ciosos de seu nome, até mesmo os que se santificam pela uniformidade e beleza das obras; os quais, não obstante a venerem e pratiquem, estendem, com liberalidade, aos prevaricadores do próprio *leitmotiv*, o perdão a que fazem jus a cada hora os reincidentes dos mesmos erros. A fragilidade humana, apontada como justificativa de permanentes desacertos, confunde-se com a negligência em não perfilharmos certas normas de conduta, fáceis de serem cumpridas, negligência de todas as horas que se arraiga às ações, para bom êxito de empreendimentos que resultam em males, quando vistos no painel do Julgamento Último; falta-nos a obediência àquelas normas, bem poucas, aliás, que nos transportariam à virtude, e que, por serem em reduzido número, e propensas por conexão a se tornarem num único preceito, não restringem as possibilidades de vigência, antes oferecem, sob a lâmpada delas mesmas, uma claridade que nos ampliaria o campo da convivência; da mesma sorte que nos propiciaria o verdadeiro objeto, qual fosse, a unidade de nossos desempenhos. Lembramo-nos dos evangelizadores que se embrenham nas regiões inóspitas e, nas caminhadas e nos pousos adversos, mais do que ninguém, reunem variedades estranhas e inéditas do acontecer, expondo-se ao envolvimento que tais conjunturas atraem, e a despeito da abundância do repositório, ninguém mais do que eles se concentra na disciplina de que se revestem sem interrupção, ninguém mais se ordena, como eles, segundo as leis de ser no deambulante grupo. No álbum de episódios com que a experiência nos tem nutrido até hoje, ressalta, de logo, o teor de uma realidade que não aglutina os seus elementos sob o governo de alta e coerente concepção, por sonegarem os vultos à natureza o acordo que continuamente ela sugere; portanto, em vez da unidade ao longo de toda a vida, os semblantes de nossa contemporaneidade apresentam o tumulto de situações que se atropelam, que se contradizem, que se anulam se as consideramos sob o desejado prisma de serem harmônicas nas seqüências da variedade; eram tais os motivos por que a cena da reconciliação em casa de B... não nos impressionara, como fazia jus o painel apreciado isoladamente; mas, em confronto com o retábulo anterior, com aquele que exibira o rompimento de relações entre as mesmas personagens, parecera-nos melancólico o segundo painel, pois que em ambos fora de igual relevo a sinceridade dos impulsos, do mesmo grau o espontâneo dos desempenhos; por tudo isso, ficamos a descrer da perdurabilidade do episódio mais recente, nenhuma segurança existindo de forma a não pesar, em nós, a dúvida de futuramente, amanhã talvez, ressurgir de seu recesso o nome da discórdia, que apenas se ocultara.

2 — No tumulto que a inconstância de ser obriga, há, no entanto, riquezas faciais que traduzem, no idioma ótico, a necessidade da visão atenta a minorar, ou a converter segundo nossa acepção, os aspectos que se verificam à revelia de nós; porque, se nos escapa a autoria de tantos desajustamentos, nos sobra contudo a faculdade de compor, para nosso repertório, aqueles flagrantes que obedecem à ordem figurativa, no que esta possui de consentâneo com o nosso gosto; ao fazê-lo, imitamos o confeccionador de antologia que fragmenta a obra de toda uma literatura, de acordo com a sua concepção crítica. No álbum persiste uma folha dedicada a duas cenas no domicílio de O. L... por ocasião da mágoa que o levou a enternecer-se, no preciso momento em que o criado, na pressa de descer à copa com a bandeja vazia do remédio que lá deixara, não vira e se o vira tanto se lhe dera, que na mesma o vulto em depressão depositara, casualmente, uma lágrima das que vertera; em companhia do doméstico, seguimos o trânsito da lágrima que, assim transposta do painel, onde deveria restar, para identificação de sua qualidade de ser, iria representar, na copa, significação diversa da que estimaríamos continuasse; a qual, em tempo mais curto do que presumiríamos, veio a efetivar-se com o aparecimento de O.L... à procura de qualquer coisa, e tendo visto na bandeja a lágrima, perquiriu de nós se entornara o cálice do medicamento. Nós apenas, ninguém mais na terra presenciara a atitude daquele homem que se esquecera imediatamente do melhor gesto e não atinara com a duração, em outro recinto, da lágrima, remanescente único do choro. As confecções faciais distanciam-se, muitas vezes, da

própria fonte, perdem-se pela ausência de testemunhos compreensivos e articuladores que saibam manter em memória os quase nada do cotidiano, à maneira dos que acontecem à nossa vista somente; e então sentimo-nos em privilegiada investidura, a nossa presença se acresce como se se iniciasse, em nós, o exercício daquela consideração segundo a qual todos os rostos estão, fisionomicamente, a depender de nossa pessoal perdurabilidade, a existirem na dependência de sermos ainda em existência, posto que se apagarão com a nossa morte. Interessamo-nos por observar o rosto que, saindo do aposento, vem a mostrar-se na rua deserta de passeantes, e convicto de que nenhum olhar repousa em sua efígie, porquanto lhe escondemos a nossa espreita, solta à espontaneidade o ritmo de suas atitudes, que, mal desperto da regência que lhe modulara a casa, apresenta ainda a modalidade de ser que usufruía há pouco; em conseqüência, na impossibilidade de estabelecermo-nos no recesso de seu domicílio, compensamo-nos ao vê-lo gesticular ou imobilizar-se segundo procederia se estivera nele, e de feição mais convincente do que se porventura os móveis todos se recompusessem na calçada, como a edição, ao ar livre, do seu viver doméstico; o rosto solitário também nos preocupa quando o atingimos em continuidade a painéis que ignoramos, e nesse caso a nossa mente esforça-se, mais ainda, a descortinar em seus meneios a espécie de participação que acaba de cumprir: tal o leitor escassamente familiarizado com o texto cuja leitura lhe é, na hora, imprescindível, e que se consome em ligar, em busca da significação, uma a uma as palavras que nele se contêm, às vezes sem conseguir maiores resultados, mas de qualquer forma atesta um conhecimento superior ao dos que nem sequer tocaram no volume ou ouviram dizer da substância da obra. A exclusividade de nosso miradouro assegura a sobrevivência de aspectos humanos que em si mesmos surgem para não serem olhados, e inclusive fogem à ciência e à consciência dos portadores, capitulando-se no índice das coisas mais próximas da inexistência, aspectos do anonimato figurativo que ocupam boa parte do cotidiano das pessoas, e que compreendem sem dúvida a mais sincera das representações, com os detentores extremamente sensíveis a só idéia de que alguém possa vislumbrá-los; por consistirem da mais pura intimidade, a nossa visão curiosa estimula-se quando uma face, que exibe tais flagrantes, pertence a alguém de especial interesse; nessas ocasiões, o nosso belvedere se prolonga a investigar se as composições, que ela nos omite, coincidem com os pensamentos que confeccionáramos a respeito dessa mesma personagem, reclusa de maneira hermética à nossa ótica e à de quantos residem em sua vizinhança. Pululam no plano da realidade muitas cenas que por sua índole, embora se ostentem à claridade pública, se revestem de teor nascido para permanecer em ocultação; o nosso próprio olhar se confrange por haver sido a incauta testemunha, ou se impede de acompanhar até o fim o desempenho que fora melhor se se tivesse localizado dentro do não existir; outros episódios se manifestam por entrelaçamento, por justaposição de um motivo da realidade a um motivo de caráter proscênico, o primeiro adido à zona vedada aos nossos olhos, o segundo naturalmente exposto a eles, e às vezes de tal modo aglutinados no mesmo protagonista que ninguém da platéia suspeita tratar-se da intervenção dos bastidores na estrutura da cena em tablado. No momento em que o ator se dirigia ao estrado das exibições, a fim de ultimar o painel que lhe exigiria abundantes lágrimas, recebeu a notícia da morte de alguém de sua terna afeição, e introduzindo no bolso a mensagem, veio a espargir, ante os espectadores da peça, o pranto que se destinava ao rosto que perdera, logo seguido dos aplausos que eles, entretanto, entendiam caber ao programado desempenho, e no dia posterior os jornais expunham duas comunicações, sem todavia aliar uma à outra: a morte daquele alguém do celebrado intérprete e a prodigiosa e incomparável atuação no auge do espetáculo. O ator, após serenar-se da tristeza, concluirá que não fora aquele desempenho a obra prima de sua carreira, que os encômios acertariam se endereçados à reação de seus verídicos sentimentos, a um painel que, apesar de extraordinário, era do repertório de sua vida; sem o fúnebre aviso não se quebrara o rotineiro de sua profissão, nem dias depois um empresário, que estivera presente ao grande feito, não lhe formulara vantajoso acesso à nova companhia.

3 — Dentre os entrechos que nos escusamos de presenciar, distinguimos os que se prendem à piedade da forma; eles pressupõem o conhecimento de quanto de constrangedor leva o motivo, a que se desajustam os atores, cujas amostras de exibição já nos fizeram estabelecer o limite de seus desempenhos; vemos então que a realidade pode desmesuradamente exigir desses intérpretes o que eles não alcançam a dar, mas que não se dispensam de tão fortes conjunturas, antes se demoram nelas, sem cuidar de si nem dos espectadores. Deveria existir, para nossa tranqüilidade de apreciação, um teor de realidade para cada rosto, em consonância com as possibilidades expressivas que este possui; porém tal não sucede, e na maioria das ocasiões o sacodem as truculências de papéis muito acima de sua capacidade, impelindo-nos a crer no uso de estratagemas como processo de atenuar a exorbitância dos pretextos: espécie de sobreaviso à eventualidade de desmedida significação, o qual variaria desde o acomodamento de sua alma à idéia dos duros lances a virem, à sonegação propositada de acorrer aonde pressente que há-de surgir o episódio, em cuja intenção não ensaiara uma vez sequer. Por não dedicar a imaginativa ao acontecimento que o excede, e o cotidiano o desajudar com a falta de surpresas que o promovam a justo protagonista, o vulto em experiência vê-se a toda hora na fortuidade de sofrer a inclemência do assunto e

com esta a insatisfação pelo desalinhavado desempenho; do miradouro deduzimos, com a neutralidade da visão, que a tristeza do primeiro caso é menor que a do segundo, e então resulta recair a nossa piedade sobre a forma que a ausência de ensaios e a dificuldade de esconder-se tornam, em certas ocasiões, ridícula. O escrúpulo de testemunhar nos impede de comparecer a episódios que incluem a participação de seres do nosso devotamento, pois de antemão percebemos o desconcerto dos gestos no motivo em causa; tal no dia em que, informado da indelicadeza de E... para conosco, ao transferir naquela manhã, à pessoa de B..., a pequena dádiva que oferecêramos à própria esposa de E..., e atendendo à circunstância de que a impudência deste não iria à perfeição de coonestar o dolo em evidência perante o nosso olhar, que ela sabia perscrutador, resolvemos não estar à noite em companhia deles, na casa de B...; dispensando-nos do convite, favorecemos, com a obliteração, além de nossa sensibilidade, que se livrou da flagrância desprimorosa, o mesmo E..., tão fértil em contrafações da amizade; contudo, uma semana após, lá fomos em visita a B..., e da poltrona víamos na mesa, cuidadosa e marcadamente colocado, o objeto que se destinara a outrem, mas que, melhor pensando, o deveríamos ter obsequiado a quem agora o possuía; no trajeto que ele efetuou sem a nossa audiência, manifestava-se, implícita, a retificação que a realidade costuma impor ao texto de nossos propósitos, aperfeiçoando-o e induzindo-nos a descer a terreno que de muito negligenciamos. A história da oferta à esposa de E... propagou-se no círculo de nossas relações, se bem que até o momento E... ignorasse a difusão de sua incúria, todavia continuamos a preservá-lo do desmascaramento diante de nós, cautela que dificilmente perduraria por serem os demais bastante cruéis em coisas dessa natureza; o intuito de poupar o vexame a E..., veio a agravar a preocupação de eximirmo-nos de episódios onde pudesse surgir à baila a acareação, por conseqüência, a realidade a que tínhamos repulsa. Não é impunemente que nos abstraímos de testemunhar entrechos dessa ordem, parecendo haver na realidade obcecações a nos compelirem a vê-la; se insistimos na fuga, comprovamos que o espaço cada vez mais se estreita, que, se não pactuamos, o reduzimos ao recesso do aposento, assim mesmo devassável. Com efeito, a ocorrência que julgávamos concluída, e com ela a ingrata significação, retornou à nossa ótica sob a modalidade de um objeto integralmente sósia daquele que presenteáramos, tendo como preâmbulo o obstinado convite para que fôssemos à residência de E...; convite sem dúvida estimulado por sua desconfiança de que, havendo comparecido nós à casa de B..., de certo lá vislumbráramos a cesta que, resolvendo-lhe o embaraço de algum mimo oferecer a B..., a quem fora visitar, lhe trouxe o desassossego de um dia ser descoberto o imerecimento que nos impôs. Na sala de E..., observamos, em saliência desconforme com a intrínseca importância, a cesta perfeitamente igual à outra, que nos iludiria se porventura desconhecêssemos a página anterior daquela história, por certos aspectos fisionômica, mas ofensiva à nossa sensibilidade; à pessoa mentirosa que nos freqüenta o convívio, a educação estabelece que lhe ouçamos as inverdades com o mesmo acatamento que dedicaríamos a exatos narradores, se bem que no íntimo de nós se acelere o desejo de que lhe sobrevenha à língua a oportuna mudez e, no silêncio que almejamos, à cura de nosso tédio se alie uma posição mais vantajosa do pobre rosto no recesso do álbum; assim, ao captarmos a atitude de E..., ele fazendo convergir a palestra para o nódulo de sua preocupação, para a cesta ali sub-rogando a outra de análoga aparência, sentíamos, diante da fraude dos gestos, a sensação de que, tanto ele como o nosso vulto, éramos os autômatos a nos movermos numa superfície, não propriamente a da irrealidade, talvez a que se situa a meio caminho do estrado e da platéia — a semelhança do indivíduo que, posto no proscênio, anuncia um a um os atos da programação — a qual não convinha ao nosso unitário acolhimento, agora tolhido por dois incômodos: o do ludíbrio quanto ao significado, de impossível corrigenda, e o do idioma de seus meneios, mal proferidos em virtude de achar-se desmedidamente aberta a lente de nossa parcialidade, visto que nos cumpliciamos ao teor do assunto, que consistia em algo de absorvente e portanto limitador de nosso belvedere; em termos fisionômicos, o mais que obtínhamos, nessa situação em ato de um só ator, comparava-se ao sentido da figura que, de repente, serve para preencher a ausência deixada, na peça, pelo protagonista que não pode representar no devido instante; a qual figura, ignorando totalmente o fio do enredo, se instrui, tão só, do curto papel que lhe cabe, circunstância esta pouco satisfatória ao seu apreço profissional, tal como lhe dita a própria consciência; a conduta de E... naquela hora — sem interromper-se por algum entrave que surdisse para atenuação de nosso constrangimento e de sua postura — nos afligia porque éramos detentor da realidade inteira, em confronto com o texto falso de sua ótica, ao supor estar ainda o nosso semblante envolto na teia de sua burla; no embate entre as duas versões, saiu facialmente vencedora a de E..., graças à nossa atitude de agradecer a simpatia por ele tributada ao modesto presente, de apanhar a cesta com as mãos e fingir que se tratava da mesma, tudo sob o olhar feliz do comparsa que, dessa forma, conosco se aliviava; ambos a preferirmos o engodo, ele para salvar-se, tentando não se diminuir em nós, e a nossa figura, movida por prestante piedade, indo a socorrê-lo, correspondendo a seus próprios olhos; em verdade, nunca recebemos tantas exteriorizações de agrado por parte de E..., um pouco a modo das que se operam dentro dos conluios, e à base de temores; assim sendo, frágeis bastante para prosseguirem após o efêmero de sua validade, o que efetivamente se verificou dali em diante, menos oriundo de E... do que por prevenção nossa, que sentíamos em comprometimento a estrutura de velhas relações.

4 — A enganosa urdidura prevaleceu como certas situações que os protagonistas recordam quando se aglomeram sem a presença de intrusos; e, mais ainda que os desses atores zelosos das participações, os nossos desempenhos eram relembrados sob o receio, que víamos no olhar de E..., de termos informado aos semblantes da intimidade de nós dois, a extrema gentileza de suas palavras e atitudes no tocante à pequena cesta; criava-se, dessa maneira, nos bastidores, uma comicidade que lhe não convinha; atento a suas apreensões, o convencíamos sutilmente de que nada houvera em revogação ao enredo que nos traçara, ao mesmo tempo que elas se substituíam por outras condizentes com a eventualidade de um dia pormos a perder, pela revelação que perante nós fariam os sabedores da falácia, o ilusório mas precioso esteio do entendimento em relação a nós, entendimento que de muito se reduzira, porque fora capaz de desconsideração; quanto ao nosso vulto, além de testemunharmos, vimos a ser o cúmplice do falso episódio, e nesse papel permanecemos em virtude de nosso compromisso com a ótica de E...; passamos a exibir duas atitudes por serem distintas as platéias correspondentes, mas tal duplicidade nos oprimia; forte desejo alentávamos, se nos expúnhamos à visão de E..., se nos colocávamos diante dos conhecedores de sua conduta, de isentarmo-nos de uma delas; desejo que satisfizemos em proveito daquela efígie, sobre quem se debruçava, mais imperiosa que quaisquer reflexões ao verídico ou à honesta retratação, a nossa piedade da forma; desta vez condoída pelo sofrimento que nele se acumulava a ponto de maldizer dos possíveis delatores, incutindo-nos de que se tratava de invejosos prestes a aluírem as boas amizades, insinuando-nos a suspender o convívio com aquelas figuras; aquiescemos ao propósito de E..., tanto quanto possível, mas o bastante para tranqüilizá-lo; porém, não muito depois, ele mesmo se incumbira de destecer a trama que nos impusera, com o seu caráter obediente às flutuações da trêfega realidade; tal aconteceu quando, desavindo com a pessoa de B..., proclamou, em incontido impulso, ter ao ingrato desafeto mimoseado, há bem pouco e em conjuntura desfavorável a ele, com a cesta que lhe déramos, querendo só então, e sem nenhuma caridade para a comédia a que nos submetemos em face de seus próprios olhos, atender aos reclamos da probidade, finalmente surgida mas com vicioso aspecto. Com a mutação ocorrida, a realidade deixou de ser fisionômica, retraindo-se a recessos que a nossa lupa não ia buscar, a despeito de possuir elementos para as longínquas distâncias; mas o cometimento de recusar o miradouro em continuação aos passos

de E..., provinha de razões que eram óbvias à nossa alma; afora isso, os desempenhos que acaso nos expusesse, não se capitulariam no trecho do álbum que destinamos às coisas que se dão facial e independentemente de nossa vontade, de nossa visão sem contra-regra e sem mobilidade selecionadora, ao suceder de episódios cuja aparência coincide ser um gesto da só realidade e em termos figurativos. Queremos agora que o papel do ator seja o mesmo que lhe ordena o programa da objetividade, e a postura não perca, ao introduzir-se em nosso repertório, a autenticidade do motivo, do nome, com que se rotulou sem a nossa ajuda; dizemos que a realidade é figurativa quando, sob a ausência das palavras e de sonâncias que nos possam, por si mesmas, descortinar o assunto de que ela se reveste, se apresenta no idioma da pura mímica, na linguagem que se oferece aos nossos olhos sem irmos contudo ao seu encontro; procedemos, nessa hora, na qualidade de exclusiva recepção, liberto de planeamentos com que interferiríamos para efetivá-los, num panorama, enfim, que a natureza nos comete como se fôramos surdo-mudos; ao fazê-lo, não se fragmenta nem diminui o teor das manifestações, ao contrário, resulta que ela encerra motivos que só dessa maneira e diretamente alcançam a plenitude de estar conosco. Vantajosamente aos demais sentidos, o da visão nos mostra no verdadeiro lugar o objeto a que atende, incluindo no mesmo ato de apreensão a simultaneidade entre ele e os vultos da vizinhança, de sorte a menos permitir que esse objeto nos ocorra solitariamente, e sim que nos apareça articulado às figuras em redor, formando um conjunto a nos favorecer na tradução da presente realidade. Com efeito, a leitura se processa pela comunicação que deduzimos, por haver muitos caracteres a nos apontar o teor do contexto; eles todos a seguirem as normas da gramática fisionômica, e pródigos a alimentarem os modelos a que nos afeiçoamos, e cuja propensão a se repetirem nos ajuda a acelerar o índice de recebimentos; tal acontece nas obras que a necessidade nos impõe a ler com apressado ritmo, e por serem de nossa intimidade as circunvoluções do autor, de preferência aplicamos o olhar nas linhas onde se situam as orações principais; equivalentemente a esse modo de leitura, e como a realidade muitas vezes é móvel em extremo, abstraímos do painel em foco os semblantes que interessam menos ao que ela se propõe a dizer; se porventura o retábulo se detém o bastante para a fixidez, em nós, das inserções de sua teia, não nos munimos delas todas com o mesmo grau de acentuação, desde que é da essência da atuante visibilidade o relevo de umas em detrimento de outras. No episódio em que homologamos, à vista de E..., a convicção de que tínhamos por autêntica e infungível a cesta de nosso infortúnio, de certo que outros semblantes havia, os dos móveis que patenteavam superiores aparências, a atraírem, de quem entrasse, a atenção primeira; contudo, esta convergira para o insignificante apêndice, posto sobre a mesa, porém repleto de toda a motivação do retábulo, em si contendo a fonte das vozes e das mímicas. O painel obteve a nossa participação, mas existem os que se operam independentemente de nós, durante os quais somos apenas a desvelada ótica a perceber e nada mais; sem infletir-se em direção a vultos além das fronteiras do estrado, a nossa mira vê e revê as formas que nele se encerram, e em si mesmas tão exuberantes de sentido que não nos insinuam a completá-lo fora do atual panorama.

5 — Preenchendo o nosso miradouro, víamos a porta, na soleira da qual, atentas aos brinquedos, algumas crianças se distraíam no instante em que C..., de regresso ao aposento onde costumava dormir àquela hora, a fim de mais tarde volver a novas tarefas pela noite a dentro, penetrou no quadro de nosso painel; mas se deteve ao encontro do termo óbice, receoso de ferir o encanto que se lhe deparava, embora em desproveito da atenuação da fadiga; lá permaneceu por vários minutos, a fingir que não desejava entrar, como um pêndulo indo e vindo em curtos passeios, interpondo-se a ritmos regulares entre a objetiva de nossos olhos e os pequenos vultos a divertirem-se, quando, do fundo do episódio, em cadência dura e apressada desde o término do corredor, surdiu a figura de T..., que, sem a menor consideração pelos que lhe impediam a passagem, conturbou, de maneira abrupta, a cena que lhe embaraçava o caminho; enquanto C..., aproximando-se dos garotos magoados, recompunha com eles os jogos lúdicos, dispersos no chão, e dessa forma restituía ao grupo o contentamento de ainda há pouco; restaurado o enleio, C... sentiu-se com ânimo suficiente para transpor o universo estreito porém profundo que as crianças instalaram ali, onde ficava exposto a freqüentes perturbações; logo ao assomar ao edifício, cruzou os passos com uma mulher que, dirigindo-se à porta, sem dúvida despertada pelo rumor no momento da atropelação de T..., e na presunção de que fora C... o responsável pelo transtorno, se excedeu em vozes e gestos indignados contra quem não os merecia, e tão absorvente era a preocupação das jovens testemunhas que ninguém acudiu para defendê-lo; como os zeladores de teatro que alternam em sua vista o proscênio desabitado dos atores com o proscênio sob a viveza das exibições, assim do miradouro assistíamos aquela porta que, fechada, era a anunciação de cenas prestes a virem a nós, e aberta, mesmo sem a presença de quem quer que fosse, nos dava um recinto pertencente à nossa posse, do interesse, portanto, de nossos cuidados; na perspectiva do corredor muitos fatos aconteceram, e de quantos reproduzimos hoje, uma peculiaridade o fazia coerente nas diversas manifestações: os motivos em apreço

não se demoravam em diversos recantos, mas se estendiam, desde o fundo, numa cena única, até a porta que tanto marginava o desfecho como quaisquer dos atos componentes da narração; as significações havidas completavam-se em consonância com as disponibilidades daquele continente, nenhum entrecho a exigir a mudança do miradouro, como se ali estivesse um palco a nos entreter com representações perfeitamente compostas; em abono das peças apresentadas existia o nosso intuito de ver apenas as breves teias, dispensando-nos de investigar extensas urdiduras, alheio, inclusive, às sugestões de entrelaçamento que alguns painéis indigitavam; acessível ao pouso inicial dos olhos, o temário daquele proscênio expunha os textos do convívio doméstico, com simplicidade que não nos surpreendia porque, em nosso repositório, já se contavam os assuntos agora vistos, e conseqüentemente, para facilidade de compreensão, os termos da linguagem figurativa se movimentavam em rotineira explicitude. A singeleza da forma abranda o estranhável de concepções inéditas ao nosso entendimento, e se sucede envolver significações já situadas em nosso intelecto, o ato de ver se torna algo indistinto do ser que nos pertence: o miradouro se funde com o nosso âmago, e então as coisas que vemos não são mais do que extensões nossas que se debruçam para nós mesmo, a ponto de nem sequer nos lembrarmos que possuímos o intermédio da ótica. Diremos que o ato de ver é uma posse diariamente restituída ao nosso cabedal, e que só os entrechos a que ainda não nos amoldamos, despertam em nós a existência da visão, fazendo-nos inclusive indagar se não fora engano dela o surpreendente que vimos até um dia em que, cingindo-o através de muitos ângulos, o temos como patrimônio de nossa própria figura, e a partir desse momento falamos-lhe à guisa de quem monologa. No endereço de nossa concha, abriga-se tudo que nos pertence, e qualquer trecho desgarrado de nós regressa a esse domicílio com a espontaneidade que é a mesma da realidade enquanto apreendida de maneira fisionômica; a símiles eventos não se faz preciso que acorramos a recebê-los, entram na porta que se encontra aberta. Alguém surgiu e perguntou acerca de coisa que desconhecíamos, porém que se descortinou de imediato com o aparecimento de terceiro vulto, a compor com ele o painel da alegria ante o recém-chegado; voltando-se este para a objetiva de nossos olhos, identificamos a pessoa de R... que de há muito não víamos e que se integrava entre os seres de nossas relações, daí o prazer que igualmente nos tocou, e satisfazíamo-nos em gozá-lo sub-rogando-nos no vulto que o retinha nos amplexos, que lhe expandia a admiração pela saudável aparência; atitudes que eram as mesmas com que pessoalmente o trataríamos, isentando-nos de descer do observatório a fim de participar da cena que ali já estava de todo exposta e cheia de sua significação; dentro do espaço daquela perspectiva, o semblante de R... notificava-nos de que permanecia com as feições que tivera outrora, e a verificação nos agradava por ser um ponto homologador de nossa objetiva, como o elemento válido a unir, em nós, a coisa sucedida e a que ora sucede, convencendo-nos da perseverança de nossa lupa, de sua autenticidade no tocante à existência da ratificadora efígie, demonstrando-nos que a lente da mesma forma se reconhece estável à medida que o seu conteúdo se oferece em corroboração. Por encontrarmos no vulto a comprovação de nosso próprio ser, queremo-lo de maneira afetuosa, e em verdade captamos gratamente as coisas quando, nessas horas, nos preside o espírito a nossa visão que as recebe sob o dístico de nos pertencerem; às quais juntamos o nosso sentimento à semelhança do indivíduo que, achando-se em cidade alheia, sem um rosto sequer a aliviar-lhe a sensação de isolamento, renuncia à curiosidade de vencer o inédito a seus olhos, regressando ao quarto do hotel onde, à vista das bolsas, dos objetos que viajaram consigo, sente minorar-se a desolação com que se nominara, por ausência de semblantes confirmadores de sua ótica, da perseverança de seu próprio ser. A circunstância de estimarmos o vulto que nos ratifica, nem sempre nos impele a participar de seu enredo; ao contrário, o retraimento, a reserva com que nos situamos fora do retábulo, propicia-nos uma comodidade mais consentânea com a litúrgica de receber e assimilar o que vem a nós, estando conosco; os painéis dessa investidura, na maioria dos casos, apresentam atrações que seriam irresistíveis se não fôssemos impulsionados pela sedução maior de sermos com o nosso vulto, em lugar de irmos ao interior do proscênio, e aí darmo-nos à visão dos intérpretes e firmarmos com eles a interlocução construída com as parcelas de muitos; na qual passaríamos a existir como parcela a mais, enfim, adulterando a cena que nos contentava ao expor-se livre de nossa coadjuvação. Às vezes, os atores em desempenho se molestam porque nos descuramos de estar em sua companhia, pretendendo, com censuras, ou julgar que desdenhamos o valor de suas presenças, ou convencer-nos do privilégio que lhes estenderíamos com a nossa pseudo-utilidade, todas as coonestações regidas pelo pressuposto de os contatos somente se estabeleceram mediante a intervisualidade dos que se defrontam. De ordinário, os semblantes adulteram a sua existência com a contínua alteração do que vêem, mercê da iniciativa de se ligarem ao que, na ordem fisionômica, é do domínio único do proscênio, como se houvesse neles a incontida vocação de se tornarem intérpretes, sem aguardarem ao menos o desfecho dos episódios, violando a lei do tablado com o seu aparecimento, vindo da platéia, no meio dos reais protagonistas; salvar-se-á do tumulto aquele que, sentado na última fila, não obstante os acenos que da rampa dirigem os próprios atores, descuidados do estanque em que devem permanecer, vê sempre extensões da peça que aos mais próximos não é dado atingir porque estão incluídos nelas; assim, o vulto que habita o seu recesso, ao lamentar as testemunhas que se envolvem no tema que, por mais elasticidade que possua, tende a se permutar por outro, compensa-se com o haver-se escusado a ter, atrás de si, alguém que lhe articule os gestos aos proferidos no palco da exibição.

6 — Sem demora, alguns semblantes se avizinharam de R... e de sua amável companhia, impossibilitando-nos de vê-los e por conseqüência aluindo o breve auto, para, em substituição, nos exporem um episódio totalmente distinto; contudo, a visão não se ambientara ao ofuscador painel, por encontrar-se a mente na certeza de que, encoberto pelos novos figurantes, estava a cumprir-se o tema que tanto nos agradara, cujo prolongamento era de nosso interesse. Não são raros os momentos em que uma composição interfere para obliterar a cena em consideração, mas, do miradouro e atendendo à firmeza de não participarmos, abstraímo-nos do gesto de acorrer para dissolução das faces intrusas; dessarte, proporcionamos aos olhos, mesmo desfavoravelmente ao nosso proveito, a mais ampla desenvoltura do que neles recai. São múltiplas as variações a que nos eximimos de cooperar, inúmeras acontecem em desacordo com o nosso desejo, todavia por tal razão não devemos fechar as pálpebras, porque se agora nos parece inoportuno o novel entrecho, mais tarde será talvez de prestimoso valimento, se, pelas mãos da memória, vier a intercalar-se no trecho de nossa meditação. A realidade solta deposita-se em nosso álbum, e no decorrer da vida não podemos esgotar toda a sua abundância, nem tampouco prever se o sucesso de hoje ressurgirá ou não em nossos devaneios, estimulado pela presença de um outro que se lhe relacione, convindo desse modo que consintamos a aparecer e o desaparecer dos retábulos isentos de nossa participação; concluímos que R... penetrou na residência, porque não mais o vimos ao desfazer-se o obstáculo à nossa observação, e com esse mais recente esconderijo, a realidade, liberta de nós, indicava-nos que os seus povoadores dispõem de um nível de ocultamento a que não importa a distância entre a nossa lupa e os seres que desta escaparam; de forma que, localizando-se a alguns passos de nós ou em posição longínqua, tanto se equivalem no despreenchimento do belvedere, na consideração da ótica em si mesma, livre das intercessões do afeto; estas se responsabilizam pela densidade do registro no tocante às pessoas e coisas que amamos com a inquietude de perdê-las para nunca mais. De dentro do edifício retornou ao nosso olhar a figura de R..., logo depois de se ter dispersado o grupo de ainda há pouco; este, no entanto, permanecia em nós com a mesma qualidade de estorvo que o prédio onde R... se ausentara: grupo de pessoas e edifício, ambos diversos em aparência porém iguais sob o nome de estorvo, sinônimos na particularidade de encobrirem de nossa

atenção o corpo de R. . . . Quando dirigimos a curiosidade às seqüências de um rosto que não vemos, os vultos que as interceptam, assumem, portanto, o mesmo grau de interferimento, salvo se uma ou outra dessas efígies, mais clareando a espessura da opacidade, nos faculta entrever ou nos sugere que vamos, de repente, distinguir a face oculta; no caso de R. . . os entraves opostos nem nos deram a pressentir nem nos sugeriram a desejada aparição, mas desempenharam o mesmo papel com relação ao seu emprego de separadores de atos, como o pano de boca dos proscênios, que, existindo um para cada teatro, todavia não o individualizamos como fazemos com a peça e com o próprio teatro, mas a todos envolvemos na acepção indiscriminada de cortina, de pano de boca. A lupa não estava suficientemente recôndita para impedir a sua descoberta por parte de quem, como R. . ., possuía muito agudo o olhar; com efeito, notando o nosso rosto mal escondido no observatório da janela, acenou-nos que o esperasse enquanto dizia adeus ao outro protagonista, ultimando assim o enredo que interpretara, mas sem a desenvoltura que normalmente assistimos nas ocasiões de despedimento; por extinguir-se, com o gesto que externara em nossa direção, a neutralidade de seu desempenho quanto a nós, veio a adulterar-se o término daquele entrecho sob a forma de o nosso vulto se transferir ao palco, ao mesmo tempo que este se transferia ao nosso vulto; desacomodação que se opera quando se transgride a lei do estrado, ficando a prevalecer, por fim, a nossa estada no painel passível de ser visto por quantos espectadores ali transitassem naquele momento. Constrange ao assistente surpreender o ator a endereçar-se à platéia, por mais justa que pareça a derrogação da unidade cênica, e no encontro entre a nossa efígie e a de R. . ., o desentendimento das urdiduras traduziu-se nas palavras do interlocutor, confessando que sentia o não havermo-lo chamado, e nas mal tecidas explicações de nossa voz para coonestação da cometida indelicadeza. Resta no protagonista uma parcela de expectador, e valemo-nos de tal resíduo para, em desproveito de nossa exibição ao olhar e à mente de R. . . — de tal maneira se interessava pelo que fôramos em sua ausência — dedicarmo-nos tão só à sua figura de ator recém-saído de uma peça e recém-chegado à outra, ao semblante que não se fatiga em viver continuamente em participação, mesmo nas horas em que o aposento o oculta do olhar de quem quer que seja, exceto do seu próprio, da parcela de assistente que nele existe; a fisionomia de R. . . manifestava diante de nós as mesmas atitudes recentes, uniformidade que legitimamos por haver nos dois painéis a similitude dos motivos que os fomentavam, a conjuntura de serem ambos o inesperado aparecimento de efígies do repertório de R. . ., e os interlocutores respectivos não apresentavam recursos que estimulassem diferentes modos de consideração; vimo-nos, em meio do desempenho e no olhar de

R..., em consonância de ser com este rosto que, ao aplicarmos-lhe a lupa, não supuséramos vir a juntar-se nuançadamente a nós. Há os gestos de cumprimento que são gerais, porém os de R... naqueles dois instantes, tinham qualquer coisa de peculiar que talvez não se repetisse em encontros vindouros, que talvez nem se desse se ele encerrasse um outro ânimo; contudo, naquela hora, ao menos, desfrutamos os dois a equivalência de ser um. Tais coincidências às vezes constituem, no decorrer do cotidiano, pequenas felicidades se o sósia, que se nivela ao nosso vulto, na consideração de determinado alguém, se inclui em qualidades que nos honrariam; representam prazer tais reconhecimentos de igualdades, de contigüidades, porque significam meios com os quais a pessoa que os vislumbra, estando ausente de nós e desprovida de estimulantes que lhe façam descer a mente ao nosso corpo, lembrar-se-á dele à vista de quem desperte, no álbum dessa figura distante, o nosso rosto em página muito próxima; e de hábito cremos que só à custa desse processo conseguimos a ubiqüidade em imaginações e recordações, de tal modo redundam inumeráveis os textos do existir em estreita adjacência.

7 — A parcela de espectador que residia em nós, permitiu-nos verificar na figura de R... a passagem de tom com que seus gestos, libertando-se do entrecho precedente, assumiam o motivo que ora também interpretávamos, passagem pouco perceptível em virtude de os preliminares da peça consistirem do mesmo diapasão que há minutos ele externara; com o intento de estabelecermos um término ao invariado prólogo, fizemo-lo sentar para efeito de a nossa mira se predispor à captação daquele vulto que, ao falar doravante, era como o protagonista que, sustando o desempenho, dirige a palavra ao público da platéia. No suceder do encontro, para quem porventura nos observasse, a interpretação de nosso rosto pareceria repleta de defeitos, de atitudes omissas, de dissonâncias entre o nosso aspecto e as frases que se lhe proferiam, uma conduta, enfim, em desacordo com as necessidades cênicas; ocorre ser impossível mantermos em grau satisfatório a posição de perscrutador e a de intérprete, donde inferimos que na maioria dos casos, se nos acompanha a vista curiosa de testemunhas, temos decepcionado os semblantes à espreita, por quase sempre estarmos, em detrimento da participação, a encaminhar a lupa à nossa frente, ao nosso redor, a nós mesmo, sobretudo para autoconhecimento de nossa falibilidade. Talvez seja esta a razão de sentirmo-nos escassamente solicitado às assembléias que se agrupam com elementos de nosso nível, tendo em pauta assuntos que nos tocam ao interesse e à experiência; de costume, o nosso nome não se inscreve no rol das convocações, e se lá comparecemos por inesperado convite ou mercê de pró-

pria diligência, envolve-nos a atmosfera que usufrui o simples ocupante de lugar, ente que após a reunião cuidaria dos comparsas de ainda agora como de indivíduos estranhos, que uma convencional apresentação aproxima, para no dia ulterior, se cruzarem sem o mais simples cumprimento, ou resquício da véspera. Em compensação ao descaso com que nos vitimam, a memória os conserva um a um, e se nos defrontamos com eles em qualquer contingência, cabe-nos a iniciativa da saudação, nem sempre levada a termo por o não consentir a pessoa em causa, cujos olhos se desviam de nossa lupa. O exercício de observar não se completa sem incidir nos vultos que igualmente se aplicam à técnica de seu próprio miradouro, que se negam a só viver no domínio da representação; distinguem-se do ator envaidecido da fama, o qual, depois do espetáculo ocorrido em presença de cadeiras desertas, ante a pergunta sobre a reação dos assistentes, responde que o seu enleio na encarnação do papel não lhe admite inteirar-se da zona preenchida pelo público. Ao sentar-se, a figura de R..., em sofreguidão que nos parecia autêntica, declarou que há vários dias nos procurava e que a natureza daquele encontro decidia favoravelmente com respeito à dúvida originada em sua mente, sobre se a nossa efígie era em verdade semelhante à de alguém de sua intimidade; a incerteza justificava-se porque há muito não nos víamos e superficiais sempre foram as nossas ligações; e parecia normal a avidez pela necessidade de ser dita alguma coisa em alívio do constrangimento, que se formava, por efeito de nosso silêncio desarmônico, e do desembaraço intempestivo de seu vulto. Costumeiras se revelam tais situações sempre que o nosso olhar, desafeito às mesuras do convívio, é inopinadamente posto em contato com o do semblante que, muito recente ainda, o não podia aprofundar em direção a nós, como da rampa é vedado ao ator promover, entre os seus olhos e os de alguém da platéia, a aliança da mútua visibilidade; existem inúmeros pretextos que desvinculam os intérpretes já compostos em cena, a cortina descerrada, os olhos dos espectadores prontos a ver o que esperam, entretanto os atores se demoram a iniciar o entrecho, as inquietações agitam a assistência, tudo conspira a perder-se o espetáculo, quando, em corrigenda à inibição em foco, eis que surge a clara voz do ponto a dar alento aos mal-aventurados, e o desempenho começa, tranqüilizando a todos, sem se cuidarem da presença daquele ponto a quem nunca se encaminham as palmas nem tampouco o nome se inclui no elenco. Entre nós e a figura de R... o acanho desanuviou-se logo que ele nos exibiu o retrato da pessoa de seu devotamento, o qual se mostrou bastante para regulamentar o equilíbrio dos gestos, a naturalidade de nossa conduta em acordo com os meneios e a naturalidade que tínhamos defronte, o episódio, enfim, que já devera ter principiado e que pior fora se houvera alguém à espreita, contagiando-se com o desacerto das permutas, ferindo-se ao efetuar-se a acareação. Quando aferíamos o retrato com a idéia de nosso vulto, antecipando-se ao nosso pronunciamento, as palavras de R..., como o libreto a nos orientar a mímica, expunham o histórico da descoberta que datava de algumas semanas; era o modo implícito e descuidoso de confessar a realidade de nossa efígie em sua lembrança e tanto mais melancólico para nós quanto a presença do ser querido já pudera, de há-muito, ter estimulado nele a recordação de nosso rosto; tratava-se de algo excepcionalmente significativo, porque a homologação estava a exceder o que se lhe firmara sobre o nosso vulto de há vários anos, como se em sua ausência o nosso semblante nada mais fizesse que aprimorar-se para o cotejo que ele empreendia agora; R... acrescentou, talvez para emendar a revelação de que a sua memória não contivera, em tão longo prazo, o vislumbre de nossa fisionomia, que, em comparação com o que via naquele momento, resultava correta a similitude antiga e alertadora; não havendo pessoa alguma a descortinar a peça ali em externação, nem por isso as nossas atitudes se modelavam com pura independência; existindo, como obstáculo a outro ordenamento de gestos, além da natureza do assunto em dialogação, o olhar do interlocutor a regular o desempenho da efígie oposta, à guisa de respeito à parcela de espectador que se situava em cada um de nós; em verdade, contivemos o impulso de dizer que longínqua era a parecença entre o nosso rosto e o do retrato; sob outro aspecto fez-se oportuna a contenção desse ímpeto, qual fosse o de não afligirmos a credulidade de R... com a interpretação, que porventura ele concebesse, de consistir, a nossa ressalva, na recusa a querermos a semelhança entre o seu bem amado amigo e a nossa imagem; as suscetibilidades põem-se na razão direta dos sentimentos, e não nos cumpria demovê-lo da instância a que leva a amizade; além disso, o convencimento nos favorecia a lisonja porque demonstrava o carinhoso relevo com que nos pusera em seu repertório, sendo expressivo o arranjo dos álbuns, e no de R... a nossa figura se ostentava, mais do que nunca, estreitamente unida à face sob o privilégio da prodigiosa afeição; em conseqüência, por via da similitude, descobrimo-nos em pleno deleite daquela amizade, co-participante de desinteressado afeto, de muito exíguo no percurso das convivências; mas que indicava existirem fora das comprovações do olhar, setores dispersos onde, pela simples referência à nossa efígie, se nutrem cordialidades em relação a nós, venturosas participações que a só idéia nos atenua o pessoal desterro. Os rigores da perscrutação, à medida que deambulamos nos diversos estrados, não esgotam todas as extensões de nosso desempenho, e nesse particular o espectador que habita em nós se inferioriza em comparação com o intérprete que somos; uma dúvida consoladora nos toca ao pensarmos, sempre que maldizemos da peça que nos melindrou, se, anulando-se o papel encarnado por nosso vulto, não restara este, em sua exclusiva aparência, a fomentar em alguém da platéia um pouco da ternura que negaram ao ser em significação. Em geral, o malogrado intérprete, sem persuadir-se de tais compensações, cuida somente de justificar a outrem o motivo de seu fracasso, atendo-se à sua inserção no entrecho que vem de desfigurar, o que lhe diminui a tristeza específica; entretanto, do próprio seio da platéia, alguém lhe pode seguir os passos e, observando-lhe a mudez ou os gestos abatidos, avocá-lo à mais pura das compreensões, fazê-lo o objeto de fraternal simpatia porque ele também, em outra data, se vira em conjuntura idêntica; a descoberta de um companheiro de infortúnio não apenas modera a aflição que presumira sem par, mas envolve o novo êmulo de sincera solidariedade, posto que, por vaidade, raramente se dirija a ele e o conforte com a narração de seu respectivo insucesso.

Capítulo 15

1 — *A reedição de episódios — O descontentamento da alma.* 2 — *A nossa visão é demiúrgica — A dependência existencial em relação a nós.* 3 — *Um signo universal acerca de nossa intuição — As marcas do tempo.* 4 — *Representações faciais do tempo — O tempo fisionômico.*

1 — Quer nos transfira ao contentamento, quer nos conduza à mágoa, a aparição de um fato imprevisto, por maior que seja a impossibilidade de retorno, traz-nos a súbita impressão, revogável todavia, de que voltará aos nossos olhos; como se, afeita a recuperar, através da ordem fisionômica, as ocorrências advindas pelas mãos da realidade, a nossa lupa se não convencesse de que certos acontecimentos são tão zelosos de sua raridade que não consentem a recomposição por meio dos rostos casualmente vislumbrados. As ofertas aprazíveis que as ruas e os consistórios nos apresentam, com as quais formulamos inúmeros entrechos, a despeito de possuírem maneiras diversas de nos porem novamente em contato com o episódio, cujas ressonâncias nos tentam a reconstruí-lo, não correspondem ao nosso intuito de rever a cena extraordinária, então nos convindo o seu todo, que as parcelas ou as miniaturas não nos podem fartar; as oferendas que nos proporciona o texto das ruas e dos conclaves, quando regidas sob a atmosfera do nome tristeza, embora nos recusemos a intentar a sugerida reconstituição, esta resultaria também inviável porque, entre outras coisas, o grau de desespero que nos martirizará na hora antiga, não permanece o mesmo em nossa alma, e assim nos afetando a lucidez da ótica, impede o ressurgimento do retábulo, tal como o distinguimos daquela vez. Resta, para júbilo da prática fisionômica, a ressalva de que não é bem das ruas e das assembléias a indigência

em nos fornecer o anterior e invulgar painel, mas da volubilidade do sentimento, da inconstância da receptiva, do desconcerto entre o nosso âmago e a lente registradora; no instante em que nos abatemos à vista de lutuosa conjuntura, a nossa sensibilidade se afina dolorosamente, e com ela a sensação de que a mágoa de agora há-de perseverar sem mutações, apesar de sabermos atenuada ou extinta antes de o serem as vestes a que nos obriga a convenção social; se, no transcurso do nojo, testemunhamos, na casa de alguém, a repetição do episódio que nos entristecera, sem embargo de os vultos que o formam nos servirem à restauração do retábulo, nem por isso recompomos o sentimento como se dera na passada ocasião, que foge mais ainda porquanto nos surpreendemos a profanar o recinto com o toque de conforto que nos sobrevém ao verificarmos, ali e em coração alheio, o afligimento pelo qual transitamos. Sob a forma de temor ou de prazer a reproduzir-se, a nossa impressão em face do sucesso é a de que ele ressurdirá algum dia, talvez amanhã porque ainda não se desfizeram integralmente as tessituras que o originaram e condicionaram, e o próprio fortuito, que parece ter existência inequívoca, estimula em nós a superstição de que ele anda perto de nosso rosto; se fomos atingido uma vez, por esse mesmo ato inserimo-nos entre os objetos de sua seleção, à maneira da crença em alcançarmos o interesse de certo vulto pela circunstância de os seus olhos nos haverem tocado, fonte de receio ou de alegria segundo a qualidade de tais olhos; contudo, a realidade vem a nos dizer depois que o excepcional acontecimento com efeito se fizera único, e se nos anos que nos sobram fica uma propiciadora margem ao readvento, não acreditamos em novo contato, pois que a retentiva se transformou por sua vez e não há-de anotá-lo como procedeu no dia da estréia; pois que, a rigor, as reedições desse tipo se ressentem de contemplatividade idêntica, sem coincidirem as visões que temos da mesma peça, por meio das quais ocorre, inclusive, contradizermo-nos nas apreciações. Nas conjecturas sobre o reaparecimento do extraordinário painel, detemo-nos a refletir qual a melhor das oportunidades, se logo em seguida ao surgimento, quando o ressaibo não nos abandonou ainda, ou se muito após a experimentação, sem mais nenhum indício de sua sombra em nós; a propósito da manutenção da mágoa, lembramo-nos de O... que se cobriu de luto ao falecer a esposa, havendo-o conservado mesmo depois do prazo de um ano, isto por não poder comprar outro indumento, continuando assim com a veste negra sem a acompanhar a tristeza a que fizera jus, e com o tempo lhe esmaeceu o aspecto, de modo a se ajustarem o íntimo e a aparência; mas, se fez de curta duração essa normalidade de ser, interrompendo-a a morte de quem lhe era mais querido do que a própria esposa, a merecer portanto, mais intenso luto, o que se não operou por motivo da indigência; todavia ele, na tocante humildade de reconhecer o impropício da vestimenta, agregou ao braço o fumo que aos estranhos pareceria o pesar discreto que nem ao menos estimula, em amigos, as expressões de pêsames; sobre análogo assunto, recordamo-nos de V. S.... que, vitimado também pela morte na família, não pode manifestar pela veste o sentimento que o abatera, em virtude de a roupa, que lhe impusera a profissão, ser fechadamente negra, e do constante luto não se realçaria a dor recente; no entanto, tempos após, aposentado dos afazeres, passou a usar claro indumento, disponível, portanto, a guardar segunda morte, e dessa vez aparentar o nojo aos olhos de quem o visse; tal conjuntura com efeito verificou-se, e ele, aproveitando o último terno de quando trabalhava, imaginou-se em condizente luto, mas as pessoas que o encontravam, sem nenhuma idéia do íntimo sofrimento, supunham que retornara ao antigo emprego, e deveras se repetia o desajuste entre o seu desempenho e a captação respectiva por parte dos espectadores. Os acontecimentos que afetam a sensibilidade, por mais discretos que sejam, representam situações dignas de submeter-se ao consenso unânime, de sorte a não oferecerem dúvidas sobre o teor de sua veracidade; tal a força de expressão nelas existente e o fácil e espontâneo de suas formas já antecipadas na mente dos que não compareceram, como testemunhas, ao painel do cometimento; porém, outros aspectos, concomitantes aos da realidade, incumbem-se de promover equívocos no que pretende o ser em exposição; o qual, assim, em incontrolável insucesso, se recolhe ao domicílio trazendo o inútil de suas exteriorizações; e se como tal as reconhece, não ousa no dia seguinte retificá-las em proveito dos assistentes, continuando a participar da insolúvel comédia, então sob o pretexto de que as adota por motivo de sinceridade. As ocorrências da alma, cujos valores procuramos conduzir alhures, só prevalecem inteiramente para o espectador que reside em nós, não obstante julgarmos que este se confunde com todos os da platéia, quando os profundos eventos significam textos que se deformam ou se apagam diante do belvedere de outrem; este, por sua vez, inabilitando-se na leitura tal como a quer e dita o portador das emoções, segue a lei segundo a qual se observa, ora de mais, ora de menos, o que proporciona a realidade; enquanto a ordem fisionômica, plástica e vigilante nessas horas, naturalmente que deve o desembaraço e a atuação ao desconcerto entre os olhos e o vero da autenticidade.

2 — Durante o cortejo dos painéis, o nosso olhar figura como um espelho em frente do qual os rostos viriam à procura, não de sua imagem, porém da fonte de seu próprio ser, adquirindo, ao intercalar-se no campo de nosso belvedere, a existência que lhe damos e que está irrevogavelmente a depender de nós. O ato de nossa visão se torna criador no sentido

de que sem ele — e sem os processos mediatos e os de interpostas pessoas que encaminham à luz de nossa consciência os fatos e os semblantes postos à deriva, os quais são também da visão — as trevas do seio do nada prevaleceriam; nesse tocante, podemos dizer de nosso vulto, com todos os seus instrumentos de captação, quer os dos sentidos, quer os da alma, que a nossa pessoa é demiúrgica; e limita o seu repertório, o único existente em última instância, aos termos de sua vida, de forma a considerarmos a nossa presença sob uma acepção que nenhuma outra rivaliza, porquanto as demais presenças se acham no interior da envoltura que somos nós. Retomamos esse miradouro sempre que, sem a intervenção de ajudas intermediárias, uma figura ao nosso gosto se nos defronta, parecendo ratificar a concepção que nos rege o observatório, ao mesmo tempo que nos persuade de não ser incômodo o universo que nos pertence; tanto assim que a face, recém-descoberta graças ao fortuito comparecimento de nossos olhos, longe de aborrecer e fatigar, vem nos propinar o deleite, e nos demoramos a considerá-la sob inúmeros aspectos, o que representa a maneira de a fixarmos no repertório. Cremos que nenhum processo de retenção é mais concreto e condizente com o amor do que esta modalidade de vê-la sob o signo de aliar a sua existência à do nosso vulto, ambos a aproveitar a conjuntura de ver e de ser visto: ela, por nascer em nós, e o nosso olhar, por preencher-se agradavelmente, e bendizer portanto a claridade que nos atinge aos dois; em outras palavras, sermos sem restrições conosco, sem ferirmo-nos com o próprio flagrante de nossa existência, o que acontece quando, no desfile dos painéis, algum nos ofende a sensibilidade. A saúde nos leva a esquecer o corpo, assim a consciência não nos aponta, no ato de ver, e simultaneamente ao objeto, a prospecção de nossa visualidade; a qual, nas vezes em que nos perturba o episódio, sentimos ser demasiada à nossa resistência, e se fechamos os olhos é que estes se revelam intrusos ao ritmo de nossa tranqüilidade, ou interrompem o êxtase que, de forma abrupta, veio a traumatizar-se ante o impiedoso entrecho; contudo, no currículo das visualizações, sucede, em maior número, que a diretiva do sentimento insinua ou determina às pálpebras que se cerrem, aos olhos que se desviem do retábulo, enquanto nas horas de venturoso ocorrer, despercebido de nossa ótica, nenhuma separação corta de nossa efígie a cena por ela observada. Na consideração dos episódios como sucessos a dependerem, existencialmente, do miradouro de nossa vida, deparamo-nos com imenso território onde habitam o passado e o presente que o nosso olhar não abrange; mas os possuímos, apesar do tempo e da distância, que nos chegam, ora outorgados nas figuras e painéis da atual percepção, ora descritos, parcial ou completamente, por autores seguintes ou de sua contemporaneidade, e por mensageiros que aos ouvidos nos reconstituem os fatos ausentes de nosso belvedere. Dividimos a contemplação, o debruçarmo-nos em nós mesmo, entre o contentamento de nutrir o gosto e a tristeza de assinalarmos, como conteúdo, eventos que repele a alma, que nos obrigam a mover a lente em busca de ângulo a partir do qual eles atenuem as arestas com que nos molestaram, ângulo nem sempre atingível. O observatório preenche-se, quase sem cessar, das informações trazidas por terceiros, omissos e enganosos testemunhos; mas que acolhemos por não haver outros, resultando ser a meio ou totalmente fantasmagórico o pretérito e o coevo de nossa invisibilidade, e cuja real legitimação se aparenta com os entrechos que traduzimos das situações em ato, ilusórios quanto ao motivo que as personagens contêm dentro de si mesmas, todavia autênticos em relação ao significado que lhes sobrepomos; os vultos do passado e os dos longínquos recantos não vêm até nós protestar contra o inverídico das testemunhas, e se o fizerem, escutá-los-emos com a ressalva de que eles, como partícipes, que foram, da peça, não são propriamente os indicados a promover a exatidão do acontecido, restando-nos, por conseqüência, larga margem de erros que favorece a diversidade fisionômica. Esta costuma proliferar, não apenas porque o sucesso atue em edições desconexas, com o desfecho a desunir-se ou a contrariar as suas fontes, mas ainda por ser da substância de nossa lupa o mudar constantemente a posição de mira; e assim sendo, os logros das testemunhas de certo nasceram da suposição de que a sua perspectiva era a rigor a única; sobre o fato de que muitos disseram, não se mostram bastantes os depoimentos para nos permitirem ver palpitar, em numerosos aspectos, a trama verídica, se bem que todos os restauradores tivessem ocupado o mesmo assento na platéia, não se extinguindo o desacordo das confissões. Embora se trate de variações sobre o mesmo tema, ou melhor, sobre o mesmo ângulo, valemo-nos delas a fim de obtermos um exemplo do que seriam, em linguagem fisionômica, os inquéritos procedidos com a ajuda de todos que cercaram, com visões distintas, o painel de seu louvor ou de seu desalento. A existência havida e a que ora se distribui em nossa contemporaneidade, na maioria pertencem-nos por contatos indiretos, a cujos veiculadores delegamos a ótica, e nesse mister eles se conduzem, a contento, ou não, de nosso desejo; mas, de qualquer forma solícitos em nos trazer os retábulos que para outrem não se fizeram, senão para nós que os contemplamos no pleno ser de nosso vulto; as suas personagens nos ignoram quase que unanimemente, sobretudo as das localidades aonde nunca poderemos ir, nem tampouco esperamos que venham até nós com o fito de se deixarem ver por nosso olhar; e quanto às já desaparecidas no túmulo, não haveremos de contar com as participações de suas próprias efígies; contudo, elas não estão ainda irremediavelmente mortas porque lhes resta a nossa lembrança e a nossa imaginativa, e também a nossa faculdade de recebê-las em ressurreição, através de urdiduras em ato que se compõem mercê de atuais fisionomias, estas do mesmo modo inscientes dos papéis que estão a desempenhar.

3 — Assim como na paisagem que temos diante dos olhos, a maior amplitude e a maior quantidade de elementos do repertório residem mais distante de nosso miradouro, portanto, se omitem em parte ou inteiramente da possibilidade de vê-los; as figuras do pretérito se estendem em matizes de ocultação, e as do presente ora se permitem vislumbrar, ora se escondem por trás das que distinguimos: constitui-se a paisagem da ótica um escorço de nossas relações faciais com as efígies da existência; se fechamos as pálpebras, desaparece o panorama, se morremos, perecerão conosco os da contemporaneidade e os que nos antecederam na vida; e nessas horas de comunhão com a paisagem, esta se transfigura, despindo-se de si mesma, para encarnar-se em aparência alegórica: a da ausência que, sem perscrutarmo-la, nos oferece a enquadração do seu próprio sistema de ser, os contornos indicativos dos fatos e dos entes que não registramos com a lente imediata. Quando o painel se faz alegórico, o nome retrai-se da vigência abstrata e exclusiva, e cede a vez de comunicar-se, de expor-se, ao vulto ou vultos que, em sua concreção e disponibilidade e, em conseqüência, discerníveis a múltiplas interpretações, se esteiam todavia nele, no nome, no rótulo que os acompanha no conúbio da alegoria; em nenhum momento a face e o nome se aliam com tão estreita intimidade, tanto assim que, se regressamos ao contemplativo belvedere, ressurge em nós o pensamento de que a paisagem à vista é o signo, a representação alegórica do presente e do passado, dentro do nosso ser. As impressões de gozo estésico deixam substituir-se pelo reconhecimento do alegórico; e não há o que perder nessa permuta entre fatores que se originam do mesmo recesso de nossa existência, inclusive nas ocasiões em que, em lugar da bela perspectiva, nos defrontamos com episódios do diário e do corriqueiro, sem valor para o prazer dos olhos; se nos painéis se situa um fragmento em si mesmo referto de comum acepção, eles, os painéis, se avantajam do plano da indiferença e se habilitam ao texto de nosso repertório. A idéia de uma alegoria universal, se a preocupação da mente se circunscreve ao imperativo da contemplação, agrada-nos porque corresponde a uma profunda necesidade: a da visualização de nossas próprias crenças, conjectura todavia irrealizável, visto que as profanações interlocutórias, os impedimentos da sensibilidade, vêm a prevalecer e a agravar a apatia das coisas perante o nome que conduzimos conosco e

que em outra conjuntura elas bem poderiam agasalhar. Sabemos da ventura maior que é proporcionada pelas coonestações dos rostos visíveis, com nenhum a recusar às nossas ideações o espelho de sua aparência; e, além das que nos beneficiam em nossas andanças, entrepostas de neutros e frios intervalos, as coonestações ininterruptas, como uma galeria de obras a externarem o mesmo tema, nos propinariam o curso de nosso ser em faces diversas, às vezes intimamente opostas umas às outras, porém unificadas no envoltório de nossa existência. Jamais nos sentiríamos a só ao longo de nossos passos, dúvida alguma ocorreria quanto ao papel de nossa existência, todos os semblantes a reconhecerem o dom consubstanciador da ótica; tornando-os afins uns dos outros o fato de nosso existir, de nosso conspecto, sem o qual não se verificariam, em nós, as homologações, quer continuadas, quer seccionadas por intrometimentos de estranha ordem. Na impossibilidade de unirmo-nos permanentemente aos rostos, tendo estes a acepção que traduz o texto de nosso pensamento, adestramos a vigília no intuito de captarmos o disperso das ratificações, sobrevindas para o deleite de nossa mente, vigília que se constitui de maneira específica e sobremodo desejável; com efeito, ante uma efígie ou painel em desenvoltura, que nos persuade da concepção, do teor de nossos entendimentos com as coisas da visualidade, e, em plano maior, com todos os sucessos que percebemos através do miradouro ou por ouvir contar, sentimos que a bem-aventurança da mente se forma de aura semelhante à do criador que visse na fatura o gesto de assentimento à vida que lhe foi dada. Do interior do episódio, desce ao nosso contato o vulto que em plena representação se surpreendeu com o contentamento, vindo a indagar as razões dele, no âmago, satisfeito com a alegria, supondo que se endereça ao desempenho que lhe é imediato; tergiversamos à análise do interlocutor, mesmo porque um dos caracteres de nossa lupa consiste em ser ignorada de quantos a preenchem; e se tais protagonistas nos entregam a face, não sabemos se o consentiria a alma que lhe é própria e possui melindres delicados de vencer. A aura do bom êxito nos afluiu à mente quando, ao revermos as páginas de um livro que há muito não folheávamos, e que adquiríramos novo e quase sem uso permanecera até então, vimos que se enodoaram e no amarelecido da nódoa se configurou o tempo que decorrera, que era não apenas do volume mas também de nosso rosto; à falta, em nosso semblante, de referência que nos fizesse sincronizar ao tempo da obra a etapa de duração que lhe correspondia em nós, mercê do descuido em firmar, a partir do instante em que a obtivemos, os marcos iniciadores da contemporaneidade que passaria a ser comum a nós ambos, elegemos o in-folio envelhecido como aferidor de nosso pessoal encarecimento, e no espelho do livro miramos o que não nos proporcionara o nosso próprio vulto. Na seqüência dos contatos, algumas vezes postos em registro pela fixação da data em nossa memória, quer particularmente, quer por se haverem acompanhado de outros na mesma efeméride, estes mais condignos de se preservarem em nós, e com tal vigor que atraem a si as faces das adjacências, na série dos contatos, nunca diligenciamos, à guisa de homenagem aos sucessos que tanto nos comovem, gravar na lembrança o prospecto de nosso mesmo vulto, usando, para isso, dos meios fotográficos ou de assentamentos em caderno de notas; depois, ao encontro das efígies que participaram do prestigioso entrecho, não usamos comparar as alterações que o tempo infligiu a todo o elenco. De ordinário, escalonamos em outrem e não em nossa figura as exteriorizações do tempo, quando nos resultaria em entretenimento para o espírito a utilização do nosso corpo como um esquema por intermédio do qual pudéssemos esclarecer que, na fase compreendida entre as rugas das pálpebras e o primeiro embranquecimento dos supercílios, esteve longe de nosso olhar o vulto de E... que, ao retornar, nos pareceu o ancião que se livrara de todos os vestígios da juventude, até merecendo que o designássemos com outro nome.

4 — Variável nos rostos onde se difunde, o tempo se reparte em configurações diversas, cada uma com o seu modo de envelhecer; tal é a conclusão a que nos conduz a análise entre os seres do convívio, diferindo, pelas particularidades, da impressão que nos sobrevém quando as figuras são referidas abstratamente, sob a feição dos contornos genéricos: então, sem lhes sobrepormos a lupa do olhar, dizemos que as folhas amarelecem e os homens exibem trêmulos os passos; as apresentações do tempo nos refletem, em textos dessemelhantes, o nosso pretérito em acumulação; elas nos manifestam, por suas mutabilidades, o contínuo afastamento, em nós, daquilo que fomos; e, do miradouro com que assim as vemos, a objetividade nos surge à feição de vigília permanentemente desperta, a nos apontar a aproximação de nosso perecimento, e, com ele, o de tudo quanto veio a abrigar-se em nosso repertório. À medida que deambulamos, distinguimos por toda a parte, em cores e aspectos diferentes, os anúncios de que as nossas deambulações convergem para um só recinto, apenas esses mesmos anúncios não confessam que se dirigem conosco, à mesma hora, adstritos ao tempo fisionômico, até o proscênio de nosso último retábulo; inclusive nos anúncios recém-surdidos, cujas aparências encerram o convite a considerá-los independentemente de nós, encontramos referência a nos sugerir, além das muitas que se deixaram ver, o prosseguimento, ainda, de nosso rosto na duração. No álbum, um capítulo dedicamos aos episódios e aos vultos como representações faciais do tempo,

ora considerados sob o ângulo neutro em relação à nossa lupa, e no caso a duração se patenteia inerente aos próprios limites do painel, ora sob a comunidade de decorrência que nos envolve com o entrecho em causa, ora, ainda, sob o ângulo de nosso exclusivo olhar que vê, na instância mais alta da existência, todas as formas se prestarem à homologação de serem na existencialidade partida de nós. A deslocação da objetiva representa o modo de termos em separado cada uma dessas situações que, pelo fato de, com os mesmos intérpretes, exporem, sem se alterarem, aquelas participações de eles serem em fluência, se assemelham a círculos concêntricos, dos quais o de maior diâmetro é o que envolve o nosso pessoal e universal existenciamento. Abstraindo-nos constantemente dessa autoconsideração, costumamos repousar os olhos, de preferência, naqueles painéis e vultos que se isolam em suas pequenas temporalidades. Da mesma forma que cedemos a outrem a prerrogativa de esboçar a duração que pertence ao nosso vulto, na seqüência dos retábulos, posta em nosso miradouro, presenciamos a simplicidade com que uma figura expõe o tempo que não lhe diz respeito, mas sim à alheia face que, desse modo, como se o tempo fosse um mister a representar, renuncia ao desempenho, outorgando-o em um intérprete do mesmo quadro ou da mesma história; os rostos humanos são peculiarmente disponíveis ao encargo de nos dizer da distância entre a partida e o retorno de nosso vulto, rostos que, na ausência, se recobriram das marcações de ser em concórdia com o prazo de nosso afastamento, munindo-se de rugas e de cabelos brancos a fim de nos receber na hora do regresso; a cidade encontra-se polida e cheia de novos prédios, as velhas ruas silenciam os anos em que estiveram sem nós, contudo, ao lado, temos, na pessoa que nos acompanha, o texto fiel da decorrência; traduzimos, no claro aspecto de seu corpo, os sinais do tempo, enquanto as folhas amarelecidas nos enganam com o seu envelhecimento próprio, por não corresponderem os seus dias com o calendário de nossa ausência; no curso do trajeto, ele nos informa, com locuções, sobre os eventos que não testemunhamos, a cada pergunta uma cota do pretérito vem a preencher o nosso vazio, mas as restaurações que se veiculam por vozes, completas que sejam, não nos propiciam a leitura autêntica e de imediata percepção; esta é auferida por nossos olhos que, sem a necessidade de conhecer os sucessos acontecidos, a soma de todos os valores do tempo, valendo-se, antes, da lacuna dos estrados, estabelecem, à vista dos cabelos brancos, a fase de senectude que não pudemos, dia a dia, observar com a nossa ótica. Nenhuma outra efígie compareceu ao desembarque, se bem que fossem muitas as de nossa esperança, que, excitada com as quimeras, tende a esquecer que os seus cáis se despovoam demasiadamente; mas, desta vez, estando o nosso olhar preocupado apenas com a nossa omissão na terra, descuidamo-nos do pensamento de sermos olvidado, para atermo-nos, tão só, à medida do pretérito, exibida na pessoa que, assim, virtualizara em si mesma todo o elenco dos amigos, o panorama da cidade inteira, no tempo decorrido. De certo, muitas pessoas, a exemplo dos edifícios e das ruas da localidade, proveram-se dos recursos com que tentam escapar à exteriorizações da velhice, além deles o de evitar as lembranças, por serem remotas; mas, as possíveis simulações resultavam improdutivas, porquanto, do bojo da cidade e de seus pertences, nos vinha, sob a forma do semblante que nos acompanhava, o incontroverso de idade longa que nos atingia também, porque a duração do que vimos e do que vemos — o corpo da cidade — é a mesma de nossos olhos, a despeito de ela se preservar, em vão, para a sobrevivência a nosso belvedere. À similitude de determinados ritos, cuja efetivação nada impede que ocorra fora do sagrado templo, embora unicamente nele surjam os verdadeiros cultores a oficiar o ministério, a compenetração do tempo que se esvaíra, fora mais cômodo e menos angustiante que a tivéssemos alcançado em estranho logradouro; todavia, até então jamais entendêramos o nosso tempo entre marcos divisórios, nem integrado à suma de nossos dias, verificando-se o percebimento dessas coisas na hora em que pusemos os pés no vestíbulo daquela cidade, no mesmo porto de onde partimos, sob o adeus de inumeráveis semblantes. Se as conjunturas da partida e do retorno melhor possibilitam a dosagem do afastamento, na cidade de agora, e na expectativa de distante regresso à outra, vivemos no casulo de onde sairá a visão hábil a, dentro do futuro porto, e em confronto com a figura de nosso repertório e que se não esquive ao tempo, abrir-nos ao caderno a duração dos atuais bastidores, como se estes não possuíssem pontos de referência que nos trouxessem a positiva consideração do que tanto nos atrai: a ausência; sempre nos restará a certeza de que, na cidade a revir, um vulto que deixamos com determinado aspecto, se nos mostrará com outro, diferente do primeiro, entre ambos existindo o prazo que discorreu sem nós, e por meio dele juntaremos, a mais, uma etapa figurativa de nossa própria duração.

Capítulo 16

1 — *O pretérito fisionômico.* 2 — *A temporalidade e a ordem fisionômica.* 3 — *Os recintos identificadores.* 4 — *A lei do local — As dádivas.* 5 — *A variedade de nosso vulto perante os espectadores.* 6 — *As máculas do convívio.* 7 — *A auto-observação do desempenho.*

1 — Quando estivemos em casa de B. N..., no interior da qual móveis antigos e os arranjos formavam verdadeiramente um museu em que se incluíam os próprios habitantes, eles todos acomodados em aconchego que tanto era de hoje como de há meio século, permanecemos por vários minutos a esperar que ele acudisse à nossa visitação; ficamos o suficiente a nos envolvermos da harmonia impregnada em todo o conjunto que, certamente, fora confeccionado a expensas de um só paladar e atendendo ao gosto da respectiva época; com efeito, o recinto se compusera, segundo nos informaram, ao tempo em que os móveis exprimiam a novidade da ocasião, convindo dizer que eles ocupavam hoje os mesmos pontos de outrora; tudo, enfim, a ratificar a impressão de que o tempo excluíra daquela sala o seu atributo de fazê-la outra, apenas manifestando-o se alguém entrava com o anacronismo das vestes e dos propósitos da conversação. Sentimos que a nossa presença era uma dessas máculas, ou melhor, um representante do tempo a estabelecer que a atualidade existe e que o valimento de ser do pretérito se estanca ao surgir alguma face extemporânea que o conturbe e lhe proporcione, com a negatividade cênica trazida por ela, o reconhecimento de residir no passado; à custa da indevida intromissão, do desconcerto que provocáramos no harmônico painel, pode ele anexar-se ao nosso repertório, existir fisionomicamente como um trecho do passado, sem mesmo o despautério de nossa intercalação, porque a lente não se vê a si própria, antes, se abstrai

para que a motivação, a nominação do episódio, decorra como se não houvéssemos; tanto que, por mais relevante que nos seja o papel, o nosso olhar recorta a cena em quadros onde não figuramos, e ao reeditarmos, em termos rememorativos, o sucesso em que fomos o principal ator, só recolhemos aquelas frações do retábulo, e, em substituição ao nosso vulto, o nome que chamavam ao se dirigirem a nós; desta vez, no domicílio de B. N..., eram mudos todos os protagonistas, e dessa forma, portanto, ia ligar-se ao nosso álbum a folha a conter os móveis em puro desempenho do passado, tal como o sentíamos da soleira da porta, ali à espera de B. N... que tardava em ferir mais uma vez a retrospecção que, entretanto, se manteria se ele nos surdisse com os indumentos de então; perfazendo, portanto, o acontecido tantas vezes conosco na cidade de O..., quando, a pretexto de comprar o que fornecia o Mosteiro de..., ao toque do pequeno sino, apareciam no retângulo da vedeta, as barbas do monge, facialmente as mesmas do sósia de há três séculos. O zelo que estão a pedir os retábulos em que o tempo se tornou moroso ou os deixou à margem, descuidam-no os intrometimentos de outras circunstâncias, sem falarmos da conjuntura de nossa estadia, tais como o prestes advento de B. N..., que receávamos à semelhança de nossas idas ao mosteiro quando, ao abrir-se a porta que pesava e rangia nos gonzos, com freqüência nos defrontávamos com alguém, coevo de nossos dias, sobraçando uma carga de frutas, a expedir meneios e palavras nitidamente modernos e de cuja contaminação os religiosos não escapavam ao rirem daquelas atitudes, mostrando compreendê-las para destoamento de todo o políptico. Em outros ensejos, sobrevinha-nos mais proveitosa a contemplação do passado, sobretudo quando, por aquela mesma porta, em andrajos por si mesmos contíguos aos andrajos de todas as épocas, mendigos se punham a aguardar as esmolas, e em cujas faces líamos satisfação modesta pela certeza de que não lhes responderiam em vão; ao distinguir a figura de B. N..., vindo, trôpega, em direção a nós, em lugar de se nos aluir a impressão de que o tempo se detivera ao aparecer, em data remota, naquela sala, sentimos que o enleio não se afastava de nossa mente, que se mantinha apesar da roupa de B. N... ser da atualidade de nosso vulto, o enleio acabando de atuar logo ao começo da conversação, à leitura da carta de empenho que lhe déramos, cheia de alusões ao presente e elaborada em ortografia estranha à da idade dos móveis. As restituições cênicas do passado não se constituem em todos os pormenores, tanto assim que, se houvéssemos analisado, em minudência, as paredes do recinto, notaríamos que foram pintadas não há muito; de resto, existia em B. N... um trecho que, predominando sobre os demais, e subtraindo do desempenho os que, embora ali restassem, contudo nenhum papel exerceriam no teor do episódio, se perfazia o correspondente da velha sala; verificamos que esse trecho era o trôpego andar de B. N... e unicamente por ele se punha na ancestral geração; tudo pelo reconhecimento de se achar implícita, à perduração de nosso enleio, a noção de que o claudicar representa uma forma de recusa ao tempo que o ato de atender ao visitante obriga: processo inatural de aparecer a quem bate à porta, fisionomicamente inadequado ao painel que surgia com o desempenho de nós ambos, o qual nada tinha a ver com o anterior retábulo dos móveis sem mais ninguém; ao caminhar, ele se devolvia ao precedente episódio, ao parar, vinha a ser o participante do atual entrecho, igualmente solicitado por duas significações, apenas, a segunda esquematizava o advento da primeira, isso em virtude da necessidade, imposta por nos servir, de erguer-se à procura de uns compêndios esgotados nas livrarias; os quais se expunham de recantos pretéritos para a luz da nova cena, e que inteiravam o objetivo da visitação. A lupa, quando fora da participação, arma-se de recursos que condigam com o retábulo a desenvolver-se, e assim como o pretexto dos livros era coincidente com o insistir do passado, munimo-nos de certos meios de articulação ao episódio, à guisa do empreiteiro de funerais que, sem nenhuma dor pelo féretro que vai aprestar, se enluta de preto e conserva no rosto um aspecto de tão grave tristeza que, ao enxergá-lo entre os presentes, supomos tratar-se de pessoa das mais íntimas e gratas à memória do recém-falecido; entrementes, à lentidão com que B. N... se movia, surpreendemo-nos a regular os próprios gestos, a fazer aderir o nosso corpo à impressão de antiguidade que, entretanto, não mais devia prevalecer, posto que o recinto já se devassara com o nosso intrometimento e junto aos móveis outro painel continuava a estender-se, desfigurando o teor de que o precedente se fomentara; ao fundir-se em novo episódio, o que existia não consente se apagar de todo, certas formas teimam em perdurar, sobretudo se a motivação interna tem repercutido em nosso âmago; por isso, enquanto explicávamos a B. N... o destino a dar aos volumes, traduzíamos em seu rosto o contentamento de obsequiar, o que, de nosso ângulo de consideração, expressava, não um retrocesso à temporalidade dos móveis, tal como exigia a natureza do anterior retábulo, mas uma exteriorização do estar de agora, da presença, na data daquele dia, de todos os participantes inanimados a convergirem para ele e por efeito de nossa permanência no local; negavam-nos o sentido de serem no outrora, a modo das efígies que, inspirando a alguém a iniciativa de fixá-las em instantâneo, ao adivinharem o intento do fotógrafo, perdem a naturalidade que convinha a este, e inutilizam, em conseqüência, a estampa que ele vem de obter; a unidade ocular e a uniformidade de desenvoltura que assumimos, na presunção de com elas melhor alcançarmos o objetivo da lupa, em vez de proporcionar a esta a franquia no momento das escolhas, por acreditarmos na indiferença dos protagonistas em relação ao nosso conspecto, às vezes redundam inoperantes porque eles chegam a nós como se fôramos intérprete exclusivamente; assim havendo nos funerais onde se computa o empreiteiro na ocasião de se distribuíremos as condolências, o qual agradece no tom devido para que se não destrua o episódio a que compareceu sem o ânimo de desempenhar.

2 — No interior do aposento, se anotamos os vários entrechos que vimos de observar, como um relatório das visões que nos deram as ruas, as praças, amontoaremos o dispersivo de muitas situações; mas, do tumulto extraímos, segundo as sugestões dos próprios retábulos, a urdidura cujo nexo repousa às vezes na analogia formal, meramente; contudo, em outras, o fio de articulação se apresenta com o teor de história à maneira das exibidas pela literatura ou pelas vozes do ouvir dizer; no trabalho de meticulosa rememoração, podemos, desde que adotamos uma das propostas do passeio, entre as diversas que nos disputam a preferência, desprezar os painéis que não se harmonizam com o entrelaçamento iniciado, desbastando-o das presenças que lhe não dizem respeito; a cada passo comedimo-nos ao impulso de acrescentar um pouco de ficção, por a isso prestarem-se as insinuações do que apreendemos fora do domicílio. Ao desenvolver a prática, defrontamo-nos com uma contingência em particular embaraçosa e que à dualidade de tempo se refere, sobretudo se as nossas construções se estendem em períodos que, descontinuados, nos impõem a escolha, entre os vultos subseqüentes, daqueles que manifestam a duração presumidamente decorrida nos intervalos; os quais vêm, assim, a subentendê-la, sem esforço, ante alguém que se dispusesse à leitura de nosso manuscrito; dessa forma, à medida que utilizamos os sucessos para a versão de nosso engenho, substituímos a ampulheta que os regia, quando os descortinamos, por outra que ora introduzimos em consonância com a faturada urdidura, com os liames de significado do novo enredo. São peças cuja composição nos distrai e nos aviva a acuidade de ver, não interferindo na confecção as facilidades que os suplementos do ser, como o som e odor, nos apresentam com o texto original do cotidiano; em lugar desses recursos, ou contornamos as dificuldades sem que se adultere o encaminhamento ocular a prevalecer, ou resolvemo-las com os adjutórios exclusivos da visibilidade, mesmo porque foi assim que os intérpretes se entregaram ao campo de nosso miradouro. A temporalidade é inerente a essas reedições pessoais e arbitrárias no arranjamento, sendo de notar que nem sempre a ordem da realidade corresponde à ordem de nosso desejo, tal quando inspira a arte do cinema que tem na sucessão a natureza de sua plasticidade; em conseqüência, exige de nós um comportamento estético desigual daquele com que se previnem os autores de obras da simultaneidade; de logo nos deparamos com um tempo geral que abrange a peça e, dentro deste — por existirem na ordem fisionômica os círculos concêntricos da temporalidade — o tempo a ela peculiar, os mesmos que se exibem, respectivamente, no espaço

de duas horas, o que passamos na cadeira da platéia, e o de dezenas de anos se a história na tela acompanha a personagem no escorço de sua vida. Ao justapor os episódios da narração, descobrimos, quanto à visualidade do tempo, os meios delicados e numerosos que se aliam a fim de externá-lo, os pródigos haveres desse idioma, que dispensa as suplementações de outros à sua imaginária, e nos induz a promover regras para a segurança de sua pureza, como o princípio, que formulamos, o qual incide na própria aplicação do tempo: o de não devermos buscar, fora do recinto em consideração, os vultos a quem compete o desempenho de expor o significado. A lei do local, a norma que circunscreve a encarnação do tema aos que estão sob o mesmo teto, visa também a impossibilitar ao enredo as derivativas, o caprichoso na seleção das figuras; este, não obstante a destreza e naturalidade com que um estranho ator adere às situações, se torna inconciliável com certa conjuntura atinente a todas as artes: a de valer-se dos estorvos que, ao serem absorvidos, estimulam a profundez da unidade e obrigam a matéria a dar, de si, tudo o que tem, em proveito da obra em fatura. À porta da estação não se faz mister que palavras nos indiquem os recém-chegados e os que foram à espera deles; cada qual tem em si os rótulos fisionômicos das bolsas e dos guarda-pós, ou o desembaraço espontâneo e os gestos de andar que se não confundem, e que nos isentam de ir à plataforma e vê-los sair do comboio; na assembléia da comemoração, para a qual são vindos os curiosos que alhures sonhavam com o belo festejo, todos se despiram dos guarda-pós, durante a reunião cívica, e pouco previdentes à mutação do céu, molharam-se no aguaceiro, mal comprimidos sob os guarda-chuvas que agora constituíam o emblema dos participantes do conclave; depois, junto à portaria do hotel, a alguém que aparecera, tendo na roupa os vestígios de chuva e lama, inseríamos na história das homenagens ao evento guerreiro, sem a necessidade de anteceder ao seu surgimento o episódio das umbelas negras no campo, em redor do orador, bastando-nos distingui-lo fisionomicamente relacionado à série das ilações; nem preciso fora que ele nos dissesse haver-se demorado nas ruas muito após o encerramento da solenização, porque as vestes já no-lo informavam pelas nódoas secas, e quanto à permanência nas ruas, os pacotes que trazia nas mãos no-lo indicavam; em seguida, ao receber a chave do aposento, encaminhou-se à escada sem sequer nos perceber, completando assim o desfecho da peça; tal atitude de não cuidar de nossa existência, condizia com a neutralidade de nossa lupa, à maneira dos espetáculos teatrais, quando, para legitimidade da absoluta separação entre o protagonista e o espectador, em nenhuma vez, sob pena de ruir-se o encanto da objetividade, o primeiro endereça ao segundo o menor gesto, mesmo em agradecimento a simultâneo e rumoroso aplauso. Apenas esboçado o esquema das visualizações, resistimos ao gosto de articular à recente contextura outras obras semelhantemente constituídas e derivadas do celeiro tão rico em provisões, como sejam os logradouros da cidade; isto, ao receio de que, em vindoura releitura, quando se avolumar em desmedida o caderno de apontamentos, cada história perca a tonalidade que lhe é específica, em favor do tumulto a operar-se mercê da formação de um só e copioso urdume; seus mosaicos variadíssimos, a excederem a dosagem com que nos debruçamos para rever nos escritos do papel as cenas anotadas, não nos restituiriam o sortilégio de recompor, à vista de cada um, as circunstâncias em que se deram e de onde se originaram as nossas estilizações; com efeito, a modo do recém-vindo que, ao desembarcar pela primeira vez, tem da cidade impressão caótica, e em conseqüência se impossibilita de, no futuro, localizar as aparições que se fundiram em desordem, assim, não obstante a similitude entre o disperso de nossas teias e o da aparência do cotidiano, nos fatigaríamos sem desvendar satisfatoriamente os núcleos de inumeráveis nebulosas. Ao refazermos as situações que descortinamos, o que nos compete, sobretudo, como privativo de nossa colaboração, é a tarefa de modular o tempo que os rostos levam no inteiror do retábulo, de regular a duração de suas presenças; e, tanto mais delicada se nos afigura a química dessas preparações, quanto, além das exigências do significado que em si mesmo se revela um esculturador do tempo, há as atrações de nossa sensibilidade por certos protagonistas, que nos impõem freqüentemente a mantêlos na plenitude do estrado, a despeito, senão do inoportuno, do desnecessário no tocante ao enredo. No romance descomedido, o autor solta a pena ao descrever complexidades, sem se ater à existência do leitor, como experimentalista orgulhoso de sua ciência; nas tramas do caderno de nótulas, temos sempre em mira o belvedere de quem as possa ler, o epifenômeno de invisível espectador a nos guiar as mãos, a aferir o grau de aparecimento e de desaparecimento de cada um dos intérpretes, sem prejuízo do que estes venham a desempenhar; o nosso intuito está incessantemente adstrito à simplicidade das manifestações, segundo uma ordem que não é a da realidade, mas sim a que é inerente a nós, no fundo uma espécie de retificação, em termos pessoais, das coisas que atuam à revelia de nossa expressa ou tácita permissão, espécie ainda de corrigenda em favor da unicidade de nosso miradouro. Nesse idioma para uso universal, a face e o tempo nos preocupam como os fatores precípuos que, indo aos olhos, não fatiguem a mente, nem por abstrusa combinação, nem por incidência demasiada; mas, revestindo-se de motividade que ao espectador cumpre concluir, de acordo com a lei do subentendimento — outra regra de nossas confecções — que, introduzindo o público na criação da arte, pelo que a limitação do autor vem a ser substancial à obra, firma a concreta positividade dos vultos que não compareceram ao proscênio, ou lá estiveram a meio, ou ainda em breve trecho da efígie, tudo como a nos indicar que mesmo as ausências residem conosco, em nós.

3 — Ao chegarmos, de surpresa, à cidade do R..., apressamo-nos a ir à casa de T..., mas as janelas e portas fechadas, e o jardim composto a seu jeito, disseram que a dona lá não estava e apenas saíra para breve retorno; mas, a intimidade entre nós ambos permitia que, sem ela, fôssemos ao aposento e, com a chave em si mesma reveladora do índice de nossas relações, pusemo-nos em contato, pela primeira vez ali, com o recinto deserto de seu próprio habitante; não sabemos se o inédito da conjuntura ou o fato da ausência por vários anos, era a causa da sensação ao vermos todos os objetos se expressarem em aspectos que até então jamais proferiram diante de nós, que ressoavam translúcidos e cativantes como nunca auscultáramos, pois sempre junto a eles e amortecendo-lhes as expansões, pousara ou se movera o corpo de T...; agora, enquanto ela não regressava, entendíamos, pelo depoimento de nossos olhos, e para que negar que, à medida do encantamento em lê-lo, se esmaecia em nós o impulso de abraçá-la pessoalmente, de tê-la com o holocausto daqueles rostos que sem dúvida silenciariam ante a aparição de quem os modelara; enquanto ela não regressava, entendíamos, pelo depoimento de um a um dos móveis, que os hábitos de antigamente persistiam ainda hoje, que era a mesma a figura que os utilizava, muito embora viéssemos, por óbvios motivos, na incerteza de encontrá-la como a vimos outrora; alguns elementos da linguagem, adquiridos sem dúvida em nossa ausência e, portanto, suscetíveis de nos dificultar o conhecimento, desnudavam-se de suas brumas, ajustando-se à harmonia de todo o resto: misteriosa aliança de ser em virtude de alguém, tão clara e perfeita que, se estivera em outro recinto, não nos sonegara a presença de T..., ali conosco em modalidade de outorga e talvez beneficiada como não alcançaríamos pelo surgimento direto de seu vulto; os instantes se passavam e a efígie de T... permanecia ausente, nenhum desejo se insinuava sobre o modo como a queríamos em nossa frente, se em quietude alegre, se radiante até às lágrimas; nenhuma das costumeiras antevisões da expectativa, que tanto agravam a ansiosa espera, vinha a sobrepor-se à tranqüilidade com que vagarosa e docemente percorríamos os recantos da casa, seguro de no próximo obtermos a homologação que o anterior nos oferecera, a homologação de ela perseverar em sua figura e corresponder portanto à folha que lhe dedicáramos em nosso repertório; a urgência de a bordo retornarmos, não consentia que nos detivéssemos, e da própria leitura feita na doméstica imobilidade, em estojos vazios e, no batente da porta, à disposição de quem o buscasse, o vidro que contivera o leite, concluímos que o semblante de T... haveria de tardar à nossa ótica; resolvemos renunciar ao encontro, mas em vez de deixar em algum dos móveis, na qualidade de aviso de nossa presença, um bilhete que lhe dissesse da consternação por irmo-nos sem vê-la, procuramos extinguir as marcas de nosso comparecimento, a fim de que, à sua volta, a habi-

tação se lhe mostrasse como estivera: isenta de nós que todavia regressávamos satisfeito da visitação, senhor de sua fidelidade ao modelo que, em nosso álbum, tinha o seu nome; as cadeiras que afastamos, os objetos que removemos, o chão que nos recebera os passos, tudo enfim que pudera subentender a nossa presença, recompomos segundo era ao mais recente olhar de T...; e antes de volver a chave, a modo de despedida, contemplamos, na meia luz favorecedora do enternecimento, o painel que lhe preenchera a vista ao fechar, também, a porta, e assim tivemos ambos mais um ensejo, embora ela não o soubesse, de fruirmos da identidade da visão, de sermos em contato, não do rosto, mas do que lhe pertencera: a perspectiva onde se demoraram os seus olhos. As figuras, a paisagem, o que se revela à captação da lupa, representa, ao ser considerado sob o ângulo de ter provido o belvedere dos que lá se situaram, o traço de união mais íntimo a articular os vultos que não chegaram mutuamente a ver-se; quando o conteúdo da visibilidade resiste aos anos e aos séculos, diferindo a sucessão de platéias ao longo do tempo, ao firmar-se a nossa vez de assistir, não vislumbramos nele apenas a entidade até o minuto inédita ao nosso olhar, mas principalmente o objeto que penetrou em quantos o descortinaram antes de nós. Não possuímos, completo, o rol dos que nos antecederam, acontecendo, inclusive, que nem um nome sequer nos acode, a despeito de o elemento divisado estar exposto à beira do caminho, e serem inúmeros os que registraram e registram a sua existência; então, a comunidade estabelecida entre nós e os demais comparecentes constituiu-se de seres em anonimato — sem a nossa participação nutrir-se do afeto, que nos comoveria, ao inteirarmo-nos de que uma figura, da preferência de nosso amor, era parte no grêmio em torno daquela visualização — perfazendo um dos panoramas do suceder genérico, no interior do qual a nossa lupa a ninguém distingue, limitando-se a saber que tem à vista uma quantidade imensa; entretanto, nada recolhe do translúcido da paisagem, quando muito as marcas dos pés na areia. Mas, se temos a convicção de que uma efígie de nosso amor, embora desaparecida há séculos, abrigou no olhar o monte, a pedra, que abrigamos agora, sentimo-nos comungar com o remoto semblante, e, sem embargo do tempo entre nós ambos, firma-se a comunidade de sermos os dois em continente ao monte, à pedra: partícipes, o monte, a pedra, da identidade em relação ao haverem estado e estarem nele e em nós. Em nosso repertório, incluem-se várias páginas onde nos situamos em companhia de seres cronologicamente separados de nós, sem acesso empírico ao nosso quarto, mas solícitos em nos atenderem quando vamos a certos logradouros de sua assiduidade outrora; o retábulo que, em geral livre dos olhos de outrem, no entanto se compõe de nosso vulto e, dentro de nós, o olhar de há muito extinto, pertence à ordem da vigília fisionômica, ou seja, a de nosso rosto contendo em si a total existência. De cada ângulo do miradouro, a cada passo de nosso procedimento figurativo, emerge do episódio ou da situação em ato um símbolo direto, ou insinuador apenas, dessa constante que, a modo de *leitmotiv*, vem a ratificar às vezes o mínimo gesto de nossa conduta, o quase nada que ninguém suspeita revestir-se de profunda importância; nem tampouco ousamos, com receio do irrisório, confessar, a quem nos observa, que o nosso silêncio no porto do R... não se dirige à perscrutação das coisas ao redor, porém ao convívio que passamos a ter com o olhar de N... que, de passagem há quarenta anos, o vira, não voltando mais a fazê-lo; as nótulas que redigimos à base dos flagrantes de rua, parecendo nos entreter as horas, por serem em idioma que pretendemos aperfeiçoar, as nótulas das visualizações nunca se completam sem nos mostrarem algo do sentido que nos une ao que está além de nós, aos elementos que o nosso olhar conquista: assim, o gesto de fechar a porta de T..., concomitante à posse da mesma perspectiva que ela divisara ao sair da residência; desta vez assinalando-se a comunidade de vista, não entre vultos de desencontro real, porém entre rostos de possível acareação, apesar de não sabermos o que ela imaginaria, ao revelarmos-lhe a atitude de sermos também em seus olhos, porquanto a reciprocidade rege as conjunturas que têm, como rótulo, o idêntico. De regresso ao porto, não presumíamos que a face de T..., ausente em algum recanto que não poderíamos devassar, aparecesse, ou fortuitamente ou desejosa de vir em nossa busca, de tal sorte imensa era a extensão da cidade, e incógnita a nossa estadia em terra; mas, nos bastidores das atuações, formula-se boa parte da agenda que nos compete obedecer: tal a determinada a ser cumprida a bordo, com a figura de T... no plano do convés onde se localizava a câmara, aparição surpreendente que ela mesma se privou de explicar; talvez, para lisonja de seu afeto, sugerir, com a mudez, a vigilância amável e assídua aos nossos passos, devendo dispor de meios de perscrutação que não ia a nos informar sob pena de perderem a virtude, cujo valor se dividia em dobrado merecimento: ora comprovava o seu interesse pertinente a nós, ora nos despertava no espírito a curiosa diversão, e portanto a vivificação de seu rosto em nossa memória, pelo fato mesmo de ela usar de tais processos, que não deixaríamos de esquadrinhar. O contato que durou unicamente alguns minutos, surpreenderia a quem nos houvesse observado desde os episódios precedentes; ele contrariava a expectativa ante as anteriores circunstâncias, sem insinuar-se o entrecho da efusão mútua, vendo-se afinal desse modo unidos os semblantes que se procuravam um ao outro; nenhum miradouro havia em nossas pegadas, porém a lupa de espectador que nos acompanha nos respectivos desempenhos, descobriu que o painel do encontro, em lugar do fervor do júbilo, exibira a ternura somente, todavia natural, pois que já tivéramos, horas antes, a efígie de T... que o novo episódio apenas reeditava, e o nosso vulto em sua presença da mesma forma se expusera, consoante deduzimos à noite, em pleno mar; com efeito, ao aproximarmo-nos do compartimento, alguém nos esclareceu que ela se demorara junto à porta, olhando no interior a imobilidade de nossos pertences, o recinto que modelara, por alguns dias, o ser de nossa figura, os arranjos e desarranjos que só lhe falavam de nós; e assim nos obtivera antes de nosso comparecimento, moderando, por conseguinte, e tal como acontecera conosco, os gestos que havíamos de ocasionar; ciente da maneira como lhe surgimos, evitamos desfazer o recente conteúdo de seus olhos, remover de posição as mínimas coisas, para que elas perseverassem em nós, tal como se deram na receptação, no miradouro de T. . .; à proporção que contemplávamos o camarote, comovedores vinham a ser aqueles objetos para os quais nunca entornamos uma gota de reconhecimento, da vera gratidão que dirigimos aos vultos que nos fazem as vezes, sem que lhes peçamos, e todavia se nos avantajam, sobretudo quando o teor da cena excede os limites de nossa desenvoltura; da porta, descortinávamos a nós mesmo o modo como nos exibimos ao olhar de T. . ., e à semelhança do indivíduo que, na falta de superfície cujo polimento lhe restitua o próprio rosto, leva muito tempo sem se familiarizar com a sua aparência, e de repente a redescobre ao confrontar-se com o espelho, em revelação que o obriga a reconsiderar inúmeros dos painéis em que se envolvera e cujos significados não se elucidam sem o encarecimento, neles, de seu respectivo corpo — tal a importância que a fisionomia assume no texto das dialogações — os pontos que se outorgaram de nosso vulto na visão de T. . ., se desnudaram do corriqueiro de seus misteres para se investirem na representação de nossa individualidade, sem que então nos persuadíssemos de terem outro aspecto que não o do rotineiro, passível agora de retificação.

4 — Constam do caderno de nótulas vários acontecimentos, cujos significados se desenvolvem sob as limitações a que os submete a lei do local; tal no painel do camarote onde não fora preciso, para a mera informação acerca da existência de nosso vulto, a interferência de objetos que deixamos no domicílio; estes nos indigitam, mas são, em conjunto, desnecessários ao propósito da existencial informação, pois que bastaria um somente para efeito de nos mostrar ao miradouro de T. . .; acresce que, na dosagem das cenas, se não nos ativermos ao exclusivo aproveitamento das coisas em contigüidade, incutiríamos, ao leitor das citadas nótulas, a impressão de que uma liberdade desmedidamente solta ficaria a reger os esquemas; isto, com prejuízo da convicção de serem as coisas, sob a lupa, onde quer que se encontrem, aptas a garantir-lhe o mérito de criador de presença; de resto, a excessiva mobilidade da captação, em si mesma de fácil empreendimento, mercê de abundante repertório, leva-nos a incerteza quanto ao valor expressional das figuras, ocasionalmente situadas em nossa vista. Se não atendermos à regra demarcadora, adulteraremos o conjunto do retábulo que se

concretizou à revelia de nosso pronunciamento, pois jamais somos convocado a contribuir na seleção e ordenação de seus atores; violentaremos a unidade que o mesmo conjunto oferece, embora de longe outros protagonistas nos acenem com suas faces propiciadoras; contudo, as recusamos com o receio de tumultuar o rol dos apontamentos, que, extraídos da realidade, já se ressentem do fato de regularmos, conforme a nossa preferência, os índices temporais de suas aparições no registro que empreendemos depois de vê-los nas ruas, nas praças, nos recintos a que comparecemos. Os flagrantes obtidos, e estilizados pela correção da mente, se reúnem ao longo do significado que ora precede ao nosso esforço de manipulação, ora se planeja à medida que juntamos as cenas umas às outras; nesse trabalho de articulação, estabelecemos duas ordens de mobilidade: a correspondente à dos próprios vultos, e a que deriva de nossa criação, isto é, a que alcançaríamos se porventura, transformando os textos do caderno em versões cinematográficas, os projetássemos na superfície de uma tela; a mobilidade assim resultante institui-se alheia à mobilidade das efígies no interior de cada episódio. A obediência à lei do local restringe a possibilidade de guarnecermos o encadeamento dos painéis com ornatos de fácil aquisição se os buscássemos fora do ambiente em apreço; ornatos que possuem, quando bem escolhidos, ênfases que revigoram o teor do entrecho, mas a eloqüência brilhante não compensa o prejuízo com que vitimaríamos o painel naturalmente exposto ao nosso olhar; se a preocupação de atender às formas que nos aparecem, nos reduz o emprego de metáforas, adstrito que ficamos às acaso fornecidas pelo próprio logradouro, em troca, servimo-nos de uma simplicidade de ser que é inerente a cada efígie, principalmente àquelas que só nos falam porque as utilizamos: a das coisas inanimadas cuja inexpressão cessa logo que as entrevemos e lhes adjudicamos um aliciador sentido. Como nos museus de arte se justapõem os objetos de conformidade com a escola a que pertenceram, com o país de onde provieram, assim, no museu particular que instalamos no aposento, as peças antigas e novas, que nos presentearam, se avizinham de acordo com o grau de sentimento que as ungira por ocasião de nos serem entregues; as da convencional retribuição por algum serviço, postas a um canto que se subtrai aos olhos de quem chega, conseqüentemente impedidas de incitar a pergunta sobre a natureza de sua procedência; as oriundas do verdadeiro afeto, situadas no ponto mais nobre e visível do mobiliário, estimulando imediatamente ao visitador, e para deleite de nossa alma, a indagação alusiva ao porque de sua presença no recinto; e a resposta, que formulamos, é uma evasiva que nada esclarece, mas, em nós, ela se estende em suavidades da lembrança, mais favoráveis ao enternecimento do que se ali tivéssemos os vultos que as ofertaram; livre do temor, tantas vezes acontecido, de estes nos apresentarem hoje um aspecto de ser em contraste com o existente à época das dádivas, enquanto, imutavelmente silenciosas, elas estão a envolver-se ainda da cordialidade com que surgiram às nossas mãos. Entre os objetos desse último departamento, existe pequena tela que, ferindo a atenção de B... no dia em que nos visitara, por tê-la visto na coleção de M..., nos levou à ternura diversa; ternura acrescida da mágoa, da tristeza de o quadro haver pertencido a M..., a quem o deramos bem antes da inimizade que nos separou, ao tempo em que não críamos que nos desaviéssemos; entretanto, agora repousava em seu antigo ambiente, de onde não devera ter saído como saíra, por nos proporcionar, com o regresso, a envoltura da afeição que nos animara e que se extinguira em M...; na história muda de nossos pertences, insere-se o capítulo da estrela-do-mar que recebêramos de M..., não em permuta ao quadro da melancólica restituição, mas em generosa espontaneidade; mimo que, infringindo as convenções do rompimento, permanece no local que o mesmo M... escolhera, junto às coisas da amorosa preferência; e traduzindo, nesse cuidado, com um gesto a dizer que não desejava outro recanto, o conhecimento sobre a ordenação de nosso museu; se tal conhecimento ele não tivera, nem por isso se explicaria a decisão de devolver-lha, numa atitude menos conscienciosa de nossa parte; se, na ignorância de nossos sentimentos, ou senhor dos mesmos, insistisse na recuperação da bela estrela, tudo faríamos para negá-la, porque o objeto, que nos vem às mãos, traz consigo o cortejo de suas significativas conjunturas, e estas, em nós, jamais se desacompanham dele; não seria sem profunda mutilação, recoberta de escárnio, de ofensa implícita ao vulto que tanto se devotara a nós, que lhe poríamos, ostensivamente ao belvedere, a representação inanimada do que fora ele em nosso repertório. A experiência do convívio nos persuade do acerto da coleção, assim a secção do esconderijo como a secção do pleno acesso, ocorrendo que os visitantes obsequiadores, em paga de algum serviço, se acaso nos procuram, depois, evitam referências à coisa que está escondida, talvez por julgá-la maior do que o favor alcançado, ou silenciam para não se constrangerem, talvez por considerá-la menor que o préstimo obtido, calando a fim dc qu enão se insinue em nós a idéia de mesquinhez no reconhecimento; todavia, os visitantes de desinteressadas ofertas, por simples agrado da gentileza, adiantam-se em comentários às coisas que nos deram, encantam-se por ver que as mantemos nos devidos lugares, lealmente convencidos de que lá se albergam melhor do que em sua própria concha, porque, ao residirem conosco, os seus objetos os conduzem em virtualização ao nosso olhar, maneira ubíqua e dileta de serem dentro de nós, não obstante se distanciem ou desapareçam, para todo o sempre.

5 — Observando um a um os objetos da miscelânea, distraímo-nos em revelar as variações de nosso corpo através da concorrência de lupas, amigas ou interesseiras, muito poucas a coincidirem sobre o aspecto em que nos consideravam; assim

mesmo havendo, nas paridades de configuração, algo de diverso que sutilmente descobríamos, sobretudo ao tratar-se de coisas provenientes da verdadeira amizade, quando os presenteadores, sem levar em conta o próprio critério, tinham em vista apenas a qualidade de nossa predilação, de nosso gosto. Éramos vário no conceito de tantos olhos, e certamente corresponderia ao nosso desejo de unidade de julgamento no tocante a nós, que no dia do aniversário, exagerando a comédia a estabelecer-se, todos os homenageadores surgissem à porta sobraçando o mesmo tipo de objeto, para referendo de nossa auto-impressão, visto que não nos fatigamos de almejar equivalência nas impressões de quantos usufruem o contato conosco. Devemos acrescentar que a expectativa de visões uniformes se fomenta à custa do esforço por sermos em identidade com a nossa efígie, por fixarmos a nossa conduta dentro de determinadas regras; vã expectativa, que o mostruário da coleção desnorteia, sem contudo abalar profundamente o que em nós já se tornou habitual: a disciplina ao estatuto que nos traçamos, e do qual não nos parece positiva a derrogação que decretaram os interlocutores. Analisando a série dos presentes, dos mimos originários do solícito afeto, concluímos que a responsabilidade das distinções recai precipuamente em nosso respectivo rosto, que — demasiado tímido para se impor ao juízo do parceiro, à estampa inicial que ele tem de nós, e, mais do que nenhuma, propende a perseverar por todo o convívio — consente que esta se nutra de nossa nudez, que ele, o parceiro, venha a inteirar-se de nós por indiretos caminhos, pelo testemunho de interpostos semblantes; estes igualmente deformadores e incapazes de, porventura conhecendo algum trecho fiel de nosso vulto, apoiar-se nele e apagar em outrem a miragem, às vezes longínqua, do que em verdade somos. O estatuto inspira-se em idealidades que não podemos, dada a nossa natureza não muito móvel, alcançar pelos próprios recursos; mas, nem por isso, deixamos de obedecer a suas regras, remota e ingenuamente confiante em vermo-nos modelado aos olhos de alguém que, empregando os termos usuais à biografia dos modestos, nos reconstitua mais por exclusão, dizendo de nossa efígie que ela nada expressou de excepcional no domínio dos gestos, enumerando os gêneros de episódios de que não participamos, quer por inapetência ou por insuficiência de desenvoltura, quer por havermos preferido registrá-los somente; mas, em todas as circunstâncias a que se ateve, a nossa efígie nunca intentou retirar a ninguém das boas interpretações, nem ferir a sensibilidade alheia com desempenhos de desagrado; mesmo porque, um dos princípios do regimento, falho em virtude de não atender à funda realidade das vidas, porém proveitoso quanto à litúrgica do respeito, determina que atribuamos aos outros entes as suscetibilidades que caracterizam o nosso. Sem piedade, deliciando-se com o constrangimento que impunha a humildes companheiros, F... nos ponderou — ao perguntarmos-lhe se não temia o remorso quando, de futuro e com a idade, lhe fugisse aquele prazer malévolo — que os rostos, que a tanto se entregavam, mereciam as participações burlescas, e quanto a vindouro arrependimento, assegurava não pretender que viesse a modificar-se o estilo de agora, dando-nos a entender ser esta a razão de seu êxito na sociedade, motivo por que o solicitavam tanto os curiosos do motejamento; anos após casava-se, veio a ter muitos filhos, e pressuroso de que estes não fossem a painéis semelhantes aos por ele armados contra os indefesos, passou a resguardá-los do convívio de quem os pudesse melindrar; por imposição da consciência, também incluía, no rol das pessoas a evitar, as testemunhas da antiga e escura diversão; não ficamos isento da vigilância, embora nos soubesse adversário de sua velha conduta, entrementes injustiçando-nos, por não nos querer expor às claras o sobrevindo remorso; apesar de tudo, reabilitou-se de certa maneira, incompleta entretanto, e tarda irremediavelmente para aqueles de quem se servira; os quais, mesmo ante a confissão em público — a tal não se movia, por vaidade — não se desvestiriam de irrevogáveis desempenhos, gravados na lembrança deles próprios e dos comparecentes à platéia. A contrição justaposta ao desprimoroso evento, não costuma apagá-lo, e sim atenua ou escasseia as sombras da culpabilidade: os mesmos remédios que tanto aproveitam ao espírito, são menos eficientes quando aplicados no infortúnio que resta depois da realização de determinadas cenas, malgrado o perdão que ao autor as vítimas concedam, com o ânimo de pura humanidade; o painel dos malígnos propósitos costuma restringir os passos de quem o arquitetou, obriga-o a ausentar-se de tudo quanto possa reviver o passado desempenho. Recordamos um episódio em que F..., sem conter, diante da inoportunidade, a ânsia de parecer espirituoso aos comparecentes, repetiu o espetáculo que já se dera em presença dos mesmos, porém no final, em vez dos risos francos, recebeu apenas risos sem destinação, desnorteadamente encabulados, e nunca assistimos tanta angústia no rosto de F...; ele aprendera, senão a precariedade da veia cômica, ao menos a necessidade de ser mais cuidadoso, impedindo-se de representar a peça do motejo aos que a viram já, suficientemente. Dentre as dádivas que constituíam o museu, para contentamento nosso, nenhuma havia que procedesse das mãos de F...; nem ele se sentira na delicadeza de no-las ofertar, quer por não o termos acudido com algum favor, quer por indiferença ou negativa do coração, improvavelmente apto a se abrir em ternuras fisionômicas; acontece que os indivíduos desse porte não confiam em outorgar a coisas a presença de sua faculdade escarnecedora, cujos aplausos não estariam perante os próprios olhos, e, por conseqüência, seriam despidas de mérito para alimentar-lhe o orgulho de recolher, de forma pessoal e imediata, os encômios a suas atitudes; a omissão do vulto de F... em nosso lar, era benfazeja ao ato da contemplação, em virtude de esta não se efetivar satisfatoriamente sem a concomitância da disponibilidade receptiva e a singeleza do objeto contemplado; este, ao tratar-se de alguém que se cobrira de tantas nódoas, quando muito, nos proporcionaria o que fôramos em sua visão; porém, no espelho desse observatório não nos quiséramos refletir, por encontrarem-se os seus olhos manchados ainda do processo com que miravam; olhos tão inúteis para efeito de corrigendas em nosso respectivo rosto, que deles não iríamos esperar desígnios que melhor nos conviessem à conduta de ser.

6 — Devassando o escaninho, onde guardávamos os presentes sugeridos por momentâneo interesse, expunham-se-nos também, embora com inferior intensidade, as impressões que de nós exprimiram os autores de tais obséquios; impressões que não levavam a uma síntese da pessoa destinatária, como a discernida nas dádivas que presidira o verdadeiro afeto, à qual poderia não corresponder o nosso vulto, porém modelavam um corpo a merecer um nome, e, no caso, inscreveram o nosso; no entanto, com referência às coisas de menor valia para o nosso empenho, não nos víamos nelas como se foram o nosso semblante ou algo que com ele se parecesse; lobrigávamos, com esforço de pesquisa, fragmentos de nossa individualidade juntos a outros que em nada se prendiam a nós, talvez dissessem sobre os mesmos entes que no-las ofereceram, hipótese que não homologávamos porque os conhecíamos igualmente muito pouco; entretanto, a despeito de tal disparidade, não era sem prazer que, pondo ao lado os motivos com que elas nos vieram, íamos à procura de nosso rosto, ou melhor, de trechos dispersos, de vagos indícios de nossa própria face; com efeito, havia alguns elementos que indicavam, de longe, aspectos que nos insinuavam a fisionomia, a meio adequados ao nosso gosto, entremostrando que as personagens, nas vésperas de adquiri-los, se informaram de alguém, que nos conhecesse, qual a espécie de nossa sensibilidade, e, sem tempo de reunir outros pormenores, acertaram de leve no alvo conveniente, como no-lo atestam os volumes que temos, duplicatas do livro de R. . ., romancista que confessamos, várias vezes, preferir a todos de sua época; em outras coisas, líamos o desconhecimento sobre acentuados pontos de nosso ser, como o demonstrara S. . . que, possuindo uma inteligência educada, e pretendendo, sem contudo dar ao gesto o caráter de retribuição, agradar-nos com lembrança oportuna, esperou o dia de nosso aniversário e nos trouxe então algo de extrema e fungivelmente circunstancial, que no entanto a saúde não nos consentiu saboreássemos como devêramos, restando-nos o envoltório para que ele o visse quando nos visitasse, e vendo-o não se entristecesse caso soubesse do destino dado à guloseima. O exercício da sociabilidade obriga a satisfações hipócritas, e delas não escaparia aquela parte do museu, sobretudo por não estarmos, em outorga, nos objetos componentes, por havermos sido mal delineado por escultores, ou da restrita imaginação, ou das modelagens indiretas, ou da falha convicção que nos situou no gênero da superficialidade, sem presumir ao menos que a coabi-

tação de nosso vulto e dos seres inanimados necessita de liames quase tão estreitos como os que existem entre os portadores de alma; se o presente agora oferecido em nada corresponde a nós, caberia ao presenteador, para integração do mesmo em nossa legitimidade, promover os recursos precisos, de sorte a acomodarmo-nos, em esculturação às avessas, ao disposto na natureza da dádiva. Entrementes, para tanto, far-se-ia mister que o obsequiador erguesse a nossa personalidade à importância de vir a ser um de seus íntimos, que o presente, afora o sentido de gratidão, representasse o começo de fértil convivência; no final de tudo, se não obtivesse de nós a adesão à índole da dádiva, a só contingência do comum afeto insinuaria, na coisa que não ungíramos com o beneplácito, o valor de ter provindo desse alguém, então incorporado, com ela, à nossa verdadeira afeição; mas, o gesto da retribuição geralmente basta como protocolo do sentimento; assim tão incisivo, ele vem a satisfazer às regras do gratulatório e o agente da prodigalidade prescinde de voltar à casa do benfeitor, cuja condição, aos seus olhos, foi regiamente opulentada com o acréscimo que lhe proporcionou; entanto, ao miradouro deste último, a galeria da coletânea, em vez do aumento, diminuiu-se ante a ausência do interessado que não busca revê-la, que o impede de ir ao seu encontro; tal a contingência de que ele, o interesseiro, confunda o propósito de cordialidade com o incontentamento, descobrindo na vontade de presença o intuito de sugerir maior compensação. À vista da secção onde se amontoam os presentes oriundos da pragmática, distinguimos aqueles que encerram um índice, ainda menor, de afetivo comportamento: são as coisas que nos deram como preparações para em seguida nos solicitarem encarecimentos que não nos mostrávamos disposto a conceder, tentando, dessa forma, apagar as predisposições; mimos — todavia modestos — que o nosso impulso, não por isto, seria o de jogá-los fora, mas o não cometemos pelo fato de deverem figurar no museu todos os objetos que, vindos de outrem, e sem prejuízo de nossa dignidade, se incluem na rubrica de oferendas, as amoráveis e as desamoráveis, e que em si mesmas aglutinam a inspiração do obsequiador e a nossa efígie conforme se alberga em seu pensamento. A concepção de museu exclui as preferências estéticas do organizador, facultando a este apenas a prerrogativa de, nos arranjos, obedecer a critério de sua escolha; o que aplicamos, atendia à litúrgica de nosso devotamento, na composição da qual distribuímos os ex-votos de acordo com a unção de que se revestiram, antes de nos serem entregues; havendo, portanto, na prateleira dos móveis, uns abertos ao primeiro relance, outros, em maior número, em lugar esconso aos visitadores e também a nós que assim os desviamos de freqüentes contatos. Mas, as decepções do convívio nos alimentam o obscuro desejo de, sob a depressão do último dissabor, amplificarmos a melancolia, franqueando aos nossos olhos o armário onde se ocultam diversas provas do pessimismo em que nos achamos; pequeno logradouro, todavia explícito em riquezas do engano, a indicar que as folhas devolutas do álbum, se bem que as preservemos para o capítulo do amor, hão de preencher-se, por se demorarem muito as estampas do almejado fragmento, com retábulos que traduzem o inverso do amor, com episódios que têm a aparência de belos espetáculos, porém o libreto respectivo macula-se de desdenháveis pretensões: referimo-nos, entre outros, ao painel em que certa personagem, sorridente, e convicta de nos aprazer, bate à porta e leva-nos às mãos o que traz com o pensamento em nós, a dádiva de que se munira para nela outorgar-se como constante presença ante o nosso belvedere. O gesto de dar, de fazer-se, por outorga, diariamente à vista de nosso miradouro, que só devia realizar-se com a significação sugerida por seu aspecto, vemo-lo corrompido ali mesmo à porta, e, o que resulta mais grave, o nosso rosto se cumplicia na continuação da caricatura, profanando com os próprios meneios, por se lhe escassear o ânimo de repelir o dolo, um texto dos mais representativos do atributo de estar em aliança conosco. Na véspera do oferecimento, se alguma precaução o não impedira, sem dúvida o obsequiador divulgara, escondendo as intenções da atitude, que nos iria maravilhar com o presente ali em exposição a olhos crédulos, e unânimes em assentirem no gosto que manifestara, e conseqüentemente com sincera alegria no ato de agradecer; festa preliminar, para gozo exclusivo do farsante que, desse modo, insere outras vítimas na situação de que seremos o principal ator; elas jamais saberão da pantomina a que se prestaram, porque, se nos faltou a altivez de recusar o presente, não o empregaríamos para a aluição do nosso interlocutor junto a terceiros; mas, se a ocasião se apresenta propícia, na plenitude do fingimento com que participamos da mema burla, nutrindo-a para satisfação de nosso êmulo, indagamos dele sobre as conjunturas que cercaram o objeto, se acaso outros olhos o não viram; e, se o observaram, qual a impressão que mantiveram, e sobretudo quem eles foram, se será possível a nós conhecê-los pessoalmente, futuros integrantes do capítulo que no caderno é dedicado aos que se iludem no tocante às convivências. Ao contrário, quanto nos rejubilaria saber, se porventura a generosidade fosse realmente sincera, as reações dos demais em presença da coisa que iria nos pertencer: sentirmos o nosso vulto e o nosso nome, articulados na medida do afeto, em versão talvez exageradamente fictícia mas sob o molde do amor, com a quermesse antecipadora a unir-se ao cortejo de evocações que se incorpora sempre às honestas e afetivas dádivas. Nos entrechos em que figura o nome ressentimento, nos quais participamos, bem quiséramos que a nossa conduta se investisse da disponibilidade com que descortinamos as meras aparências, as situações em ato, recobrindo-as com o significado que lhes agregamos, diverso do que se efetiva na mente dos atores; contudo, no exemplo em apreço, se não anotamos, em simultânea consciência, essa disponibilidade, resta-nos, fisionomicamente, a esperança de que algum observador, seguindo os passos do interesseiro intérprete, e sem desconfiar de seus propósitos, haja concluído que, entre ele e nós, a urdidura da amizade se fortalecera com um novo avivamento, e que o objeto representativo das afeições, o deferimos no melhor recesso do mobiliário.

7 — Recordamos a presença de indivíduos que contemplavam o episódio de o vulto nos entregar o enganoso brinde, mas não podemos dizer se essas testemunhas conheciam as intenções do obsequiador, se elas mesmas não pactuavam com a ardilosa oferenda; de qualquer maneira, sobra-nos o pressuposto de que deveriam ser neutras, inclusive pelo recato com que a cena é preservada pelo monitor, a fim de obter, sem os perigos da difusão, a meta insidiosa que, de resto, poderia transcender de nosso corpo, indo a envolver ocasionais participantes. Em tais circunstâncias, à aversão que nos desperta o sôfrego encarecimento, articula-se envergonhada simpatia por aqueles que nos observam, como se somente houvera a delicada compreensão; jamais revelamos às testemunhas o engodo a que se submeteram, por ninguém lucrar com a descoberta da desprimorosa significação: nem o ofertador, que também aproveita a conjuntura de nosso silêncio, que talvez ele previra, porque as personagens dessa espécie se fazem pródigas nas sutilezas do comportamento, dispondo de tal acuidade que nos sentimos autômato em frente de sua capacidade de prever, das respostas céleres e triunfais com que nos anulam as objeções. Nessas horas, o nosso desempenho se reduz a termos figurativos e o miradouro, removendo-se de localizações habituais, desce a pupila para os olhos do suposto comparecente, em outras palavras, transmutamo-nos em intérprete de motivo que estranha lupa traduzirá na medida de seu entendimento; o urdume que ela há-de tecer, enlaçando os fios de nossos gestos, não poderemos registrar como registramos ao sermos nós a platéia dos acontecimentos. Textos presumidos, hipóteses sem homologação, constituem a maior parte do que, segundo nós, vem a ocupar a lente de nossos perscrutadores; porém, o domínio das probabilidades nos favorece as desconfianças, por estar sempre alerta a antena que resguarda, em todas as ocasiões, o espectador que existe em nós, que nos guia a, entre outros recursos de curiosidade, inquirir da platéia a impressão que lhe coube à vista de nosso desempenho, pergunta a ser feita com as precauções necessárias a fim de que o público, ou alimentando a vaidade, ou agravando o desgosto, não nos engane no decorrer do inquérito. Entre os espetáculos em que nos consideramos sob alheia ótica, há os que têm por dístico a insinceridade de nosso papel, tal como nos exibimos nos momentos em que, destituído de franqueza oportuna, confeccionamos gestos que não são os ajustados conforme desejamos, e ao indagarmos como foram recebidos, pretendemos avaliar a nossa vocação de ator; sucede às vezes, para ironia dos reconhecimentos, que o público se manifesta em contraste com as nossas certezas, isto em episódios

nos quais atuamos lealmente conosco; de onde concluímos que, de uma forma ou de outra, o nosso vulto reside em palco, mesmo quando no interior do camarim; realmente, a idéia quanto à natureza de nossa interpretação, que em nós se afigura de pleno acordo com a sinceridade, não corresponde sempre à das efígies que nos perceberam, até parecendo-lhes, os nossos gestos, não obstante o explícito das atitudes em relação à alma, uma fatura em dissimulação. Na classificação das amizades, nunca rigorosamente certa, mercê dos logros a que nos rendemos, um dos critérios a atendermos consiste na freqüência com que a nossa convicção se harmoniza com a das pessoas que nos viram representar; evidenciando-se, no lugar primeiro da estima, aquelas que nos julgaram em correção quando assim nos supúnhamos, nós ambos identificados pela coincidência dos olhos; ventura que leva o ator a amar os que o aplaudiram, muitas vezes tão profundamente que, ao retornar à sede da companhia, alarga o amor à cidade inteira. Molestamo-nos com a injustiça de mal ajuizarem de nossos legítimos desempenhos, como, da mesma forma, nos desagradamos das críticas que nos elevam o fingimento à categoria de sinceridade; não nos convindo manter entre os melhores amigos, apesar da lisonja que nos toca ao verificarmos o bom êxito da simulação, aqueles que se externam, em todos os instantes, a contento de nossa vaidade; rostos que jamais souberam, apesar dos ensejos, aferir as variações de nosso comportamento, as peças mais adotáveis ao nosso gosto, e por mais que vivam ao redor não consentem que nos reflitamos neles; à semelhança de M. S... que, ciente de nossa idiossincrasia à determinada ordem de vulgaridade, era com incontido prazer que nos expunha episódios e mais episódios do gênero, certo, em virtude de tomar como satisfação o atencioso silêncio com que o ouvíamos, de estar perante um consócio de sua trivialidade, a ponto de se permitir fazê-lo em presença de outros vultos, com sério risco para a nossa reputação, desde que nem sempre a unanimidade do grupo lia na nudez uma atitude de amável tolerância; e indelicado seria se, para nos salvarmos da impressão inferior, explicássemos, a um a um dos mal-avisados circunstantes, que o repertório de M. S... não se ajustava ao nosso. As narrativas desse visitante se compunham à base do gracejo, obrigando-nos a rir por complacência, com nuanças de hilaridade que se regiam de modo a deleitar o narrador e ao mesmo tempo subentendermos aos demais que ríamos para ele somente; mas, a duplicidade, que atenderia às duas confrontações, era imprópria à nossa concepção de ator, segundo a qual, os gestos devem ser unívocos em todos os assistentes, por ser a platéia uma indivisível captação; a presença dos carecedores de vista, não conta para o êxito do intérprete que, nesse particular, atua como se todos os olhos se equivalessem, proporcionando a si o atributo de ser sob a condição de a ninguém distinguir; recurso que, em última análise, o favorece, ao ouvir que os aplausos vêm de todas as cadeiras, uns, por compreensão real, outros, por temerosos de parecerem rudes.

Do mesmo autor:

A Imagem Autônoma (ensaio de teoria do cinema). Recife, Editora Universitária, 1972.

O Lugar de todos os Lugares. São Paulo, Editora Perspectiva, 1976.

O Espaço da Arquitetura. São Paulo, Editora Perspectiva, 1977.

A Ordem Fisionômica:

I — *A Visão Existenciadora*. São Paulo, Editora Perspectiva, 1978.

II — *O Convívio Alegórico*. São Paulo, Editora Perspectiva, 1979.

A publicar:

A Ordem Fisionômica:

IV — *A Subordinação ao nosso Existir*

V — *A Testemunha Participante*

COLEÇÃO ESTUDOS

1. *Introdução à Cibernética*, W. Ross Ashby.
2. *Mimesis*, Erich Auerbach.
3. *A Criação Científica*, Abraham Moles.
4. *Homo ludens*, Johan Huizinga.
5. *A Lingüística Estrutural*, Giulio Lepschy.
6. *A Estrutura Ausente*, Umberto Eco.
7. *Comportamento*, Donald Broadbent.
8. *Nordeste 1817*, Carlos Guilherme Mota.
9. *Cristãos-Novos na Bahia*, Anita Novinsky.
10. *A Inteligência Humana*, H. J. Butcher.
11. *João Caetano*, Décio de Almeida Prado.
12. *As Grandes Correntes da Mística Judaica*, Gershom G. Scholem.
13. *Vida e Valores do Povo Judeu*, Cecil Roth e outros.
14. *A Lógica da Criação Literária*, Käte Hamburger.
15. *Sociodinâmica da Cultura*, Abraham Moles.
16. *Gramatologia*, Jacques Derrida.
17. *Estampagem e Aprendizagem Inicial*, W. Sluckin.
18. *Estudos Afro-Brasileiros*, Roger Bastide.
19. *Morfologia do Macunaíma*, Haroldo de Campos.
20. *A Economia das Trocas Simbólicas*, Pierre Bourdieu.
21. *A Realidade Figurativa*, Pierre Francastel.
22. *Humberto Mauro, Cataguases, Cinearte*, Paulo Emílio Salles Gomes.
23. *História e Historiografia*, Salo W. Baron.
24. *Fernando Pessoa ou o Poetodrama*, José Augusto Seabra.
25. *As Formas do Conteúdo*, Umberto Eco.
26. *Filosofia da Nova Música*, Theodor W. Adorno.
27. *Por uma Arquitetura*, Le Corbusier.
28. *Percepção e Experiência*, M. D. Vernon.
29. *Filosofia do Estilo*, G. G. Granger.
30. *A Tradição do Novo*, Harold Rosenberg.
31. *Introdução à Gramática Gerativa*, Nicolas Ruwet.
32. *Sociologia da Cultura*, Karl Mannheim.
33. *Tarsila – Sua Obra e seu Tempo* (2 v.), Aracy Amaral.
34. *O Mito Ariano*, Léon Poliakov.
35. *Lógica do Sentido*, Gilles Deleuze.
36. *Mestres do Teatro I*, John Gassner.
37. *O Regionalismo Gaúcho*, Joseph L. Love.
38. *Sociedade, Mudança e Política*, Hélio Jaguaribe.
39. *Desenvolvimento Político*, Hélio Jaguaribe.
40. *Crises e Alternativas da América Latina*, Hélio Jaguaribe.

41. *De Geração a Geração*, S. N. Eisenstadt.
42. *Política Econômica e Desenvolvimento do Brasil*, Nathanael H. Leff.
43. *Prolegômenos a uma Teoria da Linguagem*, Louis Hjelmslev.
44. *Sentimento e Forma*, Susanne K. Langer.
45. *A Política e o Conhecimento Sociológico*, F. G. Castles.
46. *Semiótica*, Charles S. Peirce.
47. *Ensaios de Sociologia*, Marcel Mauss.
48. *Mestres do Teatro II*, John Gassner.
49. *Uma Poética para Antonio Machado*, Ricardo Gullón.
50. *Burocracia e Sociedade no Brasil Colonial*, Stuart B. Schwartz.
51. *A Visão Existenciadora*, Evaldo Coutinho.
52. *A América Latina em sua Literatura*, UNESCO.
53. *Os Nuer*, E. E. Evans-Pritchard.
54. *Introdução à Textologia*, Roger Laufer.
55. *O Lugar de todos os Lugares*, Evaldo Coutinho.
56. *Sociedade Israelense*, S. N. Eisenstadt.
57. *Das Arcadas ao Bacharelismo*, Alberto Venancio Filho.
58. *Artaud e o Teatro*, Alain Virmaux.
59. *O Espaço da Arquitetura*, Evaldo Coutinho.
60. *Antropologia Aplicada*, Roger Bastide.
61. *História da Loucura*, Michel Foucault.
62. *Improvisão para o Teatro*, Viola Spolin.
63. *De Cristo aos Judeus da Corte*, Léon Poliakov.
64. *De Maomé aos Marranos*, Léon Poliakov.
65. *De Voltaire a Wagner*, Léon Poliakov.
66. *A Europa Suicida*, Léon Poliakov.
67. *O Urbanismo*, Françoise Choay.
68. *Pedagogia Institucional*, A. Vasquez e F. Oury.
69. *Pessoa e Personagem*, Michel Zeraffa.
70. *Convívio Alegórico*, Evaldo Coutinho.
71. *O Convênio do Café*, Celso Lafer.
72. *A Linguagem*, E. Sapir.
73. *Tratado Geral de Semiótica*, Umberto Eco.
74. *Ser e Estar em Nós*, Evaldo Coutinho.
75. *A Estrutura da Teoria Psicanalítica*, David Rappaport.